또 다른 세상

현수 산문집

도서출판 **비로암**

| 서평

　현수 스님은 역학자 도반으로서 오랜 기간을 알고 지낸 도반이었습니다. 항상 나중에 수행하면서 겪었던 내용을 책으로 써보겠다며 호언장담했었는데 이렇게 책을 받아보니 감회가 새롭습니다. 역시 수행 경험에서 얻은 정보는 타의 추종을 불허할 만큼 기상천외한 내용들로 가득하네요. 나 역시도 나름 수행을 한다고 하지만 현수 스님만큼의 경험이 없기에 책을 출판하기에는 부족하고 '또 다른 세상' 이 책을 볼모 삼아 수행에 박차를 가해볼 생각입니다. 아무쪼록 건승하길 기원합니다.
역학자 휴담

　깨달은 자는 인간의 몸뚱이를 가지고 있는 신(神)과 같다. 잠시 인간 세상에 내려와서 이떠한 목적을 이루기 위해 잠시 활동하다가 원래의 자리로 돌아간다고 하는데 일우선인도 아마 그런 존재가 아닐까 싶다. 페이지 수가 많이 나와서 100페이지 정도를 추렸다고 하는데 추린 100페이지 안에는 또 어떠한 내용이 담겨있을까? 궁금증이 솟구친다. 혹 '또 다른 세상' 2편이 나오는 건 아닌지 기대해 본다.
역술인 백산

문명의 발달로 인간의 뇌는 점점 퇴보되어 '온고이지신'의 참뜻을 잃어가고 있습니다. 옛것을 알지 못하고 새것을 논할 수 없을진대 현재의 삶이 전부인 듯 안주하며 옛 문화와 정신을 잃어가고 있습니다. 이 책을 읽으면서 20세기 말 겨울이면 한강이 꽁꽁 얼어서 썰매와 스케이트를 타던 기억과 얼음 위로 강을 건너다녔던 생각을 해보았는데 언제부턴가 체감할 수 없을 정도로 시나브로 한강의 얼음이 점점 얇아지더니 이젠 얼음 구경을 못할 정도입니다. 이 책의 '지구 나이 한 살'을 읽으면서 온난화 현상의 이유를 확고히 인지하게 되었습니다. 지극히 자연스러운 현상인 것을 누가 제대로 알려주는 이가 없으니, 인간들은 우왕좌왕할 수밖에 없습니다. 가령 현재 지구 나이가 10살이라면 9살 때도 그랬을 테고 8살 때도 똑같은 현상으로 기후, 기온이 흘러갔을 텐데 제대로 된 정보나 교육을 받지 못하여 무지할 수밖에 없다고 생각하니 안타까울 따름입니다. 그나마 '또 다른 세상' 도서가 발간되어 어느 선지자와 인연이 된다면 미래를 대비하여 여러 정책을 펴서 유비무환의 문화 혁명을 일으킬 거라 믿어 의심치 않습니다.

단월 몽산

신심을 가지고 활동하는 종교인으로서 이 책은 많은 호감과 신비감을 자아내게 만드네요. 그동안 몰랐던 여러 가지 이야깃거리로 여생을 지표로 삼아 소장하겠습니다. 좋은 정보 공유해 주셔서 감사합니다.　　　　　　　　　　　　**단월 춘혜심**

누구나 한 번쯤은 생명체의 탄생설에 대해 궁금증을 가져본 적이 있을 겁니다. 목차 삼혼칠백과 육경신을 읽으면서 신기함을 감출 수 없었습니다. 그중에 삼혼칠백의 마지막 세 번째 혼이 불량하거나 들어오지 못하면 정신적인 소아 장애를 겪는다고 하는데 내가 알고 있는 정보로는 지적 장애 진단이 3살이 되어야만 나온다고 알고 있었는데 이제야 이해할 수가 있있습니다. 혹 이러한 장애도 기도나 어떠한 방법으로 치유되거나 호전될 수 있는지 궁금하네요. 그리고 전생, 현생, 미래 생의 빈부귀천이 생기는 원인과 결과를 알게 되었고 지금이라도 다음 생을 위해 봉사와 선행을 많이 행해야겠다는 마음을 다지게 되었습니다.　　　　　　　　　　　　**단월 수선화**

또 다른 세상

프롤로그, 효시 ······················· 9

01 일우선인(一牛仙人) ················ 15
    일우선인과의 인연 ··············· 17
    하산 ···························· 36
    환원 ···························· 49
    일우선인의 이적 ················· 61

02 단혁스님 ························ 101
    첫 번째 만남 ··················· 103
    두 번째 만남 ··················· 121
    세 번째 만남 ··················· 135

03 석가여래를 두 번 친견하다 ········ 141

04 삼혼칠백(三魂七魄) ··············· 155

05 육경신(六庚申) ··················· 165

06 전생과 윤회 ····················· 173
    인과응보 ······················ 186
    저승, 천국과 지옥 ··············· 198

07 꿈 ····························· 211

08 수행 ·· 221
　　경문 ·· 223
　　100일 기도 ································ 228
　　묵언수행 ···································· 236
　　주력(呪力) ································· 240
　　토굴 수행 ·································· 249
　　명상, 참선 ································ 265
　　주통(酒通) ································· 273

09 지구 나이 한 살 ························ 283

10 출가 ·· 297
　　용월사 ······································· 299
　　선암사로 가거라 ······················· 303
　　비로암 ······································· 311

11 팔진도법(八陣道法) ···················· 317
　　팔진도법 전수 ··························· 319
　　빙의 팔진도법 기도 사례 ·········· 324

에필로그, 유종의 미 ························ 347
　현수 스님의 원대한 포부 ················ 352

프롤로그, 효시

효시

띠이잉! 슈우우웅~~~~~!

부르르 살을 떨며 활시위가 팽팽하게 당겨지고 화살이 허공을 가르며 쏜살같이 날아간다.

화살은 어디를 향해 가는가? 그리고 무엇을 향해 날아가는가?

효시! 어떠한 사물의 근본, 시작점, 또는 본보기의 뜻을 담고 있다.

효(嚆)는 소리가 울린다, 소리치다, 부르짖다, 포효한다는 뜻이고 시(矢)는 화살을 뜻한다.

이 책이 우리가 보는 세상 외에 또 다른 세상의 존재가 있음을 알리는 '효시'가 됐으면 하는 것이 나의 작은 바람이다. 나는 득도, 즉 깨달으신 일우선인(一牛仙人)을 20여 년간 모시며 살았다. 오랜 세월 그분을 모시고 살면서 실력이 아닌 능력을 매일 곁에서 목격하며 깨달은 분들의 기운이 나의 몸에 배고, 많은 정보가 각인되며 내 머릿속에 자연스레 가득 쌓이게 되었다. 깨달은 분들은 보통 인간들이 최대한 노력해서 열매 맺어 얻어내는 힘을 실력이라 하고, 반면에 깨달은 자들이 쓰는 힘을 능력이라고 말씀하셨다. 즉 초능력을 의미한다. 깨달은 분들은 보통 염력이라 말씀하시기도 한다.

도(道)를 닦겠다고 공부를 시작했던 초년 시절에 여러 경험을 하면서 '또 다른 세상'이 있다는 것을 확신했고, 나중에 꼭 책을 써서 세상 사람들에게 나의 경험을 알려야겠다고 생각했다. 결국 30여 년이 다 되어서 이렇게 늦게나마 글을 쓰게 되었다. 그러나 원래 생각대로라면 내 나이 한 갑자(60년)가 지나서 쓰려고 마음먹은 일을 앞당긴 것이다. 이유는 최근 이상 기온 및 기후변화로 인한 자연재해가 세계 곳곳에서 수시로 발생하면서 정확한 지식이 없는 인간들의 잘못된 정보로 사회가 우왕좌왕하는 모습을 보게 되었기 때문이다. 각계각층의 지식인들도 딱히 정확한 결론을 내놓지 못하고 마땅한 대비책도 없는 것을 보며 안타까운 마음에 매번 탄식만 하다가 정보 공유 및 대비책을 알려주고자 책을 쓸 결심을 하게 되었다.

또한 그릇된 종교활동을 하는 성직자 그리고 그들을 추종하는 세력, 신도들에게 경각심을 불러일으키게 하고 싶은 마음과 함께 도(道)를 갈구하는 수행자들과 유익한 정보를 공유하여 성직 생활에 도움이 되고 그들이 수행하는 데 미약하게라도 보탬이 됐으면 하는 마음도 크다.

미천한 지식이나마 필자가 경험했던 우주 삼라만상의 법칙, 지구라는 행성과 자연생태, 신(神)과 령(靈), 인간관계 및 미스터리, 불가사의한 여러 내용을 여러 사람과 공유하여 그들이 진보된 영혼으로 발전하기를 바라는 마음 또한 크다.

그리고 필자가 득도할 수 있을지는 모르겠으나 득도 후에는 언행의 제약이 있으므로 득도하기 전(前) 크게 제약받지 않는 시기에 내가 그동안 경험했던 여러 정보를 여러 사람에게 공유 및 유익을 주고자 하는 마음으로 출판을 서두르게 되었다. 내용 중에 천기누설을 포함한 이야기들이 간혹 들어있을 것이다. 필자가 아직 득도는 못 했지만 신이나 령이란 존재들과 약간의 소통이 있기에 중간에 제약당하게 되면 내용을 수정 및 보완하는 작업이 생길 수 있다. 부연 설명을 하자면 이 책은 일우선인의 일대기라 해도 과언이 아니다. 일우선인을 만난 이후로 '또 다른 세상'의 존재에 대한 여러 현상을 강렬하게 경험했기에 집필을 결심했고, 모든 이야깃거리가 일우선인으로부터 비롯되었기 때문이다.

아직 득도에 이르지 못했지만, 필자는 깨달은 분들을 많이 만났고 득도하신 일우선인을 20여 년간 모시고 살면서 보고, 듣고, 경험한 것이 많다. 시중에 도(道)와 관련된 유사한 내용을 담은 도서들이 많이 있지만 '또 다른 세상'은 그보다 섬세하고, 전적으로 필자의 직접 경험으로 빚어진 실화를 담은 내용이기에 보는 이들에게 가슴 뛰는 설렘과 재미를 줄 것을 확신한다. 다만 책의 등장인물 및 장소는 개인정보와 뒤탈이 있을 만한 부분을 우려해서 '일부분' 가명과 가상의 장소를 사용하였으되 나머지는 모두 필자의 경험과 사실을 토대로 집필하였다.

01_ 일우선인(一牛仙人)

일우선인

일우선인과의 인연

•

초등학교 이전 아주 어린 시절부터 나는 사색(思索)하기를 좋아했다. 어린 나이에 뭘 그리 안다고 그토록 생각이 많았을까. 속가의 모친 등에 업혀서 마실 다니던 기억, 조부와 부친의 양손을 움켜쥐고 발등에 올라타서 기를 쓰며 걸음마 했던 기억도 나에게는 모두 생생하다.

그리고 1970년대, 일주일에 두 번 방영하던 '전설의 고향' TV 프로그램은 어린 나의 잠재된 상상력을 발산하게 만든 계기가 되었다. 부처님, 옥황상제, 산신령, 용왕, 저승사자 등 온갖 신들과 여러 종류의 귀신이 등장하고 드라마가 끝날 즈음엔 우리나라 어느 마을에서 전해져 오는 이야기라며 실제 있었던 내용이라는 성우의 해설이 흐른다. 그렇다. 그 시절의 나는 '전설의 고향'을 보면서 귀신이나 신(神)의 존재를 굳게 믿는 계기가 되었고, 어린 나에게 엄청난 충격과 함께 내 안의 알 수 없는 무언가가 용솟음치는 자극적인 느낌을 받던 시절이었다. 겁이 나고 무섭기도 했지만, 한편으로는 너무나도 궁금한 마음에 어른들한테 신(神)과 귀신을 어떻게 하면 볼 수 있는지 물어보기 시작했다. 어려서부터 조부 방에서 함께 생활했기에 자연스레 자기 전 이불 밑에서 "할아버지, 귀신을 어떻게 하면 볼 수 있어요?"라고 몇 번을 재차 여쭤보았다. 그럴 때면 항시 같은 말씀을 해주셨다.

"그냥 밤에 산꼭대기에 가서 가만히 앉아 있으면 볼 수 있어."

나는 그 말을 굳게 믿었고 토요일 밤이 되면 어른들이 주무실 때 몰래 담을 넘었다. 굳이 담을 넘어 다닌 이유를 설명하자면, 전통적인 한옥에서 볼 수 있는 나무 대문에 작은 종이 달려 있어서 여닫을 때마다 딸랑딸랑 소리가 났고 빗장 또한 삐걱삐걱 소리가 나서 대문으로 나갔다가는 영락없이 부모님께 걸리기 때문이었다. 장독대에 계단처럼 놓인 돌 받침대가 담을 넘어 다니기에 좋아서 항상 그리 넘어 다녔다. 집 앞 크지도 작지도 않은 아담한 산을 올라다녔는데 그때가 초등학교 1학년 때였다.

그 산은 묘지가 많았다. 특히 남쪽으로는 산소들이 빼곡하게 들어차 있었으며 방공호도 꽤 많았다. 서울 수도권 경계라서 그런지 군인, 군사경찰들이 검문하는 곳도 여러 군데 있었고 군사 시설도 주위에 많았다. 처음엔 무서웠지만 자주 다니다 보니 내성이 생겨서 낮에 놀러 다니는 것처럼 무서움은 이내 사라져 버렸다. 전부터 그 산은 나의 놀이터 같은 곳이었다. 여름이면 곤충을 잡으러 다니거나 각종 열매를 따 먹으며 놀았고 겨울에는 비닐 사료 포대로 눈썰매를 타며 놀던 곳이라 친근했기에 밤이라 할지언정 금세 적응했다.

4학년쯤이었나, 그날도 여지없이 담을 넘어서 산꼭대기 부근의 산소에 기대서 남쪽을 향해 편안하게 앉아 있었다. 깜빡 잠이 든 순간 산소에서 관이 솟아 나오고 관 뚜껑이 스르륵 소리를 내며 열렸는데 입이 바짝 마르고 두 다리가 움직이질 않았다. 순간 눈이 번쩍 떠졌고 정신을 차릴 새도 없이 온 힘을 다해 일어나서 냅다 줄행랑을 쳤다. 허겁지겁 새벽녘에, 집에 도착해서 숨을 고르며 사색하는 중에 슬슬 약이 오르기 시작했다. 관 뚜껑은 열렸지만, 막상 귀신이나 신을 본 것도 아니고 누가 날 때리지도 않았으며 아무 피해가 없었음에도 냅다 도망을 친 나 자신이 비겁하고 겁쟁이처럼 느껴졌다. 이후 용기를 내어 다시 산에 올라갔고 한동안 별다른 현상은 없었다. 그러다 어김없이 새벽 동틀 무렵이 되면 부모님께 걸려 혼나기 전에 부랴부랴 산에서 내려와 조부 방에 들어가서 아무 일 없었던 듯 잠을 잤다. 다행스럽게도 부모님 방과 할아버지 방이 꽤 떨어져 있어서 밤사이 몰래 들락날락해도 알 수 없었다는 것은 나만의 특권이었다. 더구나 할아버지는 전적으로 내 편이었고 나의 야간 외출은 할아버지와 나만의 비밀이었다.

1980년대 초 '보물섬', '소년동아' 등 어린이를 위한 신문과 잡지를 접하기 시작했다. 밤에 산에 다니는 것에 여전히 푹 빠져있었지만 어린이 신문 및 잡지를 보면서 미스터리 불가사의에 심취하는 것도 큰 재미였다. 그중 특히 미확인 비행물체 U.F.O에 몰입되어 주말이면 마당에 펼쳐진 평상에 누워서 날이 샐 때까지 밤하늘을 뚫어져라 쳐다보았다. 80년대만 하더라도 밤하늘의 별은 빼곡하게 차 있었고, 하늘을 뚫어져라 쳐다보면 때로 반짝거리며 움직이는 물체가 보였는데 바로 인공위성이었다. 그 당시는 인공위성을 보는 것도 매우 귀할 때였다.

이런 특이한 취미(?) 때문인지 내 또래 아이들과는 대화 수준이 잘 맞지 않았고, 비단 또래 아이들뿐만 아니라 어른들 역시 이야기를 들어주지 않았기에 나의 궁금증을 시원하게 풀어주는 이가 없었다. 그러다 보니 답답한 마음에 혼자 사색하는 시간이 점점 많아졌고 사색하는 수준은 나날이 괴이해져만 갔다. 예를 들면 신이란 존재를 만나고 어떤 가르침을 받아서 내가 그것을 활용하여 맹활약하는 등 일반적인 상상을 초월할 정도였다.

중, 고등학교 시절엔 홍콩영화가 유행이었는데 특히 나의 이목을 끌었던 건 바로 강시(중국 귀신) 영화였다. 사람을 괴롭히는 귀신을 찾아 물리치는 퇴마사가 멋있게 보여서 '나도 저런 능력을 배워서 퇴마사가 되어야겠다.'라는 장래 희망을 꿈꾸게 된 계기가 되었다. 하지만 사회구조·환경 등이 그런 분야에 대한 믿음도 없거니와 현실과 동떨어진 인식 때문에 더 이상 나의 꿈은 전진할 수 없었다. 나 혼자만의 그런 사색이 한낱 취미에 불과한 '상상놀이'라고 스스로 치부할 시점에 군 복무를 하게 되었고, 제대 후 사회생활에 익숙해지면서 현실에 대한 자각과 물질만능주의의 늪에 빠지게 되니 나의 독특한 궁금증 주머니는 머리 한구석에 오랜 시간 잠들게 되었다.

그렇게 사회 전반에 뛰어들어 미친 듯이 속세의 때를 묻히며 지내던 90년대 초, 아는 분과의 인연으로 일우선인을 만날 수 있는 기회가 생겼다. 일우선인은 중앙정보부 출신으로 많은 업적을 쌓았고, 군(軍) 정보부에도 소속되었던 전설과도 같은 분이었기에 만나 뵙기 무척 어려웠다. 그에 비해 작은 존재에 불과한 나를 쳐다보기나 하실까 하는 생각과 큰 나이 차이, 공적인 자리나 사적인 자리에서조차 뵙기 어려울 뿐만 아니라 막상 만나 뵙더라도 불편할 거라는 생각에 감히 엄두도 내지 못했다.

회사 생활로 바쁜 나날을 지내면서 새벽 5시 기상으로 하루를 열었고 자정을 넘어서야 잠이 들었다. 쉬는 날도 없이 매일 반복되는 단조로운 생활이었으나 적당히 자유로운 위치에서 생활했기에 나름대로 재미를 느끼며 잘 지낼 수 있었다.

90년대 중반 가을경, 드디어 일우선인과 독대할 기회가 생겼다.

경기도 수원시 화성행궁 성(城)안에 오래전에 지어진 빨간 벽돌 건물 2층에 자리하고 있는 사무실 한쪽 편엔 부처님을 모셔 놓은 법당이 있었다. 거실처럼 생긴 곳은 사람들을 치료하는 공간이었고 다른 한쪽엔 상담용 사무실이 있었다. 순간 의문이 하나 생겼다. '스님도 아닌데 어찌 법당을 설치해 놓으셨지?' 잠시 머뭇거리고 있을 때 '상담실'이라고 쓰여 있는 문이 열리더니 일우선인이 나오셨다. 손님인 듯 보이는 여성 두 분도 함께 나오셨는데 그중 한 명은 '도경'이라는 일우선인의 여제자였다.

"안녕하십니까? 진작 찾아뵙는다는 게 이제야 인사드리게 됐습니다."

"응. 아직 연(緣)이 아니라서 그랬던 거지, 뭐."

말이 끝나는 순간 상담실에서 나오신 분 중에 한 분이 우리의 대화 중에 끼어들었다.

"선생님, 이분 처음 보는 분이라고 하지 않으셨나요?"

"네, 왜요?"

"아니요, 선생님. 나이가 어려도 반말하시는 것을 본 적이 없는데 오래전부터 알고 지내는 사람 대하듯이 반말하시니까 좀 이상해서 여쭤봤어요."

"얘한테는 그렇게 해도 괜찮아요."

"아, 괜찮습니다, 괜찮습니다."

니는 분위기가 좀 불편해질 거 같다는 생각에 손님인 듯 보이는 여성분께 아무렇지 않다고 손사랫짓하며 괜찮다는 표정을 지어 보였다.

이것이 일우선인과의 첫 독대 자리였다. 일우선인은 키 180cm에 몸무게는 100kg 정도의 거구였다. 손바닥은 솥뚜껑만 하고 올백으로 넘긴 흰색 단발머리에 얼굴빛은 하얗고 훤한 기운이 돌았다. 크지도 작지도, 높지도 낮지도 않은 차분한 어조로 마치 항아리 속에 얼굴을 대고 말할 때 소리가 울리면서 들리는 듯한 중후한 목소리였다.

이후 간단하게 나의 소개를 하고 예전에 경험했던 귀신이나 신에 대해 이야기하던 도중에 '산신령님'이라는 단어를 3번 반복할 즈음 일우선인이 말씀하셨다.

"'뒤에 계신 분'들이라고 하는 거야. 신과 령은 경계가 다른 존재야. 신은 완벽하지 않은, 아직 인간의 성품을 다 버리지 못한 존재고, 령은 완벽한 도(道)를 이룬 존재야. 즉 신선(神仙)이라고 불리는 존재들이지. 산에 계신 산신령은 산령(山靈)이라고 부르는 게 옳지만 보통 산신(山神)이라고 통용돼서 그렇게 부르는 거야. 신과 령은 사는 경계도 서로 다른 곳에 있어. 그리고 기도를 드리면 항상 여러 명의 존재가 지켜보고 움직여 주셔서 '뒤에 계신 분'들이라고 통합적인 표현으로 명칭 하는 거야."

그리고 바로 충격적인 말씀도 하셨다.

"나는 신(神)을 심부름시켜."

"네? 어떻게요?"

"그건 나중에 보면 알아."

아직 도의 세계를 모르기에 일단은 그럴 수 있다고 믿을 수밖에 없었고, 신을 심부름시킨다는 말씀에 엄청난 충격을 받았다.

"저도 그런 능력을 키울 수 있나요?"

"가능하지! 너, 이 공부 한번 해볼 차?"

"네! 한 번 해보겠습니다."

"그럼 '나를 죽이고', '모든 걸 버려!'. 그래야 이 공부할 수 있어. 그리고 신의를 목숨처럼 여겨야 해."

순간 나는 무슨 말씀인지 바로 와 닿았다.

"무슨 말씀인지는 알겠으나 지금 당장은 좀 힘들 거 같아요. 하지만 공부는 하겠습니다."

익숙해진 속세의 올가미에서 벗어나려면 내게 시간이 필요하다는 것을 알고 있었고, 지금은 때가 아니라는 것 또한 직감 상 알고 있었다.

"그래, 그럼 역학(易學) 공부 먼저 해."

편지지 한 장에 한자로 된 음양오행과 천간(天干), 지지(地支)를 써 주셨다.

"다 외우면 사무실로 와. 그러면 그다음 공부할 거 줄게."

"네, 알겠습니다. 그런데 존칭은 어떻게 부르면 될까요? 선생님이라고 불러야 하나요? 아니면 스승님이라고 부르면 되나요?"

"나 선생, 스승 소리 듣기 싫다. 그냥 너랑 나랑 형 동생 하자. 형이라고 불러."

순간 당황했다. 나와 24년 띠동갑이고 아버지뻘인데 형이라고 부르라니 어이가 없기도 하고 기분이 묘했다. 하지만 한편으로 첫 만남이 좀 서먹하고 불편했는데 마치 얼음 녹듯이 모든 게 해제되는 느낌이었다.

"나 형식, 격식 따지는 거 안 좋아한다. 그러니 동네 형 대하듯 편하게 대하면 돼!"

형식과 격식에 대한 한 가지 예를 들자면, 일우 형님과 첫 대면 후 잠시 사무실 밖에서 담배를 피우고 있었다. 그때 일우 형님이 화장실에 가시려고 사무실 문을 열고 나오셨고 순간 당황해서 뒤로 돌아서 머뭇거리고 있는데,

"뭐해?"

"담배 좀 피우려고 나와 있었어요."

"근데 왜 숨어서 먹는 거야? 그러려면 끊어. 입으로 들어가는 건 모두 음식이야, 음식 먹는데 눈치 보면서 먹으면 못써."

이후 차량 이동 때마다 일우 형님은 항상 뒷자리에 앉으셨는데 "운행 중에 담배 피워도 괜찮아."라고 말씀하셔서 나는 정말 운전하면서 담배를 피웠다. 겨울엔 창문을 닫고 히터를 켜놓은 상태에서 담배를 피우기도 했는

데 연기가 전부 뒷자리로 넘어감에도 불구하고 일우 형님은 단 한 번도 불편한 기색을 보인 적이 없었다.

형님의 마음이 형식적이거나 가식이 아닌 것을 알게 된 결정적인 이야기를 하나 더 덧붙이자면 한 번은 형님과 단둘이 사무실에 있을 때였다. 대학생쯤 되어 보이는 청년 한 명이 환하게 미소를 지으며 사무실로 들어왔다. 분명 일우 형님과 친분이 있는 청년이라고 짐작할 즈음에 형님은 "내 아들이야." 하시며 소개했고, 그 청년에게 나를 '내 제자'라고 소개하자 청년이 내게 꾸벅 인사를 했다. 그러더니 호주머니를 뒤적거려 담배를 꺼낸 후 바로 입에 물고 불을 붙이는 것이 아닌가! '헉, 뭐지?' 이때 당시에는 정말 충격적이었다. 90년대 대한민국 문화와 정서에서 도저히 이해할 수도, 상상할 수도 없는 행동이었다. 그러나 일우 형님은 대수롭지 않게 마주 대했고 평상시에도 늘 그랬다는 듯 형님의 아들 또한 자연스럽게 담배를 피우는 모습에 참 뭐라고 해야 할지, 많은 생각이 교차하던 경험이었다. 추가로 한 마디 더하자면 일우 형님은 담배를 피우지 못한다.

어찌 됐든 일우 형님과 또다시 만날 수 있는 연결 고리가 형성되었고 이런 계기로 인하여 나는 매우 기쁘고 설렜다. 이후 숙제 내주신 편지지의 역학 공식을 틈나는 대로 외웠고, 다 외우면 일우 형님을 찾아뵈었다. 형님을 찾아뵈면 항상 상석을 내어주셨으며 손님들과 계실 때면 당신 옆자리에 나를 앉히시며 '내 운전기사예요.'라고 소개하셨고 역학에 관련된 학자들과 만나면 제자라고 소개하셨는데 사실 엄청난 특권이었다. '왜 이렇게 잘 대해 주시지?' 나는 기분이 묘하면서 감사하기도 했고 그 궁금증의 일부는 얼마 후에 풀렸다. 한 번은 숙제 내 주신 걸 다 외우고 찾아뵈었을 때였다.

"나 어제 관악산에 가서 기도하고 왔다. 너랑 나랑 전생에 어떤 관계인 줄 아냐?"

"네? 아니요. 모르겠는데요."

전생! 순간 나의 온몸에 전율이 돌면서 회음에서 등줄기와 목덜미를 거쳐 머리통 정수리로 무언가 뻥 뚫리는 듯한 기운이 감돌았다. 그리고 오랜 시간 꽁꽁 봉인되어 있던 어린 시절의 궁금증들이 하나둘 풀리기 시작했다. 한동안 궁금했던 범위를 넘어 한술 더 떠서 전생이란 단어까지 듣게 되니 그 짧은 시간에 많은 생각이 밀려왔다.

"……! 전생에 어떤 관계였는데요?"

일우 형님은 예리하고 의미심장한 눈빛을 발하셨다.

"그건 네가 나중에 봐."

일우 형님은 더 이상 말씀하지 않았지만 나는 '계속 정진해서 공부하면 전생도 볼 수 있는가 보구나.'하며 열정이 솟구쳤고, 전생에 일우 형님과의 인연으로 이번 생에도 다시 만나게 됐다는 것을 이때 처음 알게 됐다.

얼마 후에 일우 형님을 찾아뵙고 다음 숙제할 것을 받은 후, 설마 하는 마음에 형님에게 질문했다.

"일우 형님, 혹시 득도라는 게 있나요?"

"있지."

"그러면 형님은 득도하셨어요?"

"난 진작에 했어."

"네? 그럼, 저도 득도할 수 있나요? 공부하면요."

"그럼! 열심히 해봐."

형님은 간단하게 아무 거리낌 없이 대답해 주셨다. 시간이 흐르면서 더 많은 일우 형님의 능력을 경험하게 되었고 도(道)에 관한 믿음과 공부에 대한 열의가 더욱 충만해졌다. 그러나 한편으로는 대통령이 바뀔 때마다 청와대로 불려 가서 대통령과 비공식 독대하고, 국가를 위해 티 내지 않고 그림자처럼 은밀하게 지내는 엄청난 분과 '전생'이니 '도(道)'니 '신(神)과 령(靈)'에 대해 이야기하면서 괴리감과 함께 잠시 혼란스럽던 시절도 분명히 있었다.

일우 형님은 일제 강점기가 지난 광복 후에 경기도 안성 시골 마을에서 집안의 장손으로 출생했다. 두 다리에 소아마비가 있어서 걷지를 못했고 항상 조부, 조모 품에 안겨서 자랐다. 조부는 향교 훈장-지금의 대학교 교수-이셨고, 부친은 공무원, 모친은 단학을 공부했던 분이다. 혹여 아들의 두 다리가 나을 수 있을까 싶어서 일우 형님의 모친은 힘도 기르고 소아마비에 걸린 두 다리도 나을 수 있다며 아직 초등학교도 다니지 않는 어린 일우 형님에게 단전호흡을 가르쳤다. 그래서 형님은 어린 나이 때부터 단전호흡을 연마하게 되었다.

매일 조부의 품 안에서 조부와 여러 학자가 이야기 나누는 것을 듣게 되었는데 역사, 정치, 옛날 성인(聖人)들이 남긴 경전들에 관한 것과 더불어 사서삼경도 공부하게 되었다. 삼경(三經) 가운데 하나인 역경(易經)도 일찍이 공부하여 10살 때 마을 사람들의 토정비결을 봐주었다고 한다. 토정비결을 풀이하려면 네 기둥, 즉 사주팔자 여덟 글자를 뽑을 줄 알아야 하는데 소아마비로 인한 신체적 제약으로 밖에 나가서 놀지 못하는 대신 조부 품에서 매일 이런 공부를 자연스레 하게 된 것이다.

초등학교 시절 인근 마을에 어느 도인이 신침(神鍼)을 놓는다는 소문을 들은 부모님은 일우 형님을 데리고 침을 맞으러 다녔고 기적적으로 일우 형님은 완치되어 정상적으로 걸을 수 있게 되었다. 이 병원 저 병원 다니며 백방으로 노력했지만 결국 고치지 못하고 불치병 판정 후 자포자기로 실의에 빠져 지내던 즈음에 이런 기적을 겪게 되니 어린 나이지만 열심히 공부해서 나중에 어른이 되면 어려움에 부닥친 사람들을 위해 살겠다고 다짐하게 된다.

　형님을 처음 만났을 때도 오전이면 치료받기 위해 오는 손님들이 수십 명에 달했다. 소문에 소문을 듣고 오는 손님 중 병원에서 시한부 판정받고 오는 분도 종종 있었다. 찢고, 꿰매거나 깁스, 치과에 관한 것만 안 했을 뿐 오만 잡병을 다 다뤘고 모든 치료는 무료였다. 다만 이상한 기운(빙의 현상)으로 몸이 안 좋은 것에 대해서만 돈을 받았다.

　형님에게는 나보다 5년 정도 앞서 공부한 분이 있었는데 '도경'이라는 여자 제자였다. 형님을 처음 대면하던 날 사무실에서 봤던 분으로 경기도 안양에서 철학관을 운영하고 있었다. 우연인지 인연인지 나와 고향이 같은 분이다. 더욱 이상했던 건 내가 초등학교 다니기 전, 1970년 중반경에 내 고향인 남양주시의 한 초등학교에 형님이 특기생 체육 담당 선생으로 오신 적이 있었는데 그때 도경 선생은 그 초등학교에 다닐 때였다. 1년이 좀 안 되어 그만두시긴 했지만 내 추측으로는 미래에 만날 제자들을 가까이에서 한 번 보기 위해서 미리 겸사겸사 왔다 가신 듯했다.
　그때 당시 일우 형님은 국가를 위해 활동하시다가 잠시 쉬려고 한 거 같기도 하고, 도경 선생은 −참, 뭐라고 표현해야 할지− '알다가도 모를 분'이라는 말을 종종 했다.
　형님은 중학교 시절부터 미술과 공예에 취미가 있었고, 유도체육관을 다니면서 신체 단련하며 여러 대회에 출전도 하셨다. 유도 국가대표로 올림픽에 출전하여 성과도 있었지만, 불운한 사건으로 인해서 모든 성과 기록 삭제 및 반납의 아픈 과거사가 있다.
　한때 김신조 북괴 남침 사건으로 온 나라가 떠들썩하던 때에 故 박정희 대통령 외곽 경호 업무 중 비상 상황으로 모든 차량을 경호처에 보고하고 출입시키라는 명령이 있었다. 평상시 자율 출입하던 군 소속 장성의 탑승 차량이 출입 통제 명령을 무시하고 통과하는 것을 본 일우 형님이 이를 저지하기 위해 총으로 타이어를 조준해서 펑크를 내버렸다. 멈춘 차량에서 운전사와 조수석에 탔던 군인 두 명이 '이 새끼가 미쳤나!' 하며 달려드는 것을 그 자리에서 전부 요절 내버리는 사건으로 인하여 중앙정보부와 군 정보국에 차출되고 만다. 그 이후 수많은 특수교육과 훈련을 받고 국가를 위한 위중한 임무를 수행하게 되었다. 청와대 내 일반인은 출입할 수 없는 공간에 청와대를 배경으로 비밀통로들이 담겨 있는 그림이 걸려있는데 바로 일우선인이 직접 그린 그림이다. 지금도 존재하는지는 모르지만······.

서른 살에 국가에서 공천을 내줘서 정치인의 길로 나갈 운이 있었지만, 형님은 모두 거절했다. 이 시기에 잠시 쉴 목적으로 부모님이 살고 계시는 고향 집 정미소에서 일을 도와드리며 지내고 계실 때 지역 군수와 경찰서장이 수시로 안부 인사를 하러 왔을 정도로 일우 형님의 위상은 매우 드높았다.

군수 물품에 관련된 핵심 부품을 개발하여 보급한 이력이 있으며 그로 인하여 매달 지분으로 나오는 금전을 10원도 쓰지 않고 사회복지와 관련된 곳에 전부 이체시켜 놓았고 70~80년대 사회복지가 부실한 시기에 소년·소녀 가장 대상으로 몰래 생활비와 학비를 지원해 주셨으며 그중 몇몇은 법조계 및 국가공무원이 되기도 했다.

1990년대 이름만 대면 다 아는 어느 부잣집에서 묫자리를 보러 온 적이 있었다. 그 묫자리를 잡아준 후 얼마 드리면 되는지 묻자, "그냥 알아서 주세요."라고 하니 그 재벌 집에서 봉투 하나를 주셨는데 봉투 안에 1억 원이 들어있었다. 다음 날 사회복지 관계자가 사무실에 왔고 일우 형님은 1원도 사용하지 않으시고 그 1억 원을 전액 기부하셨다. '뭐 이런 분이 다 있지?' 라는 생각이 들기도 했지만, 한편으로는 매우 존경스럽고 성인군자 같은 형님의 모습에 주체할 수 없이 밀려오는 감동을 감내하기도 했다. 선행은 '오른손이 하는 것을 왼손이 모르게 해야 하고 왼손이 하는 것을 오른손이 모르게 해야' 그 공덕이 빛을 발한다고 형님은 자주 말씀하셨다.

일우선인이 도(道)를 수련하실 때 천상계에서 일일일선(一日一善) 하라는 계시를 받았다. 계시에 따라 매일 선행을 하셨는데 2년 10개월 정도 될 무렵 그러니까 1,000일이 지났을 무렵이다. 이제 일일일선을 그만하라는 천상계의 계시가 내려왔지만, 일우선인은 환원하기 직전까지도 선행하는 행위를 멈추지 않으셨다. 주로 사람들을 무료로 치료하셨고 기도해서 번 돈은 금전이 필요한 사람들에게 차용도 많이 해 주셨는데 돌려받지 못한 금액만 수억 원에 달했다. 주위에서 빌려 간 금전에 대해서도 갚으라고 재촉하는 것을 본 적이 없으며, 돈이 없어서 식당에서 외상을 지는 한이 있어도 꿋꿋하셨고 궁색한 모습을 보이지 않았다. 일우선인 왈, '돈이 없어도 난 여기 단골손님이고 어차피 갚을 건데 굽신거릴 일이 뭐가 있는가?' 돈은 마(魔: 악마=사탄)라고 하시며 잠깐 살아가는 동안 약간의 편리에 사용되는 도구 정도로 알면 된다며 돈에 휘둘리지 말라고 하셨고 당신의 삶으로 몸소 실천하며 보여주셨다.

수행자가 수행할 때 아주 조심해야 할 부분에 대해서 일우선인이 당부하신 말씀 중에 금전과 이성(異姓)에 관한 것이 있는데, 먼저 금전에 관한 것은

1. 도박하지 말 것.

2. 주식 투자하지 말 것.

3. 부동산 투기하지 말 것.

하산할 때 추가로 골프 치지 말라는 당부도 하셨다.

(하산 후 옛 지인들을 만났는데 모두 골프를 즐겼고 나에게 모든 걸 지원해 줄 테니 같이 골프 치러 다니자고 권했으나 정중히 거절했다.)

이성(異姓)에 관한 것은

1. 강제로 성관계하지 말 것.

2. 가정 있는 이성(異姓)과 성관계하지 말 것.

3. 이 배(腹) 저 배(腹)에 자식 낳지 말 것.

위 내용들은 수행자를 위한 말씀이다. 어느 정도 공부하고서 돈이 생기면 저런 행위를 하는 경우가 왕왕 발생하는 데 10년 공부 도로 아미타불(공든 탑이 무너진다는 뜻)이라는 말처럼 기껏 공부해 놓고 한 번에 무너지는 꼴이 되기 십상이다. '뒤에 계신 분'들에게 버림을 받는 금기 사항들이며 실력이나 운명도 서서히 어두워진다. 성직자들이 이러한 행동을 범하면 서서히 신기(神氣)나 령(靈) 능력이 떨어지는데 세 번의 경고로 본인이 잘못하고 있다는 것을 느끼게 한다. '경고'라는 것은 회복할 기회를 준다는 것인데 만약 이 경고를 무시하고 하지 말아야 할 짓을 계속한다면 결국 헤어나지 못할 벌을 받으며 만약 현생에서 어떠한 벌을 받지 않으면 죽은 후 저승에 가서 더 크게 벌을 받을 것이다. 또는 현생에서도 벌을 받고 죽어서도 크게 벌을 받게 된다.

이성(異姓)에 관한 것 역시, 한 개라도 범한 후 그 업(業)을 소멸시키려면 여러 생을 거쳐야 하는 업장(내가 지어서 내가 받아야 하는 장애물)이 발생하며 특히 3번째 행위를 범하게 되면 운명의 기운이 실타래가 꼬이듯 꼬여서 도저히 풀지 못하는 상황에 봉착한다. 나고 죽는 윤회고를 수없이 거쳐야만 다시 원활하게 수행할 수 있는 인연을 얻기 때문이다. '별거 아닌 것 같지만 명심해야 할 대목이다.

보통 사람들이 잘못 인식하고 있는 부분이 있다. 종교인, 성직자, 스님이라면 성관계를 하면 안 된다고 생각하는데 이는 잘 몰라서 그런 것이다. 서로 좋아서 맺는 성관계는 전혀 걸림돌이 되지 않는다. 다만 행위 자체에 집착하거나 욕망에 젖어서 하는 행위가 수행하는 데 있어서 걸림돌이 되는 것은 당연지사다. 수행에 있어서 제일 많이 영향을 받는 규칙이니 명심해야 할 것이며 이런 규칙은 사실 수행자뿐만 아니라 일반 사람들 역시 죽어서 저승에 갔을 때 다음 생을 결정짓는 상황 앞에서 저런 행위를 했느냐, 안 했느냐에 따라서 다음 생의 좋고 나쁨이 결정된다.

형님께서 '내가 너 아주 잔인하게 공부시킬 거야.'라고 말씀한 적이 있다. 나는 도(道)를 공부하기 전엔 회사에서 관리하는 여러 사업체에서 간부직을 맡고 있었으며 어린 나이임에도 꽤 많은 연봉을 받고 있었다. 그러나 모든 것을 버렸고 나를 죽이기 위해 밑바닥 생활을 감행하기 시작했다. 속세의 인연 또한 어느 정도 정리했을 때 처음엔 수원사무실 근방에 있는 고시원을 얻어 지냈고 고시원 월세와 기본적으로 써야 하는 용돈만 아르바이트로 충당했는데 일자리가 없다고 하지만 인력 광고 신문을 보면 일자리는 차고 넘칠 정도였다. 나는 주로 사람들이 하기 싫어하고 고된 종목만 선택했고 토굴 수행할 때 식량이 떨어지면 때론 숙식할 수 있는 일자리를 구해서 돈벌이하기도 했다. 기이하게도 늘 일한 지 3개월이 지나면 그만두어야 할 일이 생겼는데 나중에 깨달은 것은, 인간들과 깊은 인연을 맺지 못하게 하는 것, 그리고 수행에 대한 성숙도 테스트의 일환이었다. 토굴에서 수행할 수 있는 금전이 마련되면 식량을 준비해서 공부에 전념하라는 메시지였으며 속세의 생활은 도 닦는 데 있어서 잠시 활용하는 방편일 뿐이라는 것을 인식시키기 위함이었다.

수원에 있을 때의 일이다. 저녁 자유시간이 생겨서 저녁 6시에 출근하고 새벽 1~2시 정도에 마칠 수 있는 고된 노동의 아르바이트로 화물차에 물건을 상하차하는 물류센터에서 일했다.

1년 정도 지나서 아르바이트 시스템은 없어지고 담당 책임자에게서 이번에 팀을 하나 더 만들 예정인데 팀장으로 추천할 테니 정식 직원으로 등록하라는 제안을 받아서 일우 형님께 말씀드리니 "너 거기서 먹고살래? 너는 아르바이트로 시작해서 아르바이트로 끝나는 거야."라고 말씀하셨다. 똑같이 일함에도 불구하고 직원과 3분의 1 차이가 나는 금전을 받고 일하는 것이 아쉬웠지만, 한편으로 잠시 수행 중에 거쳐야만 하는 공부 과정이라는 생각에 마음의 변동은 크게 생기지 않았다. 직원들 몇몇은 이해할 수 없다며 멍청하다고 말했지만 나는 개의치 않고 규칙적인 생활을 이어갔다. 새벽 아르바이트를 마치면 산으로 직행했고 기도하다가 동이 트면 숙소에서 잠깐 쉬었다가 오전에는 형님이 계시는 사무실로 출근하는 일상이었다.

역학계에서 스승과 제자가 끝까지 가는 인연은 거의 없다고 해도 과언이 아니다. 제자의 역학 공부가 어느 정도 성취되면 이상하게도 스승을 쉽게 알고 무시하는 일이 발생한다. 물론 개인마다 성향 차이가 있겠지만, 비단 역학계뿐만 아니라 다른 종교계에도 이러한 경우가 비일비재하다. 일우 형님을 모시면 월급이나 금전을 좀 챙겨주냐고 주위에서 많은 분이 물어봤지만 나는 10원도 받지 않으며 스승님에게 큰 공부를 배우면서 용돈을 드리지는 못할망정 도리어 무슨 돈을 바라냐고 반문했다. 물론 일반 속세 사람들은 당연히 그런 발상을 할 수 있지만 나는 단 한 번도 그런 생각을 해본 적이 없으며 어떻게 하면 스승님께 보답할 수 있는지를 고민했다. 스승님의 뜻에 거스르지 않고 공부를 잘 마쳐서 도(道)를 이루는 것, 그것만이 최고의 보답이라고 확신하고 있었기에 어떤 누구의 이야기도 귀에 들어오지 않았다.

어느 날의 일이다. 사무실에 중년의 남성이 오셨는데 일우 형님과 친분이 있는 분인 듯했다. 그런데 형님은 인사를 시키고 잠시 화장실에 다녀온다고 나가셨다. 사무실 건물엔 화장실이 없어서 약 150m 정도 떨어져 있는 공중화장실을 사용했기에 오가는 시간이 꽤 걸린다.

"제자시라고요?"

"아, 네."

"일우 선생님이 잘 챙겨주시죠?"

"네? 뭘요?"

"용돈 같은 거 잘 챙겨주시잖아요?"

"그런 거 전혀 없는데요."

"아, 그런가요."

대화는 여기서 끝났는데 그제야 도경 선생에게 들었던 이야기가 기억났다. 중년의 남성은 소운(素雲) 선생이라는 사람인데 한때 일우 형님에게 수업받았던 분이었다. 태백 숙소에 기거하며 나름대로 도에 관한 공부를 했으나 득도하지는 못했다. 이때 형님은 소운선생의 생활비와 공부에 필요한 모든 것을 지원해 주셨고 용돈도 넉넉히 챙겨주었다. 그런데 소운 선생은 그런 은혜도 모르고 일우선인을 스승 대하듯 하지 않았다. 마치 스승과 동등한 위치라고 생각하듯 행동했는데 나의 눈에는 굉장히 거슬렸다. 그는 공부를 더 하지 못했고 여러 방면으로 일우 형님의 행위들만 흉내 내고 살아가는 사람이었다. 형님은 소운 선생에 대해 '자칭 제자'라고 떠들고 다니는 사람이라고 말씀하셨는데 주변에 이런 사람이 꽤 많았다.

물류센터에서 아르바이트한 지 3년 정도 됐을까.
"너 이제 아르바이트 그만둬!"
"네? 그러면 오늘 출근해서 회사에 이야기하고 올게요."
"그냥 전화해서 그만둔다고 얘기해."
"네? 아니……, 그래도 마지막인데 회사 사람들 대면도 해야죠. 그리고 월급 정산해서 받아야 하는데요?"
"계좌이체 하라고 해."

그 짧은 순간에 많은 생각이 들었다. 날짜를 보니 정확히 만 3년이 된 날이다. 아르바이트생이라서 그간 현금으로 월급을 받았는데 처음이자 마지막으로 소액이지만 계좌이체로 받았다. 그리고 회사 직원들과의 인연은 그날로 끝났다.

가만히 사색해 보니 나의 전생에 쌓였던 악업이나, 현생에서 쌓았던 좋지 않은 업보를 남들과 똑같이 일하고도 3분의 1이라는 보수를 받으면서 3년간 일했던 것으로써 바로 업장 소멸할 수 있는 과정의 한 부분을 수행했음을 알아차렸고 또 그래야만 도 닦는 데 있어서 원활해진다는 걸 알게 되었다. 결코 저녁에 남는 시간이 무료해서 아르바이트했던 것은 아니었다. 용돈 벌자고 일을 한 것은 더더욱 아니었다. 나의 무언가를 손해 보고, 내가 가진 무엇으로 대가를 치러야만 전생이나 현생에 지었던 빚을 갚는 것이고 그래야만 탕감된다는 것을 말하는 것이다.

타 종교계에서는 이전에 죄를 짓고도 하루 종교모임에 참석하여 신에게 기도하면 모든 죄가 없어진다고 한다. 또 어느 종교 단체는 기도하고 여러 제물을 바치면 지은 업이 소멸한다고도 하는데 이런 말들은 모두 새빨간 거짓말이며 상술에 지나지 않은 혹세무민의 언행임을 나는 자신 있게 말할 수 있다. 어떻게 죄를 지은 업장이 그리도 쉽게 소멸한단 말인가? 인간이 뭐 대단한 존재라고, 용서받지 못할 짓을 하고도 쉽게 용서받을 생각을 한단 말인가? '또 다른 세상'의 시스템은 그렇게 만만치 않다. 규율과 질서가 엄격하고 그 누구를 막론하고 냉혹, 냉정하게 심사하며 심판하기 때문이다.

내가 도를 잘 닦을 수 있도록 일우선인이 신경 써 주신 것에 항상 감사하게 생각하며 단 한 번도 형님을 원망하거나 불평불만 해본 적이 없다. 나의 일생에 일우선인과 인연이 맺어진 것에 대해 감사한 마음으로 그의 뜻을 받들어 한 점 부끄러움 없는 제자이자 수행자가 되기 위해 노력할 것이며 스승님의 은혜를 갚기 위해 이번 생에 꼭 도(道)를 이룰 것이다.

그것만이 스승님께 보답하는 길이기에…….

하산

•

 2009년경 어느 날 일우선인께서 중대한 말씀을 하셨다.

 "너 이제 내 손에서 벗어났다."

 "네? 그게 무슨 말씀이세요?"

 "하산해도 돼. 이제 자유야. 세상 경험 좀 해봐!"

 20여 년간 일우 형님을 가까이 모시면서 항상 형님의 말씀대로 행동했고, 산에 공부하러 갈 때도 잠시 속세의 인연 법칙에 얽혀 지낼 때도 늘 형님의 허락을 받고 움직였다. 그런데 갑자기 하산이라니 한편으론 섭섭한 마음이 일어나면서 이런저런 생각이 밀려왔다. 돈을 모은 것도 없는데 어디로 가야 할지 막막했으며 차량이 없으니, 기동성도 없고 마땅한 기술도 없는데 무엇을 해야 할지 오만가지 생각이 밀려왔다. 사무실을 하나 얻어서 상담업무를 해야 하나, 아니면 돈도 없는데, 길바닥에 돗자리 깔고 로땅(역학계에서 길바닥에 돗자리 깔고 占을 치는 행위)을 해야 하나 별의별 생각이 다 들었다. 일우 형님을 모시면서 TV를 본 적도 없고 문화생활도 일절 해본 적이 없기에 세상 돌아가는 흐름도 잘 몰랐고 속세 말로 까막눈 수준이었다. 주변 사람들과 사적인 만남도 없었으며 마땅히 연락할 만한 지인도 없었기에 그저 막막할 따름이었다. 갑자기 주어진 예상 밖의 숙제에 그저 멍했다.

 이제 매일 형님사무실에 갈 필요가 없어져서 이런저런 고민을 하다가 인근 산에 토굴을 지어 가끔 가서 수행해야겠다는 생각이 문득 들었다. 즉시 광교산 인적 드문 곳에 1인용 텐트를 쳐 놓고 참선 수행을 시작했다. 산에서 수행할 때만 사용하던 손목시계를 차고 갔는데 하필 첫날부터 한쪽 시곗줄이 빠지는 바람에 시곗줄을 끼워 넣는다고 한참을 헤매게 되었고 결국에는 남은 한쪽 시곗줄마저 빼버렸고 손목시계의 몸통만 들고 사용했다. 일주일가량 지났을 무렵엔 식량이 떨어져서 시내 숙소에 들렀다가 일우 형님을 찾아뵙게 되었다.

자리에 앉자마자 형님이 왼쪽 팔을 걷어붙였는데 형님의 손목에 두 개의 시계가 보였다. 한 개는 형님이 늘 차고 있던 시계였고 다른 한 개를 풀더니 능청스러운 얼굴로 "자, 받아." 하며 내게 건네주셨다.

산에서 시곗줄로 한참을 씨름하던 나를 관(觀)을 통해 지켜봤던 것이었다. 값비싼 시계는 아니었지만, 제자를 위해 마련해 주신 것에 대해 감사함을 깊이 느꼈다.

얼마 후 토굴에 물이 메말라서 다시 숙소로 돌아왔고 지금까지 공부했던 역학에 관련된 자료를 하나하나 정리해서 시디에 저장해 놓고 각 기도에 쓰이는 경문과 역학 자료는 문서로 작성해서 수백 페이지를 출력해 놓았다. 또 산에서 기도할 때 비가 내리거나 습한 기운에 자료가 젖지 않도록 코팅 작업까지 해놓았다. 그래도 역학 공부해 놓은 게 있으니, 역학에 관련된 일을 한번 해볼까 하는 마음에 주변의 사주 카페에서 잠시 아르바이트한 적이 있는데 점(占)을 치고, 받는 금액을 주인장과 5:5나 6:4, 좀 후한 곳은 7:3으로 배분했다. 나는 경험을 쌓자는 마음으로 얼마간 사주 카페를 다녔는데 어느 순간부터 내가 점을 친 금액을 나눠 가져야 한다는 것에 부정적인 생각이 들었다. 욕심 때문에 그런 것은 아니고 뭐라고 할까? '자존심' 설명하자면 그런 것이었나 보다. 뭐, 그런 것이 발동하더니 점점 이건 할 게 아니구나, 라는 생각이 들었다. 첫째는 자유롭지 못하고 둘째는 정해진 시간에 얽매여 지내야 하는 방식이 도통 마음에 들지 않았다. 나는 다시 홀로서기를 하기로 했다.

홀로서기 중에 한동안 찾아뵙지 못한 일우 형님을 뵙게 되었다.
"형님, 별일 없었어요?"
"응, 잘 지내고 있는 거야?"
"네, 그냥 그렇게 지내고 있어요."
"으응, 너 뭐, 만들어 놓은 거 있지?"
"네? 어떤 거 말씀하시는 거예요?"
"거 있잖아. 서류봉투에 들어 있는 거."
"역학 자료하고 경문 문서 만들어 놓은 거 말씀하시는 거예요?"
"응. 네가 만든 거, 나한테도 프린트해서 1부 만들어줘."
"형님이 그런 게 뭔 필요가 있다고 그러세요?"
"나도 필요해, 주기 싫어?"
마치 아이들이 투정하는 말투로 형님이 말씀하셨다.
"주기 싫다니요. 알겠어요. 한 부 만들어서 드릴게요."

다음날 수백 장이 넘는 역학 자료와 경문 자료, 시디도 하나 복사해서 가져다드렸다. 그리고 또다시 이런저런 아르바이트를 하면서 앞으로 무엇을 해야 할지 생각하며 지냈지만, 하루하루 지나면서 내 마음과 뜻대로 되는 일은 없었다. 그러다가 가끔 일우 형님을 만나면 냉담한 느낌을 받게끔 대하셨다. 다른 곳으로 가라고 하시는 걸까. 아니면 이런 상황에서 뭐라고 말씀해 주시든가. 야박한 생각도 들었지만, 도 닦는 공부는 혼자 하는 거라고 누차 말씀했던지라 나름 자존심 때문에 사사건건 여쭤보기 싫었다. 점점 마음 주머니가 작아지면서 우울해지고 의기소침해지는 나 자신을 보게 되었다.

한 번은 어느 지인분을 데리고 일우선인이 전수한 팔진도법 기도를 하기 위해 산에 갔다. 팔진도법 기도 공식은 다 터득한 상황이었는데 기도가 별 효험이 없었고 도무지 내가 뭘 놓친 건지 이해가 되질 않아서 형님을 찾아 갔다. 그런데 미적대시며 속 시원히 말씀해 주지 않으셨다. 결국 나는 내가 사용할 수 있는 기도법이 아니라고 판단해서 '이럴 거면 뭐 하러 가르쳤나!' 하며 옹졸한 생각으로 자리를 박차고 일어나 숙소로 터벅터벅 돌아왔다.

지나간 세월이 한순간에 밀려왔다. 제대로 뭐 하나 해놓지도 못하고 젊은 청춘을 다 날렸다는 회한이 밀려오면서 나 자신이 매우 한심하고 비참한 심정이 들면서 감당치 못할 분노가 치밀더니 마침내 폭발해 버렸다. 한 손에 식칼을 들고 그동안 공부했던 책을 갈기갈기 찢기 시작했고 역학 자료와 경문 문서, 그동안 정리해 놓은 자료까지 모조리 난도질했다. 다시는 역학에 관한 공부도 안 하고 활동도 하지 않을 거라 다짐하며 결국 그 많은 책을 다 찢어 버렸다. 뭣하나 신통 부릴 줄도 모르는데 무슨 도(道)를 닦는다고 여태껏 이 짓을 했나 싶은 마음에 컴퓨터에 저장해 놓은 자료도 모두 삭제해 버렸고 자료를 저장해 놓은 시디마저 전부 쪼개버렸다. 얼마나 시간이 흘렀을까. 발광하던 나는 힘이 쭉 빠졌고 작은 원룸엔 방바닥이 보이지 않을 만큼 찢어진 종이 쪼가리들로 가득했다. 온몸은 땀으로 뒤범벅됐고 축 늘어진 상태로 지쳐서 잠이 들어 버렸다. 잠에서 깨어나니 다음 날 아침이었고 정말 오래간만에 깊은 잠을 잤던 것 같다. 예상치 못한 전날의 행동에 대해 깊은 사색의 시간을 가졌고 지랄병을 한 번 하고 나니 그동안 마음 한구석에 나도 모르게 가지고 있던 응어리가 싹 가신 느낌이었다. 일우선인께서 이유가 있어서 하산하라고 말씀하셨던 것일 테고, 아직 때가 아니기에 팔진도법 기도에 대한 말씀도 일부러 안 해준 것을 뭐가 그리 급해서 서둘렀던가. 게으르게 가만히 있는 것도 잘못이지만 아직 때가 아닌 것을 조바심 내고 서두른다고 해서 이뤄지겠는가. 자책하며 어제 형님께 그냥 가보겠다며 자리를 박차고 나온 나 자신이 너무 실망스러웠다. 거듭 반성하고 주변을 둘러볼 여유가 생기니 이젠 그동안 공부하면서 만들어 놓은 자료가 너무 아까웠고 어디에서 어떻게 복구해야 할까 하며 고심할 때쯤 1개월 전에 형님이 자기도 필요하다며 자료를 달라고 하셨던 기억이 떠올랐다. 정신을 가다듬은 후, 지금까지 가족과의 인연도 끊고 모든 인연도 버리면서 공부했는데 끝장은 봐야 한다는 각오를 다지면서 형님을 뵙기 위해 사무실로 갔다. 어제의 못난 행동에도 불구하고 형님은 나를 기다린 듯 보자마자 전에 드린 자료가 담겨 있는 서류봉투를 꺼내 놓으셨다. 그리고 장난기 가득한 표정을 지으며 봉투를 내게 건네셨다.

"형님, 어제는 죄송했습니다."

"뭐, 그럴 수도 있지. 마음속 응어리는 지랄병 한 번 해야 풀리는 거야!"

그랬다. 형님은 예전에 도경 선생도 이러한 방법으로 공부시켰고 마치 우울증처럼 한구석에 곪아 있는 마음을 더 곪게 만들어서 터지기 직전까지 유도한 후 한 번에 다 터뜨려서 뿌리째 뽑고 다시 재발하지 않게 만드는 재주가 아주 탁월하셨다. '하산(下山)'이라는 갑자기 겪는 상황에서 나도 모르는 사이 우울해졌던 마음을 보셨던 거였고 때맞춰 치료하신 거였다.

공부에 관련된 책들은 형님께서 여러 권을 비치해 두셨기에 다행히 책을 다시 받아 볼 수 있었으며 일우선인은 예리한 눈빛으로 나를 보시며 말씀하셨다.

"앞으로 책을 찢는 행위는 절대 하지 마!"

"네, 형님. 명심하겠습니다."

"너 이제 고향에 가서 자리 잡아봐."

"돈도 없는데 고향 어디 가서 자리를 잡아요?"

"너희 부모님 집 있잖아."

"네? 거기를 어떻게 가요. 서로 서먹서먹할 텐데요."

"가봐. 잘될 거야. 그리고 공부하기 전에 알고 지냈던 사람들 다시 만나게 될 거야."

"그 사람들, 다 사업하는 사람들인데 같이 어울려서 사업 같은 걸 해야 하나요?"

"아니지, 이젠 뒤에서 잡아주는 역할 하면 되잖아."

"제가 그럴 수 있을지 모르겠는데요."

이후 형님의 말씀대로 부모님께 연락했다. 공부만 하느라 모아 놓은 돈이 없어서 방 얻을 돈 모을 때까지만 신세 지겠다고 하니 흔쾌히 허락해 주셨고, 나는 일우선인과 육신이 더 멀어지는 남양주시 고향 땅으로 하산했다. 수원에서 사용했던 차량은 폐차시켰기에 한동안 대중교통을 이용했고 두 달가량 하루도 쉬지 않고 일용직 아르바이트로 중고차 한 대를 샀다. 직장 사람들과 잘 화합하며 친밀하게 지내던 중 직장동료 부인의 팔이 아프다는 말을 들었고 치료차 동료의 집을 자주 왕래하면서 병원에 가도 그때뿐이던 고질병을 침과 접골, 기치료까지 병행해서 고쳐주었다. 역학 공부할 때 항상 사람들이 많은 곳에서 일했는데 그곳에서도 사주를 봐주며 실습했고 사람들 행동거지를 보면서 관상학 임상실험 및 연구도 병행했다. 일우선인이 '이제 사람들 치료 좀 해봐.'라고 말씀하셔서 간간이 형님한테 배운 치료법과 역학을 자연스럽게 동료들과 지내면서 사용했고 하나하나 나만의 치료 방식이 만들어지고 있었다.

집 주변의 산을 돌아다니면서 여러 곳에 나만의 기도 자리를 점 찍어 놓기도 했다. 일과를 마치고 나면 주로 문안산에 갔는데 문안산은 북한강을 바라보고 있었고 처음 인사드리러 갔을 때 자시(밤 11시~새벽 1시)쯤 되었을까? 술을 따라 놓고 목탁을 치기 시작하자 어디선가 휙 소리가 나면서 회오리바람이 내 주변으로 빙글빙글 돌기 시작했다. 회오리바람은 사람의 형상으로 변하면서 키가 3m 정도 되어 보이는 커다란 검은 그림자가 되어 공중에서 왔다 갔다 움직였다. 나는 개의치 않고 담담하게 경문을 읽어 나갔고 경문을 읽는 와중에 문안산의 '뒤에 계신 분'들이 반겨주는 느낌을 받아서 이 산(山)을 자주 올라갔다.

남양주시에 와서 직장동료 부인을 치료할 때 직장동료의 차가 고장 나서 카센터에 맡긴 일이 있었다. 퇴근 후 동료의 차를 찾기 위해 내 차로 카센터에 막 도착해서 커피 한 잔을 마시고 있는데 차 한 대가 카센터로 스르르 들어왔다. 50대 후반의 남자가 차에서 내리더니 오만상을 찌푸리며 지팡이를 짚고 절뚝거리며 들어오는 것이다. 카센터 주인장이 겨울철에 산 짐승을 사냥하는 분이셨는데 지팡이를 짚고 들어온 그분도 함께 사냥하러 다녔던 분이었다. 사냥에 관한 이야기를 나누려고 왔던 것인데 허리가 안 좋았는지 걷는 모습이 심상치 않게 보였다.
"허리가 안 좋으신가 봐요?"
"아, 네."
"혹시 수술하셨나요?"
"아니요, 안 했어요. 수술하면 사람 구실 못 할 거 같아서 버틸 때까지 버티는 중이에요."
"제가 그 허리 고칠 수 있을 것 같은데 한 번 만져봐도 될까요?"
"그래 주시면 감사하죠."
주변을 둘러보니 딱히 누울 공간이 보이지 않았다.

"혹시 집이 어디 신가요?"

"집은 서울이고 이 근처 5분 거리에 거처가 있어요."

"네, 그러면 그쪽으로 가도 될까요?"

그는 서울 강남에서 사업장을 운영하는 장 사장님으로, 허리디스크로 인하여 휴양차 남양주시에 있는 별장에 혼자 지내고 있었다. 사업장 직원이나 가족에게 지팡이를 짚고 절뚝거리는 모습을 보여주기 싫었고 환자 취급하는 주위 사람들을 보면서 심각한 우울 증세까지 와서 급기야는 사냥할 때 사용하던 엽총으로 자살을 두 번이나 망설였다고 했다. 장 사장님 별장에 와서 거실 바닥에 누우라고 한 후 치료를 시작했다. 그러나 카센터에서 기다리고 있을 직장동료 때문에 치료를 오래 하지는 못했다. 접골과 기 치료만 기본적으로 해드렸는데 얼마나 중증 증세였던지 잠깐 치료했는데 바로 호전반응을 보였다. 앉았다가 일어날 때마다 오만상을 찌푸릴 정도로 심한 고통을 느꼈는데 통증이 많이 완화됐는지 앉았다가 일어나기를 몇 차례 했다.

"아니, 참 신기하네요."

"지팡이 놓고 한 번 걸어보세요."

"어! 걸어지네요. 혹시 이거 고칠 수 있는 건가요?"

"흠, 제가 해보는 데까지 해보고 못 고치면 제 스승님을 뵙게 해드릴게요. 제 스승님은 아마 고칠 수 있을 거예요."

장 사장님과 연락처를 교환한 후 카센터로 돌아와서 직장동료 집에서 부인 치료를 마저 해드리고 귀가했다. 이후 장 사장님과 치료차 매일 만나게 되었다. 내 부모님 집에서 장 사장님 별장까지는 꽤 먼 거리였지만 같은 지역의 남양주시라는 생각에 멀다는 생각은 안 했고 치료해서 좋아진다면 그 정도 거리나 시간은 문젯거리가 아니었다. 장 사장님은 미안한지 내가 아르바이트하는 현장까지 찾아왔고 때로는 내 거처가 있는 곳까지 와서 근처 식당에서 함께 식사하고 주인에게 양해를 구한 후 식당에서 치료해 드렸다. 한 보름쯤 치료하니 정상에 가깝게 호전 증세를 보였으나 골반 아랫부분에서 오도독 소리가 나는데 그것을 당최 잡을 수가 없어서 결국 일우 형님을 찾아뵈었다.

"꼬리뼈가 어긋나서 오도독 소리가 나는 거야."

일우 형님은 장 사장님의 발가락부터 발목, 무릎, 골반, 허리, 목, 등뼈까지 하나하나 접골해 주셨다.

"며칠 더 이런 식으로 치료해 봐."

"네! 알겠습니다."

이후 약 2주간 매일 치료했고 드디어 오도독하며 꼬리뼈에서 나던 소리가 없어지며 장 사장님은 완치에 가까운 증세를 보였다. 병원에서 수술 외엔 답이 없다며 손을 놔버렸던 증상이 기적같이 완치가 되자 장 사장님은 기쁨을 감추지 못했다. 이후 장 사장님의 가족이 꼭 한번 만나 뵙고 싶다고 해서 서울의 장 사장님 집으로 초청받게 되었다.

"처음에 저는 선생님을 많이 의심했어요."

장 사장님은 나를 선생님이라고 호칭했다.

"왜요?"

"본인 경비 써가면서 내 거처까지 와서 치료해 주시고, 게다가 만날 때마다 식사를 같이했는데 밥값까지 선생님이 계산하니까 '이게 뭐지?' 하면서 상당히 혼란스럽고 의심스러웠어요."

"아, 그러셨어요. 저는 그냥 좋아서 그랬던 건데요."

"제가 서울 태생이고 현재까지도 살고 있지만, 서울이라는 곳이 정말 야박하거든요. 눈 뜨고도 코를 베이는 곳인데 선생님을 보면서 새삼 세상을 다르게 보게 됐어요."

"아이고, 별말씀 다 하십니다. 세상은 그래도 아직 좋은 사람들이 많아요."

"그렇긴 하지만 난생처음 겪는 일이라서……. 아무튼 정말 감사합니다."

이 인연으로 장 사장님과 자주 만나며 태백산도 함께 등반하고 내 토굴 구경도 했다.

어느 날 자기 별장에 와달라는 장 사장님의 연락을 받고 방문했다.

"선생님, 혹시 중풍 환자도 고칠 수 있나요?"

"전 아직 미흡해요. 제 스승님이 중풍 질환은 잘 고치셔요. 그런데 왜요?"

"다름이 아니고 앞집에 저랑 친하게 지내는 이웃이 있는데 얼마 전 풍을 맞았어요. 한 번 봐주시겠어요?"

나는 바로 앞집에 가서 중풍 걸린 분을 만났다. 그나마 왼쪽에 풍을 맞아서 완치까지는 아니어도 80~90퍼센트는 고칠 수 있을 거라 확신했다. 중풍에 대해서, 남자는 오른쪽을 맞았을 때 고치기 힘들고 반대로 여자는 왼쪽을 맞았을 때 고치기 어렵다고 예전에 일우 형님에게 여러 번 들은 적이 있기 때문이다. 중풍 걸린 분은 박 사장님이었는데 대기업에서 정년퇴직하고 부인과 노년을 보내고 있던 차에 이런 악운을 맞았다. 나는 중풍을 고칠 수 있는 실력이 아직 없기에 박 사장님을 모시고 일우선인을 찾아뵈었다.

형님은 일단 일주일 동안 뜸을 떠보시라고 하면서 박 사장님의 양쪽 발목, 무릎 밑 혈 자리 각각 두 곳에 점을 찍어 표시해 주셨다. 그리고 양쪽 팔목, 팔뚝 두 곳에도 표시해 주시며 아침저녁으로 일주일 동안 뜸을 뜨고 다시 오라고 하셨다. 일주일 후에 박 사장님과 다시 형님을 찾아뵈었다.

"약속을 잘 지키셨네요."

"네, 시키는 대로 아침저녁으로 뜸을 떴습니다."

형님은 관(觀)을 통해서 다 지켜보셨고 박 사장님이 약속을 잘 지켰기에 다음 과정의 치료를 해주셨다. 나는 일우 형님의 손놀림을 유심히 지켜보며 익혀두었다.

"잘 보고 성심껏 치료해 봐."

이후 일을 마치고 매일 박 사장님댁에 가서 일우 형님이 치료했던 방법으로 치료해 드렸다.

그런데 이상하게도 치료 후 박 사장님이 개고기를 먹으러 가자고 하는 경우가 많아졌다. 식사하러 가자고 하면 박 사장님이 개고기가 당긴다고 해서 먹기 시작했는데 좀 께름직하긴 했으나 치료에 도움이 되는 음식이라 생각하고 박 사장님의 뜻을 따랐다. 중풍 걸린 사람의 팔을 만져보면 한여름에도 얼음장같이 냉기가 돌고 힘을 쓰지 않는데도 체력이 엄청나게 소모된다. 치료할 때마다 1시간씩 침과 접골, 기치료를 해 드렸고 움직이지 못했던 손가락이 하나씩 움직여지기 시작했다. 나중에는 다섯 손가락을 다 움직여서 사용할 수 있었지만, 완치까지는 더 치료해야 하는 상황이었다.

하루는 비가 조금씩 내리는 날씨였는데 박 사장님을 치료하고 집 앞 골목길에서 큰길 도로를 향해 달리고 있었다. 가던 길에 안전 표시판으로 길을 막아 놓고 사람 2명이 간단한 공사를 하는 것을 보고 차를 정지시켰다. 조금만 기다리면 지나갈 수 있을 것으로 보였는데 그중 한 명이 돌아가라는 손짓을 내게 했다. 뒤에 길이 있는지 몰랐고 바로 앞에 큰길 도로가 눈 앞에 보여서 임의로 길을 막고 있다는 것을 누가 봐도 알 수 있기에 좀 더 기다리면 지나갈 수 있다는 마음으로 정차하고 있었는데 방금 돌아가라고 손짓한 남자가 내 차로 다가왔다. 단발에 가르마를 반듯하게 탔고 강인해 보이는 인상에 어깨에는 힘을 잔뜩 주고서 운전석 창문을 똑똑 두드리길래 창문을 열었다. 그런데 고개를 숙여 나를 보더니 깜짝 놀라는 것이 아닌가.

"어! 형님 아니세요?"

누군지는 알아차렸는데 이름이 도무지 생각나질 않았다.

"음, 미안한데 내가 20여 년 만에 여기를 와서 이름이 기억나질 않는데 누구였더라?"

"저 이충근이에요. 형님!"

"아! 그래, 맞다! 네가 특전사 출신이었나?"

"네, 맞아요."

충근이는 고향 후배다. 내가 회사 다닐 때 충근이는 경호원을 하다가 건축업에 손을 댔는데 그 이후 계속 토목 건설회사를 운영하고 있었다. 충근이를 우연히 만난 계기로 고향 친구들과 선, 후배를 만나게 되었고 회사 생활했을 때의 동료도 다시 만나게 됐다.

"저는 형님 죽었는지 알았어요."

"내가 왜 죽어."

"누구는 형님이 도 닦는다고 산에 갔다가 정신이 이상해져서 정신병자가 됐다고 했고, 어떤 소문에는 목을 매고 자살했다는 소리도 돌았어요. 아무튼 큰 이야깃거리였던 때가 있었어요. 근데 형님 목소리도 많이 변하셨고 얼굴도 너무 많이 변했는데요."

"뭘 변해. 너 나를 보고 단번에 알아봤잖아."

"그렇긴 한데 아무튼 많이 변하셨어요."

우리는 오랜만에 만나 밤새 이런저런 이야기를 나누며 회포를 풀었다. 일우선인 말씀대로 나는 충근이를 만나면서 알고 지냈던 옛 인연을 하나둘 만나게 되었고 삶의 새로운 국면을 맞이하게 됐다.

그 와중에 박 사장님은 무슨 마음이 들었던 건지 갑자기 침을 맞지 않겠다고 하며 불편한 기색을 보였다. 침을 놓지 않으면 치료의 의미가 없다는 나의 말에도 박 사장님은 끝내 고집을 피워서 박 사장님과의 인연은 결국 그날로 끝이 났다. 돈을 받고 행한 것도 아니고 무엇을 바라고 행한 것은 더더욱 아니었으며 그냥 봉사한다는 개념으로 행한 일인데 아쉽게도 박 사장님과의 인연은 그렇게 끝맺게 되었다.

이후 일우 형님은 "한 번 손을 댔으면 끝장을 봤어야지!" 라고 말씀하셨는데 박 사장님과 인연을 끊은 것을 아셨고, 이유야 어찌 됐든 중풍 치료 방법을 터득하게 해주려고 인연을 맺어 준 것인데 핑계 아닌 핑곗거리로 중도에 포기한 나를 살짝 나무라듯이 말씀하신 거였다.

환원

고향 땅에 자리 잡은 지 2년여가 지났다. 일우선인을 만나기 전 여러 가지 직업 중에 무역업 업무를 한 적이 있었기에 고향에서 지내면서 그 경험을 살려 무역업체를 꾸리게 되었다. 소규모 사업체였지만 체질에 맞는지 예전의 기질이 발휘돼서 나름 재미를 느끼며 지내고 있었다. 저녁에는 인터넷을 이용하여 무료로 사주팔자를 봐주는 일도 하면서 역학 공부했던 기운을 잊지 않으려는 방편으로 삼았다. 밤에 산 기도 가는 것 또한 빠지지 않았고 어느 정도 규칙적인 일과 속에 잘 지내고 있었다. 마장(악마, 사탄이 방해하는 행위)인지 아닌지는 모르겠으나 작게나마 사업하며 모든 일이 순탄하게 잘 풀려서 돈도 잘 벌었지만, 문득문득 마음 한구석에는 불안한 마음도 없지 않았다. 나름대로 수행에 부단히 애를 쓰고 있지만, 혹시 속세에 빠져드는 건 아닌가 하는 마음이었는데 아니나 다를까. 어느 날 산에서 기도하는 데 비몽사몽간 덩치가 큰 장수 한 분이 나타나셨다. 가슴팍에는 수많은 훈장이 달라붙어 있고 얼굴에서 풍겨 나오는 기운은 기품 있고 당당한 풍채였다. 그 옆에 있던 내가 역학에 관한 노란색 명함 한 장과 파란색의 사업장에 관한 명함 두 장을 장수에게 드리는 모습이 보였다. 그런데 그 장수(將帥)께서 노란색 명함은 가슴에 살포시 대셨고 파란색 명함은 검지와 중지에 끼고 흔들어 대시며 "이건 아니다, 응!"하며 뒷말에 힘주어 강한 어조로 말씀하셨다.

'아차! 그러면 그렇지. 돈 좀 번다고 속세에 젖어 드는 꼴이 얼마나 한심하게 보였으면 이렇게 나타나셔서 일침을 놓으실까?' 하며 바로 수긍이 되었다. 공부에 끈을 놓지 말고 꾸준히 수행해야 했는데 사업이 바빠진다는 핑계 아닌 핑계로 명분을 내세워 수행에 요령과 게으름을 피웠으니, 혼이

나도 마땅할 따름이었다. 역학 명함은 바로 도(道)와 관련한 공부를 계속하라는 뜻이었다. 그래도 하산한 이후 한 달에 한 번씩은 일우선인을 찾아뵙고, 사업하면서 벌이가 좋아졌기에 일우 형님한테 지갑을 달라고 해서 기백만 원씩 척척 넣어 드리기도 했는데 이러한 행위가 나는 속으로 매우 뿌듯했었다.

며칠 후 오랜만에 일우선인을 뵙게 됐다.

"형님, 별고 없으셨죠?"

"응, 하는 일은 어때?"

"생각 외로 너무 잘 풀리고 있어요."

"그래, 그 방면에서 베테랑이 한번 돼봐."

형님은 내가 하는 사업에 대해서 독려해 주시며 내 편을 들어 주시는 것 같았지만 나는 그렇게 대해 주시는 것이 석연치 않았다.

"형님, 그런데 얼마 전에 신장(신과 령'靈'의 세계의 장수. 속세의 군인, 경찰 같은 존재)님 같은 분을 기도 중에 뵙게 됐는데 역학에 관한 명함은 손에 꼭 쥐고 가슴에 대셨고 사업장 명함을 드렸더니 '이건 아니다!'하고 나무라듯이 대하시던데요?"

그제야 일우 형님은 속세에 깊이 빠져드는 제자에게 본심을 드러내셨다.

"그러니깐 '뒤에 계신 분'들이 너를 버리지 않은 거야."

이렇게 일우선인은 직접적으로 혼을 내거나 훈계하거나 강요 섞인 언행을 하지 않으셨다. 항상 스스로 깨닫는 방법을 터득하게 하셨고 그것으로 안 되면 '뒤에 계신 분'을 통해서 계시와 암시를 보내 주셨다. 나는 바로 각성하고 반성의 시간을 가졌고 중심을 잘 잡지 못했던 나 자신을 뒤돌아보며 형님과의 자리를 마쳤다. 그리고 다음 날부터 사업장을 정리하기 시작했다.

그러던 중 2012년 가을 경, 형님의 호출이 있었다.

"나 병원에 있다."

"네? 왜요?"

"급성 간경화래."

"형님이요?"

"응, 네가 내 병시중 좀 들어야겠다."

일우 형님과 헤어진 이후 갑자기 형님의 배가 불러왔고 추석 명절 때 형님의 배가 불러 있는 모습을 보고 심상치 않다고 느낀 일가친척들이 형님을 병원에 강제로 입원시켰다. 형님의 가족이 교대로 병시중을 들고 있었지만, 평생 명절에나 한 번씩 봐왔던 가족이었고 아마도 내키지 않았을 터인데 그 마음은 일우선인 또한 마찬가지로 서로 매우 불편했을 것이다. 나는 모든 일을 내려놓고 당장 일우선인께 달려갔다.

병실에 들어서니 형님은 가족과 함께 있었다.

"이제 다들 가봐. 제자 왔으니까, 앞으로 안 와도 돼."

가족들은 20여 년 전부터 나를 봐왔기에 스스럼없이 대했고 선뜻 일어나서 돌아가셨다.

"아주 불편해서 혼났어."

그러실 만도 했겠다고 생각하니 나도 모르게 웃음이 터져 나왔고 형님도 같이 웃으셨다. 의무적으로 일 년에 몇 차례, 명절쯤에나 한두 번 보는 사람들, 무늬만 가족 같은 감정이었기에 아주 불편했을 것이다. 일가친척이나 직계가족들은 형님에 대해 한때 정보부에서 근무하며 잘나가던 시절도 있었지만, 이후 사업 실패와 알코올중독으로 폐인과 같이 되어버린 그런 사람으로 인식하고 있었다. 형님의 겉만 보고 판단하는 그들에 비해 일우 형님 자신을 알아주고, 마음이 통하는 사람은 이 세상에서 나 하나뿐이었기에 형님의 불편함이 말이 아니었을 것이다. 가족이나 집안사람들은 당뇨로 인한 합병증으로 병에 걸린 거라고 하시며 안타까워했지만 그건 뭘 모르기 때문이다.

90년대에 일우 형님은 당수치가 420이었는데 하루도 빠지지 않고 술을 드셨지만, 병원에 가신 적이 단 한 번도 없으며 약이나 인슐린 주사를 접해 본 적도 아예 없었다. 이번에 병원에 입원하면서 당뇨 검사를 받게 됐는데 당수치 결과는 정상이었다. 그 결과에 가족들은 그럴 리가 없다며 당황했었는데 형님은 그냥 웃기만 하시며 "나는 독(毒)을 독(毒)으로 고쳤다."라고 말씀하셨다. 또 기가 막히는 것은 급성 간경화 환자의 얼굴빛이 새하얗고 광채가 번쩍번쩍 나는 데 도저히 있을 수 없는 현상이다. 간(肝)과 관련한 병이 생기면 얼굴빛은 검은 회색으로 변하기 마련인데 일우선인은 전혀 그렇지 않았다. 한동안 병원에 계시면서 이런저런 검사를 다 받았는데 급성 간경화에 관해서는 수술하지 않았고 병원에서 더 이상 할 게 없다는 결과를 받고 퇴원하게 되었다.

형님은 다른 데 가지 말라고 하며 아침마다 집으로 데리러 오라고 말씀하셨다. 아직 정리되지 않은 사업장을 뒤로하고 간단한 짐과 노트북만 챙겨서 서둘러 형님 곁으로 갔다. 형님 집 근처에 있는 숙박업소에 거처를 마련해 두고 노트북으로 중간중간 급한 업무만 처리하면서 아침이면 형님 댁으로 모시러 갔다. 이 시기에 나는 일우선인과 손을 꼭 잡고 걸어 다녔다. 배가 부른 형님은 아장아장 걸었는데 내가 조금 빠르게 걷노라면 "너 너무 빨리 걷잖아. 내가 따라가려면 힘들어."하며 아이들 투정 부리듯이 말씀하시곤 했다.

우리는 매일 식당에 가서 소주와 맥주를 마시며 아침부터 저녁까지 이런저런 대화를 나눴는데 평상시와 다르게 형님은 말씀을 많이 하셨다. 어느 날 저녁, 술도 어느 정도 다 마셨고 식사도 마쳤는데 형님이 안줏거리와 술을 더 주문하셨고 나는 식사를 마쳤기에 잠자코 앉아 있었다. 그런데 형님이 무얼 보시는 듯한 그 특유의 표정을 짓더니 밥상 위에 차려진 것을 손가락으로 한 바퀴 휙 돌리며 "뒤에 계신 분들이 이렇게 소박하셔."라고 말씀하셨다.

지금까지 일우선인을 모시면서 가끔 이런 행동을 봤었는데 '왜 드시지도 못할 걸 이렇게 시켜놓고 그냥 가실까?' 의문만 가졌고 막상 그 의문을 풀어보려고 하진 않았는데 오늘 이런 말씀을 하시니 그제야 의문들이 풀리게 되었다. 이런 행동을 할 때마다 식당 주인장들은 맛이 없어서 그냥 가셨나 하고 자책 섞인 말을 자주 했다. 비록 인간의 눈에는 보이지 않지만, '뒤에 계신 분'들이 가끔 오셔서 겸상하셨으며 때론 여러 사람이 있을 때면 그 사람들 몸에 빙의해서 음식을 드시고 가신 것이다.

한때 사무실에 형님과 있었는데 일우선인이 갑자기 벌떡 일어나더니 "누가 오셨네." 하며 법당 안으로 들어갔다가 10분쯤 지나서 나오셨다.
"형님, 누가 오셨다는 거예요?"
"으응, 천상계에서 일 보러 오셨다가 잠깐 들린 거래."
"네? 누가요?"
형님은 나지막이 웃으셨다.
"너 여기에 어떤 분들이 왔다 갔다 하시는 줄 아냐?"
아마도 천기누설인 건지 일우선인은 더 이상 말씀하지 않았고 그때 일은 그냥 잊었는데 '뒤에 계신 분'들이 소박하다고 하신 말씀에 예전의 기억이 생각난 것이다.
"형님 배(腹)는 언제 가라앉아요?"

"나 이제 좋아져. 그리고 머리도 기를 거야. 이제 머리 길러야 해."

나는 그 말씀을 철저히 믿었고 전혀 의심하지 않았다. 분명히 조만간 좋아질 줄만 알았다. 그러시더니 마지막으로 머리를 깎고 싶다고 해서 미용실에서 머리카락 끝부분만 살짝 다듬고 머리도 감았다. 난생처음 미용실에 가신 것인데, 참 별일이었다.

우리는 미용실에서 나와 다시 식당에 갔다. 술과 안줏거리를 시켜놓고 기다리면서 문득 형님의 얼굴을 가만히 쳐다보는데 '어!' 형님의 얼굴에서 절명의 기운이 번뜩거리길래 그 번쩍거리는 검은 기운이 감도는 자리를 더듬어 갔다. 61, 62, 63, 64, 65, 66! 66세 자리에서 절명의 기운이 멈춰있었고 '어! 올해가 일우 형님이 66세가 되는 해인데.'라고 생각이 미칠 무렵 형님은 "관상이 맞는 거야." 말씀하시며 빙그레 웃으셨다. 그 웃음에는 절명의 기운을 잘 잡아낸 나를 흐뭇해하는 표정 반 장난기 섞인 표정 반이 담겨 있었고 나를 물끄러미 바라보셨다. 나는 나지막이 대답하고는 '설마! 장난치는 거겠지.' 하며 별 뜻 없이 지나쳤다.

그러던 중 2013년 2월 중순이 지날 무렵이었다. 그날도 여느 때와 같이 식당에서 일우 형님과 술 한잔하고 있을 때인데 느닷없이 말씀하셨다.

"너 집에 좀 다녀와야 하지 않아?"

"아니요, 괜찮은데요."

"빨래도 하고 일도 좀 봐야지?"

"그렇긴 한데 급한 건 아니에요."

"그래도 다녀와."

나는 아무 의심 없이 그날 일우선인을 집에 모셔드리고 고향 거처로 왔다. 다음 날 아침에 눈을 뜨자마자 형님의 전화를 받게 되었다.

"너 오늘 나랑 전화 통화 좀 많이 하자."

"네?"

일우선인과 전화 통화 시 늘 용건만 간단하게 했었고 사설은 일절 없었다.

"나……, 이제 여기 지구가 적응이 안 되는 거 같아."

아침부터 '지구가 적응이 안 된다.'라는 표현을 쓰시고 뭔가 이상하기는 했지만 앞으로 건강이 좋아진다고 분명히 말씀하셨기에 의심하지 않았고 무료해서 아침부터 전화하셨다고 생각하며 별 뜻 없이 형님과의 통화를 이어갔다.

"형님, 몸 상태가 안 좋아지신 건가요? 제가 지금 갈 테니 병원에 한 번 다녀오시죠?"

"아니야, 괜찮아. 밥 잘 챙겨 먹고 건강해야 한다."

평상시와 다르게 전혀 하지 않았던 언행을 하셨는데 이때까지만 해도 전혀 예상하지 못했고 통화를 마친 후 오전에 일을 보러 외출했을 때 또 연락이 왔다.

"너는 나처럼 살면 안 된다."

"네, 형님."

"그리고 꼭 건강해야 해."

이 말씀을 재차 반복한 후 전화를 끊으셨다. 점심에 식당에서 혼자 밥을 먹고 식당을 막 나와서 차 문을 열고 앉았는데 형님에게 다시 전화가 걸려왔다.

"밥 먹었어?"

"네. 형님은요?"

"응, 난 괜찮아. 그 집이 된장찌개 맛이 괜찮아."

그 집이 백반 맛집이었는데 내 입맛에는 된장찌개가 딱 맞아서 주로 된

장찌개를 시켜 먹었다. 이후에도 몇 번의 전화 통화를 했고 저녁 귀가 후 세탁기에서 빨래를 꺼내서 널고 있는데 형님에게 또 연락이 왔다.

"네, 형님. 좀 괜찮으세요?"

"응, 빨래 다 널고 네가 전화해."

"네, 형님."

이젠 대놓고 도술을 사용하셨다. 근래에 들어와서 통화하면서 도술을 사용하셨는데 대수롭지 않게 넘어갔다. 한편으로는 설마 설마 하면서도 일우 형님이 도술을 사용해서 당신 육신을 고치고 다시 일상생활에 복귀하실 거라는 믿음을 굳게 갖고 있었기에 전혀 의심하지 않았다.

빨래를 다 널고 바로 형님한테 전화를 걸었다.

"형님, 저예요."

"응, 내가 적응이 너무 안 된다."

"형님, 제가 지금 갈 테니까 술 한잔하실래요?"

"아니야, 괜찮아. 안 와도 돼."

"그럼 낼 병원이라도 한번 다녀오실래요?"

"아니야, 괜찮아. 너는 절대 나처럼 살지 말아야 해. 알았지?"

"네, 알았어요. 형님."

"그리고 꼭 건강해야 한다. 꼭!"

"네, 형님. 명심할게요."

"절대 나처럼 살아서는 안 돼. 알았지!"

반복되는 주제로 통화는 이어졌고 잠이 들기 전까지 형님의 전화가 걸려 왔다. 좀 전에 했던 말이 되풀이되는 내용이었다. 좀 걱정이 되었지만, 난 형님이 분명 쾌차할 거라는 믿음으로 그때까지만 해도 크게 개의치 않았다.

다음 날 오전, 일우 형님한테 또 전화가 걸려 왔다.

"나……, 인제 간다."

"네? 어디를 가신다고요? 병원에 가세요?"

"아니. 그런 게 아니고 가야 할 거 같아."

"어딜요?"

"으응. 사무실에 갈 거야."

"그럼, 제가 지금 모시러 갈게요, 형님."

"아니야. 딸이 데려다준다고 했어. 괜찮아."

"집에는 제가 모셔드릴게요. 좀 이따가 수원으로 넘어갈게요."

"아니야, 괜찮아. 너는 절대 나처럼 살지 마! 알았지!"

"네, 알았어요. 형님."

"꼭 건강해야 한다."

고향 후배인 충근이를 만나서 점심 식사하고 충근이의 회사 사무실에서 차를 마시며 이야기를 나누고 있는데, 일우 형님한테 전화가 걸려 왔다.

"여보세요? ……. 형, 형수님이세요?"

일우 형님 부인이 한참을 흐느끼다가 말씀하셨다.

"흑흑. 형이……, 돌아가셨어. 흑흑."

"네? 뭐라고요? 아니, 어떻게 된 건데요?"

"사무실에 간다고 해서 딸이 데려다줬는데 거기에서 돌아가셨어."

청천벽력 같은 말을 들으니 순간 수많은 회한이 마구 밀려오기 시작했다. 제자라는 놈이 전혀 감지하지 못하고 있었던 것에 대한 나의 무능력함에 주체할 수 없이 화가 나기 시작했다가 한편으로는 제자 홀로 남겨두고 홀연히 떠나신 것에 대한 원망도 생겼다. 그러다가 나이로 보면 언젠가는 나보다 먼저 환원(還元: 원래의 자리로 돌아감. 유교나 도교에서 깨달은 수행자가 천상계의 고차원 세계로 가는 것) 되심을 이성으로 이해하려 했다. 그러나 결국은 섭섭함과 함께 미처 알아차리지 못한 것에 자책감이 밀려왔고 제어할 수 없는 눈물이 하염없이 흘러내렸다. 한동안 얼굴을 파묻고, 깊은 생각에 잠겨있다가 정신을 차린 후 일우 형님의 육신이 안치된 수원 장례식장으로 향했다.

사연을 들어보니 평소 사무실에 자주 오셨던 김 사장님이라는 분이 계셨는데 형님의 딸이 형님을 데려다준 지 30분 후에, 사무실에서 만나자는 일우선인의 호출을 받았고 사무실에 도착한 김 사장님은 일우선인이 의식 없이 앉아 계신 걸 발견한 거였다. 바로 119에 신고하면서 가족들에게 연락이 갔고, 형수님은 나에게 형님 전화기로 연락한 거였다. 일우 형님의 집안은 대가족이었고 시제도 지낼 정도로 집안의 체계가 잘 갖춰졌기에 장례의식은 일사천리로 순탄하게 진행되었다. 집안사람들은 예전부터 나를 봐왔던 터라 나도 상주 노릇을 하게 됐다. 장례 3일 차에 발인하게 되어 일우선인의 고향인 경기도 안성으로 향했고 살아생전에 부모님 묫자리로 봐놓았던 그 아래 자리에 형님의 육신이 묻히게 되었다. 20여 년간 안성을 수없이 다녔지만, 까마귀를 본 적이 없었는데 일우 형님의 시신을 실은 영구차가 마을 어귀에 들어서니 어디에서 나타났는지 수많은 까마귀 떼가 나타나더니 묫자리까지 연결된 전봇대와 전선 줄에 까마귀가 한 마리씩 길을 인도하듯 순서대로 앉는 기이한 현상을 보게 되었다. 구름이 가득 찬 흐린 날씨에 빗방울이 간혹 한 방울씩 떨어졌으나 의식하는 데 있어서 전혀 지장은 없었다. 그 지역은 탈관(관에서 시신을 빼내어 시신만 땅속에 묻는 행위) 장례문화였는데 형님의 시신을 탈관하는 순간 구름으로 꽉 차 있던 하늘이 마치 구멍이 난 듯 태양 부분만 동그랗게 열리면서 빛을 발했고 무지개가 살짝 감돌았는데 참석한 몇몇 분들은 희한하다며 사진을 찍는 진귀한 광경이 일어났다. 평상시에 일우 형님은 위(천상계)에서 부르면 언제라도 육신 버리고 올라가야 한다고 말씀하셨다. 환원하시기 얼마 전,

"네 형수가 지금 두려워하는 게 있어."

"두려워하다니요?"

"내가 집에서 죽을까 봐 되게 걱정한다."

"에이, 설마요?"

"아니야. 진짜야."

천진난만하게 꼭 남의 얘기를 하듯이 장난스럽게 말씀했는데 결국 사무실에서 환원하셨다. 제자에게 혹시나 모를 불상사 같은 오해의 소지를 남기지 않으려고 제자인 나에게도 집에 가서 일 보고 오라고 해놓고 말끔하게 환원을 준비한 것인데, 역시 깨달은 분의 조화(造化)였다. 발인을 마치고 일우 형님의 가족들은 수원사무실에 관해 자기들은 자격도 없고 사무실이나 법당에 손을 댄다는 것은 고인에 대한 예의가 아니라며 나에게 사무실 내 모든 물품과 명의를 넘겨주셨다. 하다못해 형님이 쓰던 휴대전화도 나에게 명의변경 해주셨다.

그렇게 형님은 환원하셨다.

삼우제를 마친 그날 밤, 사무실 법당에서 기도하는데 형님이 공중에 뜬 상태로 나타나셨다. 위아래로 검은색 제복을 입으셨고 불룩 솟아 있던 배는 홀쭉한 상태였으며 두 눈은 눈동자가 보이지 않고 하얀빛의 광선을 쏘듯이 발광하면서 아무런 말씀 없이 못난 제자인 나를 바라보고 계셨다.

'드디어 본 모습을 보이시는구나.'

쓸쓸한 기분이 내내 가시지 않았는데 그 모습을 보고 말끔히 씻어내리게 되었다.

일우선인의 3년 탈상이 끝날 때까지 사무실 법당에서 기도만 하겠다고 결심하고서 사업장을 전부 정리하고 사회활동도 일시 중단했으며 겨울잠 자듯이 칩거에 들어갔다. 간간이 충근이와 주변 지인들이 찾아왔고 가끔은 예전에 공부하러 다녔던 산에도 다녀왔다. 칩거에 든 지 2년이 지나자, 국책사업인 재개발 문제로 인하여 어쩔 수 없이 이동해야 하는 일이 생기면서 고향으로 자리를 옮겼다.

일우 형님의 부인은 교육계 공무원이셨고 형님은 가정에 생활비를 10원도 보탠 적이 없다. 왜 가정에는 그렇게 소홀하셨을까 하는 의문도 들지만 그만한 이유가 있었을 것이다. 형님께서 환원할 때까지 20여 년을 모셨지만, 명절 하루 전 가족들이 모시러 오면 고향 집에 가셨다가 명절 당일 제사만 지내고 바로 사무실로 오셔서 나를 챙겨주셨다. 가족들보다 나랑 있는 시간이 현저히 더 많았었기에 환원하셨을 때 부인께서는 하나부터 열까지 제자인 나한테 물어봐야 하는 처지를 못마땅해하시며 자책하기도 했다. 무늬만 마누라지 뭐 하나 제대로 아는 게 없다며 한심하기 그지없다는 표현도 하셨다.

천상계의 신선으로 계시다가 지구의 어느 집안을 선택하여 잠시 내려와 나름대로 국가를 위한 업적을 쌓고, 못난 제자 한 놈 공부시키고 홀연히 원래의 자리로 가버리신 일우선인의 은혜를 어찌 다 갚을꼬! 스승님의 은혜에 보답하는 길은 오로지 깨달음뿐이기에 이번 생에 반드시 도(道)를 이뤄서 일우선인 곁으로 꼭! 갈 것이다.

일우선인의 이적

•

병시중을 들기 전 무역 사업을 할 당시에 잠시 형님을 만나게 되었다. 일우 형님은 나를 보자마자 말씀하셨다.

"너 요새 앉았다가 일어날 때 어지럼증이 생기네."

"네? 엊그제 컴퓨터로 일을 좀 보다가 일어나는데 갑자기 핑 돌면서 앞이 캄캄해져서 바로 앉아서 잠시 쉰 후에 일어나긴 했어요."

"한약 지어줄 테니까 잘 챙겨 먹어."

공부 초창기 때에 형님이 지어준 한약을 세 통, 삼 개월 동안 먹은 적이 있었고 이번이 두 번째로 먹는 한약이었다. 무역 사업을 하면서 한 달 중 보름은 바깥에서 자야 하기에 숙소에 한약의 반을 놔두고 차량에 나머지 반을 싣고 다니며 아침저녁으로 잘 챙겨 먹었다. 하루는 숙소에서 한약 통에 손을 넣었는데 빈 통이었다. 그래서 차에 비치해 두었던 한약을 가지러 밖으로 나가려는 찰나 형님에게 전화가 걸려 왔다.

"한약 다 먹었으면 얘기해야지. 통이 다 비었잖아."

"아, 형님! 그래서 차에 가서 조금 꺼내 오려고요."

"거기도 몇 봉지 없잖아."

"그래도 며칠 먹을 건 있을 거예요."

"내일 한약 주문해 놓을 테니까 저녁에 사무실로 와."

"네. 형님, 일 마치는 대로 갈게요."

이렇게 못난 제자를 항시 관(觀)을 하시면서 전광석화처럼 연락하신다. 이런 일을 하루 이틀 겪는 게 아닌 나는 당연하듯이 응대하지만 보통 사람들은 항상 감시받는다고 생각할 수도 있고 신기할 수도, 무서울 수도 있을 것이다. 그렇게 일우선인 살아생전에 마지막으로 지어주신 한약 삼 개월

치를 먹었다.

수원사무실 시절, 한약 주문이 많을 때는 하루 30통에 가까운 주문이 있을 정도로 인기가 많았다. 주로 동의보감을 지으신 허준 선생께서 만든 약 제조법 중에 오운육기(五運六氣)로 약방문을 뽑아내어 약을 지으셨다. 나의 경우는 공부 초창기 때에 오운육기에 관한 공부를 했다. 오운육기는 생일을 뽑아서 오행을 접목한 후 오직 한 사람만을 위한 맞춤 약재를 뽑는 건데 이 약방문은 90% 이상 인삼이 들어가는 특징을 가지고 있다. 인삼은 다른 약재와 중화되지 않는 경우가 많고 잘 받는 사람이 있는 반면에 그렇지 않은 경우도 많으므로 일우 형님은 인삼을 대신해서 전혀 부작용이 생기지 않는 녹용을 사용하신다. 어느 때부턴가 형님은 더 이상 오운육기의 약방문을 사용하지 않으셨고 특별히 개발하신 약방문을 사용했는데 그 약재에 관해서 말씀하신 적이 있었다.

"내가 쓰는 약재는 몇십 년간 경동시장에서 거래하는 곳이 있는데 그 사장님이 그 동네에서 제일 양심적인 사람이야. 그리고 인성도 아주 좋아."

"아, 그래요. 형님?"

"응, 내 약방문으로 한약을 지으면 기력, 강장에 도움이 많이 되지."

나는 '아, 그래요.'하고서 별 뜻 없이 무심코 지나쳤는데 형님의 환원 후에 형님이 남기신 약방문을 찾기 위해 그동안 약을 달여줬던 탕제원을 찾아가게 되었다. 형님과 거래할 때 약재를 샀던 곳을 아시냐고 여쭤보았지만 팔십에 가까워 연로하신 탓에 기억하지 못했고 여기저기 흩어져 있는 영수증을 모으면서 하나하나 찾기 시작했다. 찾으면 연락하신다고 해서 사무실로 돌아왔는데 다음 날이 되어서야 찾았다는 연락을 받고 영수증에 적혀있는 상호와 연락처를 손에 넣어 바로 경동시장으로 향했다. 약재상에 도착하니 나이가 꽤 드신 사장님이 계셨고 컴퓨터 없이 일반 전화 대여섯 대만 책상 위에 설치되어 있었으며 거래처 장부가 수북하게 쌓여 있었다. 아날로그 방식으로 장사하고 계셨고 무척 다정다감하며 친절하게 대해 주셨다. 자초지종을 설명하니 수북하게 쌓인 장부 중 한 권을 뽑아내어 '수원 건강원'이라는 글자가 쓰여 있는 부분을 펼치고는 이게 맞는지 물으셨다. 가만히 들여다보니 일우 형님이 생전에 사용했던 핸드폰 번호가 거기에 적혀있었다. 보물찾기하다가 보물을 획득한 것 같이 몹시 반가웠다. 장부에는 총 17가지 약재와 그램(g) 수가 적혀있었다. 휴대전화로 사진을 여러 장 찍어 두고 그 약방문에 적혀있는 약재를 주문해서 탕제원에서 한약을 달인 후 내 몸을 실험 삼아서 한약을 먹었는데 꾸준히 3개월간 먹어보니 효과는 매우 좋았다. 일우선인이 개발한 이 약재는 체질에 상관없이 누구나 먹을 수 있는 약재이며 17가지의 약재를 서로 궁합이 잘 맞게 배합해서 효과를 내게 하는 그 자체가 기술이며 비법이다. 약재 거래상을 알아내는 과정, 그리고 약을 달여 먹는 순간마다 일우선인의 얼굴을 떠올렸다. 살아 계실 때 그냥 약방문을 주시지 꼭 이런 식으로 공부시키는 형님을 생각하며 참 어렵게 공부시킨다고 생각했지만, 한편으로 특효약까지는 아니더라도 깨달은 자가 손수 처방해 놓은 약방문이었고 절대 허튼 것이 아니었기에 다시금 일우선인을 생각하는 계기가 되면서 감사한 마음도 잊지 않았다.

97년경 어느 지인분의 차를 타고 일우선인과 뒷자리에 앉아 이동 중에 잠시 잠들었다가 깬 순간, 다리에 쥐가 심하게 와서 앗! 하며 다리를 움켜잡았다.

"왜 그래."

"다리에 쥐가 났어요."

"손 좀 줘봐."

새끼손가락에 형님의 엄지손가락을 댄 순간 시원한 바람이 손가락을 통해 다리로 스며들더니 순식간에 다리에 난 쥐가 풀렸다. 형님은 별거 아니라는 표정을 지으셨지만 나는 엄청나게 신기했었다. 이런 행위를 지압이라고 한다. 한때 중화권 역학자 부부 4쌍이 한국을 방문해서 승합차를 준비해서 직접 관광시켜 준 적이 있었다. 역학자 부부는 신심이 매우 좋았고 사찰 탐방하는 것을 좋아했기에 여주 신륵사를 시작으로 충청도 화양계곡과 경주 불국사 등 여러 코스를 정해서 관광했다.

첫 코스로 신륵사에 도착하여 나는 대웅전에 가서 절을 했고, 일우 형님과 여자 제자인 도경 선생은 그냥 주위만 둘러보고 있었다.

"형님, 대웅전에서 절 안 하세요?"

"응? 너는 하고 싶으면 해. 마음이 당기면 하고, 하고 싶지 않으면 안 해도 괜찮아."

나는 절에 오면 대웅전에서 꼭 절을 해야 하는 것으로 알고 있었는데 절간에 있는 것은 형상과 그림일 뿐이고 일우 형님같이 깨달은 분은 그런 곳에서 굽신거리지 않는다는 사실을 이때 알게 되었다. 사찰에도 석가여래가 계시지 않는다는 것을 알게 됐으며 혹 절에 누가(그 터의 뒤에 계신 분) 계시더라도 일우 형님보다 도계의 계급이 낮으므로 되레 인사를 받지, 굽신거리지 않는다는 것이다.

일행은 충청도 화양계곡 근처에서 점심 식사를 마치고 경주 불국사로 향했다. 식사 후라 그런지 일행 모두 잠들었고 나 역시 식곤증이 밀려오면서 졸음운전을 하기 시작했다. 눈꺼풀은 천근만근이었고 잠을 쫓으려고 구레나룻을 잡아당기기도 하고, 허벅지 안쪽을 멍이 들 정도로 꼬집기도 했다. 그래도 여전히 잠이 쏟아져서 중간에 차를 세운 후 담배도 피워보고 껌을 씹기도 했으나 사태는 점점 심각해졌다. 차선을 넘는 순간 정신이 들면서 다시 핸들을 잡아챘고 잘 달리다가 또다시 차선을 넘나드는 아슬아슬한 곡예 운전이었다.

한참 비몽사몽으로 운행하던 중에 갑자기 항문 쪽에서 힘이 불끈 솟아오르더니 나의 등줄기를 타고 머리 꼭대기까지 박하 같은 시원한 기운이 번지면서 그렇게도 쏟아졌던 졸음이 순식간에 거짓말처럼 사라지고 정신이 맑아지며 쌩쌩해짐을 느꼈다. 너무나 신기한 경험에 조수석에 앉아 계시던 일우 형님을 쳐다보았다. 형님은 가부좌를 틀고 예리한 눈빛으로 나를 쳐다보더니 이내 고개를 뒤로 젖히고 코까지 골면서 잠자는 시늉을 하셨다.

'아! 형님이 원격으로 기를 보냈던 거였구나.'라고 생각했고 '도대체 깨달은 자의 능력은 어느 정도인 걸까?'하며 감탄했고 일행은 무사히 경주 불국사에 도착해서 좋은 추억을 간직할 수 있었다.

일행 중에 중화권 기공의 대가라는 '방 선생'이라는 분이 계셨다. 일우 형님이 기공으로 사람들 치료하신다는 말을 듣고 방 선생이 일우 형님에게 도전장을 내서 서로 손바닥을 대고 기운 대결을 했다. 대결 끝에 방 선생이 한 걸음 밀려나면서 일우 형님에게 '기가 아주 맑으시네요.'라고 이야기한 적이 있다. 그해 가을경 중화권의 어느 나라에서 열린 역학 학술 세미나에 참석하게 되었다. 학술대회 일정 종료 후 한국 관광에 왔던 학자들이 신세를 많이 졌다며 이번엔 자기들이 관광시켜 주겠다고 해서 그 나라 여러 사적지를 탐방했다. 방 선생의 별장도 갔는데 방 선생 부모님이 건강이 안 좋아서 잠시 요양 목적으로 그곳에 와 계셨다. 별장에는 온천물이 나와서 매일 치료를 위해 목욕한다고 했지만, 별다른 차도는 없는 듯 보였다. 일우 형님에 대해 한국에서 기공으로 사람들을 치료한다고 소개하자 방 선생의 부모님이 봐주시길 부탁하여 형님은 흔쾌히 기공으로 지압을 해드렸다. 당시 형님은 마(麻) 재질의 셔츠를 입고 있었는데 지압한 지 한 10초 되었을까? 셔츠 사이로 김이 새어 나오고 머리통에서도 김이 모락모락 피어오르면서 셔츠가 완전히 젖어 버리는 신기에 가까운 모습이었다. 여러 나라의 학자들이 그 광경을 보게 되었고 방 선생의 부모님은 아주 시원한 바람이 몸 안으로 들어온다고 하며 좋아하셨다. 기공 치료 후 몸이 많이 가벼워졌고 통증도 없어졌다며 감사의 표현을 아끼지 않았다.

그 광경을 본 다른 학자들도 치료를 청하며 서로 몸을 들이댔고 내가 일우 형님의 제자라고 하니 '너도 저분처럼 할 수 있냐?'라고 물어보기까지 했다. 형님은 모두에게 아끼지 않고 기치료를 해주셨고 저녁 식사를 마치고 별장을 나설 무렵 방 선생의 부모님은 한 번 더 치료해달라고 부탁하셨다. 아들인 방 선생도 기공의 대가라고는 했지만 일우 형님에게 기치료를 받고 여러 고질병이 단번에 치료된 것을 경험한 방 선생의 부모님을 보면서 나의 기분은 매우 뿌듯했고 한국이라는 나라의 위상을 드높였다는 생각에 어깨가 으쓱해졌다.

'우담'이라는 역학자와 형님의 사무실에서 차를 마시던 중 일우선인, 도경 선생과 '뒤에 계신 분'들에 관해서 이야기를 나누고 있었다. 그때 우담 선생이 대화에 끼어들어 물으셨다.

"진짜로 불보살님이나 산신, 용왕, 그런 분들이 존재하나요?"

"역학자이고 산에 가서 기도도 하신다는 분이 그런 걸 모르세요?"

도경 선생이 반문했다.

"나는 산신 기도는 해 봤지만, 아직 영적 경험이 없어요. 솔직히 그런 존재가 진짜 있을까 하고 막연하게 추정만 할 뿐 실제로 보지 못했으니 믿음이 없는 건 사실이죠. 그런데 정말 그런 존재를 볼 수가 있나요?"

일우선인은 빙그레 미소를 띠셨다.

"한 번 보여 드려요?"

"아, 네! 꼭 한 번 경험해 보고 싶네요."

"그러면 낼모레 북한산 갈 일이 있는데 함께 산행하시죠."

"네, 네! 그렇게 하시죠."

이틀 후 우담 선생은 약속대로 북한산에 동행했다. 산 중턱에 오래전부터 설치돼 있는 작은 산신당 길목에서 일우 형님은 "저기 산신당 보이죠? 거기 들어가서 사방으로 세 번씩 절하시고 소원을 빌어 보세요."라고 우담 선생에게 말씀하셨다.

우담 선생은 산신당에 혼자 들어갔고 한 3분쯤 지났을까. 갑자기 문을 박차고 아래에서 기다리고 있는 우리에게로 혼비백산해서 달려왔다. 거친 숨을 몰아쉬며 두 눈은 동그래지고, 공포에 질린 표정이 역력했다.

"아니, 이럴 수가 있나! 마지막에 '북한산산신신위(北漢山山神神位)' 명패 앞에서 절한 후 머리를 들고 일어서는데 순간 머리에 하얀색 옷자락이 걸려서 고개를 드니까 어느 백발의 노인이 쳐다보길래 깜짝 놀라서 뛰쳐나왔어요."

일우선인은 살짝 미소를 보였고 곁에서 도경 선생이 어이없다는 표정으로 한마디 하셨다.

"우담 선생님! 신선을 알현했으면 이런저런 대화를 나눠보셔야죠. 일우선인께서 일부러 주선했건만, 뭘 그리 놀라서 도망을 쳐요."

"그, 그게 태어나서 첨 겪는 일이라 정신이 없었어요."

"하하하!"

우담 선생에겐 실례였지만 놀란 표정이 한동안 가시지 않는 것을 보며, 도경 선생과 나는 터져 나오는 웃음을 참지 못하고 한참을 웃었다. 이번 일로 우담 선생은 산 기도를 더욱 열심히 하는 계기가 되었다.

사실 일우선인은 도계(道階)의 계급이 높은 도인이셨기에 이 정도의 능력은 그리 어려운 문제가 아니었다.

1990년대에는 만화책을 대여해 주는 곳이 많았다. 이후 인터넷 보급이 점차 활성화되면서 만화책방은 하나둘 문을 닫는 추세였다. 그즈음 사무실 근방의 만화책방도 폐업하면서 20여 권씩 묶어서 1,000원에서 3,000원씩 받고 폐업 처리 중이었다. 도경 선생은 무협지 책 수십 권을 구매해서 수원 사무실에 갖다 놓았다. 일우 형님은 틈나는 대로 무협지를 읽었고 차량 이동 시에도 무협지 독서 삼매경에 빠졌다.
"형님, 책 재밌어요?"
"으응. 응용 좀 해보려고 읽는 거야."
"네? 뭘 응용한다는 거예요?"
"여기 책에 있는 내용들."
"그거 막 날아다니고 장풍 쏘고 도술 부리는 거잖아요? 그게 가능한가요?"
"이건 아무것도 아니야."
"그럼, 형님도 할 수 있어요?"
"나는 내 능력이 어디에서 시작돼서 어디에서 끝나는지 나도 몰라."
이때까지만 해도 도(道)에 관해 잘 모를 때였고 득도한 자들의 능력이 어느 정도인지 모를 때였다. 그래서 뭐, 그럴 수도 있겠다 싶은 마음만 있었다.

점심 무렵 가끔 사무실을 방문하던 수진 엄마가 의정부에서 오셨다. 일우선인과 상담을 마치고 점심을 함께했는데 웬일로 택시 타는 데까지 바래

다주자고 해서 수원역으로 가게 되었다. 90년대 당시에는 택시 합승이 관행이었다. 수원역사 건너 대로변에 죽 늘어선 택시의 기사들이 목적지를 외치며 호객행위를 하고 있었는데 마침 한 기사가 서울 노원구와 의정부를 외치고 있었다.

앞자리에 손님 한 분이 타고 계시길래 수진 엄마를 뒷자리에 태우고 나서 일우선인이 주머니에서 지폐 오천 원짜리를 꺼내더니 수진 엄마 양말 속에 넣어 주었다.

"집에 도착하면 꺼내세요."

순간 '뭐, 하시는 거지?'하며 별생각 없이 형님과 사무실로 돌아왔는데 두 시간쯤 지났을 무렵 수진 엄마에게 전화가 걸려 왔다.

"일우 선생님, 저 지금 막 도착했어요."

"아, 네. 오가느라 고생 많으셨습니다."

"선생님, 그런데요. 도착해서 택시비를 내려고 가방을 열었다가 지갑이 없어서 순간 당황했는데 선생님께서 양말 속에 넣어 주신 오천 원이 생각나서 그 돈으로 계산했어요."

그랬다. 수원역에서 수진 엄마가 택시를 탄 후에 남자 손님 두 명이 뒷자리에 같이 합승했다. 당시에는 수원에서 의정부까지 가는 택시비가 20,000원인데 1인당 5,000원씩 4명을 태워서 가던 방식이었다. 수진 엄마의 집은 도로변에서 골목길을 따라 한참을 걸어서 올라가는 곳이었고 휴대전화도 일반적으로 보급이 되기 전이라서 낭패당할 수 있었던 상황이었다. 미리 알아차린 일우선인이 도술을 사용하여 수진 엄마는 낭패를 면하게 된 거였다. 게다가 더 위험했던 건 나중에 합승한 2명의 남자가 소매치기범이었는데 잠시 잠든 수진 엄마의 가방에서 지갑을 훔쳐 중간에 내린 것이다. 이후에 알게 된 것은 그 지갑을 소매치기당하지 않았다면 수진 엄마는 더 험한 꼴을 당할 뻔했는데 재물 손실로 큰 사고를 막아서 액땜했으니 그야말로 전화위복이 된 셈이다. 형님은 겪어야 하는 일은 꼭 겪되 작은 사건으로 축소 시켜서 큰 액을 면하게 만드는 도술을 종종 부리셨다. 이런 경험을 할 때마다 큰 공부가 되었고 점점 더 도에 관한 신념이 충만해졌으며 수행에 대한 열의도 높아졌다.

언제부턴가 일우 형님은 도경 선생에게 살짝 놀리는 듯한 말투로 이런 말씀을 자주 하셨다.
"너 남자 들어온다."
"저 시집가나요?"
도경 선생은 남자가 들어온다는 말에 내심 결혼을 생각하는 것 같았고 어쨌든 싫은 기색은 아니었다. 며칠 후에 일우선인, 도경 선생과 함께 강원도 태백에 기도하러 갔다.

형님은 '산 기도 갈 때는 항상 술이랑 사탕 챙겨가라.'라고 하셨는데 그 말뜻을 헤아려 보면, 보통 남의 집에 갈 때 음료수나 과일 등 선물을 챙겨 가듯이 산을 관장하는 '뒤에 계신 분'을 찾아뵙는 것이니 술을 챙겨가는 것이며 항상 '뒤에 계신 분'들이 오시면 수발 동자도 따라오기 마련인지라 사탕은 동자의 몫이기 때문이다. 그리고 가끔 도축장에 딸린 정육점에 가서 통째로 매달려 있는 돼지고기 한쪽 부분을 도려내어 5kg 정도의 싱싱한 살코기를 사서 산 기도를 가기도 했다. 이날 역시 산 기도용 돼지고기 외에 우리가 시식할 고기도 추가로 구매한 후 태백으로 출발했다.

태백에서 주로 묵던 숙소는 도로 공사로 인하여 철거되었기에 주변에 있는 옛 탄광 개발이 활발할 때 사용되었던 폐관사를 리모델링한 민박집을 이용하곤 했다. 늦은 오후가 되어서야 민박집에 도착해서 바로 마당에서 삼겹살을 구워 먹으려고 준비했다. 민박집에선 자기들 밭에서 재배되는 채소를 무한 채취해서 먹을 수 있도록 배려해 줘서 다양한 채소를 뜯어 만찬의 준비를 다 해놓고 고기 불판에 불을 지피려는 순간, 도경 선생과 나의 귀를 의심케 하는 형님의 음성이 들렸다.

"방에 들어가서 먹자."

"네? 다 준비했는데요. 그냥 밖에서 드시죠."

도경 선생은 기껏 준비할 때는 아무 말씀 없이 쳐다만 보고 계시다가 식사 준비를 마치니 방에 들어가서 먹자는 일우 형님께 살짝 불만이 섞인 말투로 반문했다.

"그냥 방에 가서 먹자니까."

도경 선생은 잠시 투덜댔지만 이내 말을 들었다.

"무슨 이유가 있겠지, 에이, 시키는 대로 해야지. 방으로 옮기자고."

졸병인 나는 그저 시키면 시키는 대로 할 뿐이다. 서둘러 준비해 놓은 것들을 방으로 옮겼다. 옮긴 후 부탄가스에 불을 지펴서 고기를 불판에 올려놓는 순간, 바깥마당 땅바닥에 깔린 자갈이 움푹 패일 정도로 팍팍! 후드득! 소리를 내며 굵은 장대비가 쏟아졌다.

"에이, 그러면 그렇지!" 도경 선생은 당연하다는 듯이 '일우선인 입에서 나온 말은 불변!'이라며 회심의 미소를 띠었고 나는 잠시 사색에 잠겼다. 일우선인은 명분만 있다면 비 정도쯤이야 내리지 않게 할 수도 있었을 것이며 우리 자리만 비를 안 맞도록 충분히 할 수 있는 분이다. 그러나 명분 없는 도술은 부리지 않았고 약간의 깨달음만 줘도 공부에 도움이 될 것이기에 이 정도에서 멈추신 거였다.

비 이야기가 나온 김에 한 가지 경험담을 더 소개한다. 스마트폰이 없던 시절에 다른 지역 날씨를 정확히 모른 채 산행에 나설 때가 있었다. 그럴 때면 항상 형님께 산행하고 오겠다며 "형님, 2~3일 정도 다녀올 건데 비 좀 안 만나게 해주세요."라고 말씀드렸을 때 "응, 다녀와."라고 답하시면 비가 오지 않는다는 뜻이고, "미끄러우니까 나무는 올라가지 마!"라고 답하시면 비가 온다는 뜻이다.

새벽 인시(03시~05시) 기도를 잘 마치고 오후에 수원사무실에 도착했다. 도경 선생이 태백 약수터에서 떠온 물을 사무실 법당 부처님 전에 올리려고 법당문을 열었다가 놀란 표정을 지으며 '헉!'하고 소리를 냈다.

"아니! 법당 좀 보세요!"

일우선인은 법당 안을 쳐다보고 별 반응 없이 사무실 바닥에 앉으셨고 나랑 도경 선생은 멍한 채로 법당 안을 한동안 쳐다봤다. 법당 가운데 계신 석가여래 불상 머리 오른쪽에서 피가 줄줄 흐르고 있었기 때문이었다.

며칠 후 사무실에 자주 오시는 손님들이 '세상의 이런 일이'라는 TV 프로그램에 제보한다고 했지만, 형님은 거듭 강조해서 하지 말라고 당부했다. 그중 한 손님은 불상에 묻은 핏자국을 닦겠다고 했는데 일우선인은 절대로 건들지 말라고 했건만 그 손님은 고집을 피우며 헝겊 천을 들고 불상에 묻은 피를 닦으려고 제단에 올라섰다. 순간 뒤로 벌러덩 자빠져서 어이쿠 하며 허리춤을 움켜잡고 나뒹굴었다. 형님이 염력으로 잡아당긴 것이며 하지 말라는 만류에도 고집을 피우니 알아차리게 하려고 도술을 사용한 거였다. 피는 석가여래 오른쪽 머리로부터 오른쪽 어깨와 가슴으로 흐르면서 굳어버렸고 성분이 진짜 피인지 다른 성분인지 자세히는 모르지만, 자연적으로 생긴 결과물인 것만은 확실하다.

그로부터 일주일 후 도경 선생 댁에 며칠 지내게 되었다. 도경 선생은 부모님과 남동생 내외, 조카와 함께 숙박업소를 운영하고 있는데 그 터는 잠자리가 편하고 좋았다. 그날 밤 식구들은 모두 잠자리에 들었고 도경 선생의 남동생과 나는 접수대에서 이런저런 이야기를 나누고 있었는데 위층에서 쿵쿵거리는 심상치 않은 소리가 나길래 직감 상 중대한 일임을 감지하고 위층으로 올라갔다. 도경 선생의 남동생 내외가 쓰던 방문 앞에서 빨간 피를 잔뜩 덮어쓴 여자가 벌벌 기다시피 하고 있었는데 자세히 보니 바로 도경 선생이었다.

"헉! 도경 선생님 괜찮으세요!?"

"으응, 3, 300, 304호. 그리로 들어갔어."

"네? 누군데요?"

"몰라. 모르는 사람이야."

다급하게 3층 비품 창고 문을 열어 둘러보고는 당구공 칠 때 사용하는 당구봉이 있길래 손에 움켜쥐고서 304호 방문을 조심스레 열었는데 다행히 문이 잠기지 않아서 바로 열고 들어갈 수 있었다. 들어가자마자 전등불을 켜보니 누워있는 두 남자가 보였고 몽둥이로 이불을 살짝 젖혀보니 한 놈이 홀딱 벗어서 성기가 노출된 상태로 잠을 자는 척하고 있었다. 몽둥이로 옆구리를 쿡쿡 찔러대며 "야! 일어나, 야! 인마! 일어나라고, 자식아!" 서너 번 찔러대니까 그제야 눈을 떴다. "일단 옷 입어, 이 자식아." 녀석은 꿀 먹은 벙어리처럼 아무 말도 하지 않았다. 마음 같아선 그 자리에서 요절을 낼 법도 한데 나도 모르게 아주 침착하게 대응했다. 때마침 도경 선생 남동생의 신고로 경찰이 출동하면서 야밤에 가족들은 놀라서 모두 잠에서 깨고 말았다.

304호에서 잠을 자고 있던 남자는 달방(월세)으로 계약하고 살던 사람이었고 벌거벗은 그 사람은 달방을 얻은 남자의 고향 친구였다. 잠시 놀러 왔다가 301호에 도경 선생과 올케가 들락날락하는 것을 보며, 여자들이 기거하는 방인 것을 알아채고는 그날 밤에 만취 상태에서 귀가하다가 도경 선생이 방으로 들어가는 것을 보고 따라 들어간 것이다. 원래 301호는 도경 선생의 남동생과 올케가 거주하는 공간이다. 하필 그날따라 남동생과 올케는 나와 접수대에서 대화를 나누고 있었고 그 와중에 올케가 접수대에서 잠드는 바람에 도경 선생 혼자 301호로 잠자러 간 거였다. 그 찰나에 도경 선생이 목표물이 되었고 성폭행을 시도하려던 그 녀석은 도경 선생의 거센 반항에, 옛날에 자주 쓰이던 뾰족한 무늬의 유리로 된 아주 두꺼운 재떨이로 오른쪽 머리통을 세 번이나 강타했다. 그 녀석은 번데기가 환골탈태하듯이 윗도리와 바지를 동그랗게 벗어 놓은 상태로 방에서 도망갔고 도경 선생은 머리에서 솟아 나오는 피를 온몸에 덮어쓰고 기다시피 하면서 복도로 나온 것으로 사건의 자초지종이 드러났다. 나는 즉시 일우 형님에게 연락했고 다음 날 오후에 오신다는 말에 먼저 도경 선생을 병원 응급실로 데려갔다. 응급처치 후 입원해야 한다는 병원 관계자의 말에도 도경 선생은 일우선인이 내일 오시니까 그냥 집에 가자고 해서 병원 관계자의 만류를 뿌리치고 집으로 향했다.

다음 날 형님이 오셨고 오자마자 도경 선생을 데리고 개고기를 파는 보신탕 식당으로 데리고 가셨다. 좀 이상할 것 같지만 어혈 푸는 데 있어서 개고기는 최고의 약성을 지니고 있기에 치료 목적으로 사용한 것이다. 식사 후에 기공 치료와 침을 병행하시며 안정을 되찾게 해주셨다. 이후 도경 선생의 가족이 다 모인 자리에서 도경 선생이 물었다.

"저, 남자 들어온다고 그러시더니 이런 사건이 일어날 걸 미리 보시고 말씀하신 거예요?"

"응, 원래 네 올케가 당할 일이었는데 올케는 그 충격 못 버텨! 그나마 너니까 버틴 거야."

그 이야기를 들은 올케는 충격과 공포에 떨었지만, 한편으로 자기 시누

이가 대신 당했다는 것에 미안함과 감사함을 느꼈다. 어찌 됐든 도경 선생은 올케 대신 자기가 당함으로써 크게 일이 번지지 않은 것에 감사함을 느꼈고 그 녀석은 도경 선생 부모님이 합의해 주지 않아서 1심에서 실형을 받았다. 얼마 후에 그 사건의 피의자인 모친이 죄송하다며 사과하러 찾아오셨다. 사건 당일 아들은 기억이 하나도 없었다고, 뭐에 홀린 것 같다면서 이유를 막론하고 죄송하다고 연신 고개를 숙였다. 이후 도경 선생은 1원도 받지 않고 처벌 또한 원치 않는다는 합의서를 써 주었고 그로 인하여 피의자는 감형받을 수 있었다.

수원사무실 법당에 계신 석가여래 머리에서 흘러내린 피는 바로 도경 선생을 위한 피였다. 일우선인을 오랜 기간 신심을 가지고 성심껏 모셨고 도경 선생이 올케와 함께 초하루 보름이면 어김없이 법당에 와서 정성스럽게 정수를 떠서 올렸기 때문에 그 공덕으로 '뒤에 계신 분'들이 대신 맞아 준 것이다. 불교에서 말하는 부처님의 가피(加被: 신심을 가지고 행하는 사람들에게 '뒤에 계신 분'들이 보답해 주는 행위)가 이렇게 일어난 것이다.

이와 같은 현상을 보면 업장 소멸은 절대로 거저 되는 것이 아니다. 반드시 본인이 직접 겪어내야 하거나, 누군가가 대신 겪던가 해야 하는 것이다. 또는 할부처럼 조금씩 여러 번에 걸쳐 나눠서 받는 것도 가능한 일이지만 아무나 할 수 있는 것은 아니다. '뒤에 계신 분'들과 거래할 수 있는 소통이 되는 자만이 가능한 일이다.

일우선인과 도경 선생의 인연은 80년대 후반경 시작되었는데 지인의 소개로 도경 선생의 모친이 상담차 찾아뵌 것이 첫 인연이었다.

"산(山)에서 탈이 났네요."

"산에서 탈이 났다니요?"

"산에서 이상한 짓 안 하셨어요?"

"네, 안 했는데요."

"그럼 그냥 가세요. 더 할 말 없습니다."

도경 선생 모친은 점잖은 목소리로 더 이상 할 말이 없다는 일우선인의 말을 듣고 반문하지 못하고 사무실에서 나올 수밖에 없었다. 그러나 뭔가 느낀 바가 있었는지 다음 날 신문지로 둘둘 만 돈뭉치를 들고 다시 일우선인을 찾아왔다. 사연은 이러하다. 도경 선생 모친은 조상을 잘 섬겨야 자손이 잘 풀린다는 옛 풍습을 지키고 싶은 마음에 조상님들을 모신 산소를 찾고자 했다.

그러나 자손들이 제대로 모시지 않는 바람에 산소 위치를 정확히 몰랐기에 대략 어느 산에 산소가 있다는 정보만 가지고 그 산에 있는 산소를 모조리 파헤치고 말았다. 이 얼마나 천인공노할 짓이던가! 수많은 산소를 파헤치고 다시 원 상태로 덮기를 여러 차례 하다가 결국 조상의 묘는 찾지도 못하고 상심하던 차에 일우선인과 인연이 맺어진 것이다.

자신이 했던 행동을 대면하자마자 정곡을 찌르듯이 말했던 일우선인을 신뢰하게 됐고 이런 인연으로 도경 선생은 일우선인의 제자가 되어 도 닦는 공부를 시작하게 된 것이다.

90년대 중반 도경 선생 남동생의 부인이 임신했다. 임신 5개월이 지났을 무렵 여자아이로 암묵적인 진단이 나왔는데, 이 당시만 해도 남아 선호 사상이 뿌리 깊었기에 도경 선생이 일우선인께 올케 배 속에 있는 아이를 남자로 바꿀 수도 있냐고 여쭤보니 가능하다고 말씀하셨다. 도경 선생은 "그러면 남자아이로 바꿔 주세요."라고 청했고, 형님은 "한 번 빌어 볼게." 하셨다. 임신 9개월째 되는 날, 도경 선생은 올케와 함께 병원에 갔고 진단

결과 여자아이인 것을 재차 확인했다. 그 순간 형님이 아무리 도술을 부릴 줄 안다고 해도 배 속에 있는 여자아이를 남자로 바꾸는 건 역시 쉬운 게 아니라고 생각했다. 그런데 산달이 다 되어 가족들과 함께 출산하러 병원에 갔는데 이게 어찌 된 일인가? 남자아이가 태어난 것이다. 병원 관계자도 놀랐고 도경 선생 가족도 어안이 벙벙해졌다. 분명 한 달 전에 병원 초음파 검사 때도 재차 확인했었는데 불과 한 달 사이에 여자아이에서 남자아이로 성별이 바뀌었다니! 도경 선생과 가족들은 일우선인의 도력을 재차 체험했고 그에 대한 신뢰감은 한층 더 높아졌다.

도경 선생은 공부 초반에 기도할 겸 바람도 쐴 겸 해서 일우선인과 충청도 대천 해수욕장을 간 적이 있다. 그곳은 도경 선생의 첫사랑이었던 남자 친구와 추억이 많이 서려 있는 장소였다. 남자 친구는 여름 휴가철이면 그곳 해수욕장에서 장사하던 분이었기에 3개월 정도 그곳에 숙소를 정하고 결혼을 약속한 남자 친구와 사랑의 추억을 쌓던 곳이었다. 그 사실을 알리 없는 일우선인이 갑자기 대천 해수욕장에 가자고 하니 도경 선생은 무척 의아해했다. 형님은 도경 선생을 이끌고 남자 친구와 자주 거닐던 거리를 지나다녔고 자주 갔던 식당에서 주로 시켜 먹던 음식도 주문하며 그 당시 남자 친구가 했던 행동을 똑같이 연출했다. 이런 일우선인을 보고 도경 선생은 놀라지 않을 수 없었다. 남자 친구와 묵었던 숙소를 지나가면서 '저 집 이쁘다.' 능청스럽게 말씀하시는 일우선인을 보면서 도경 선생은 도라는 세계에 더욱 집착하고 더욱 열심히 공부해야겠다고 향학열을 높이는 계기가 됐다.

첫사랑이었던 남자 친구와 혼인 신고는 하지 않고 사실혼 관계를 유지하던 중 지방 여기저기를 돌아다니는 직업 특성 때문에 별거하게 되었다. 떨어져 있는 시간이 점점 길어지면서 서로 소원해지기 시작한 그 시기에 형님을 만나서 공부를 시작하게 된 것이다. 도경 선생의 마음 한구석에는 여전히 첫사랑인 남자 친구를 사모하는 마음이 있었고, 형님은 모든 미련을 버려야만 공부가 발전할 수 있기에 그리워하는 마음을 잊고 정리하게 만들어 주기 위해 마지막으로 대천 해수욕장을 데리고 가서 심기일전하도록 자리를 마련한 거였다. 그리고 일우선인의 선견지명 같은 일침을 듣고 도경 선생은 비로소 공부에 매진할 수 있었다.

"네 남자 조만간에 죽는다."

"네? 죽다니요?"

"때가 되면 죽는 거지, 뭐."

"무슨 방법이 없는 건가요?"

"너의 마음속에 있는 그 남자의 모든 것을 버려. 그럼 살릴 수 있어. 그리고 공부 열심히 해봐. 그러면 가능해."

"알겠습니다. 모든 것을 버리고 공부에 전념할게요. 다신 그 남자 안 봐도 좋으니까 젊은 나이에 죽지만 않게 해주세요."

도경 선생은 일우선인과 약조하였다. 몇 달 후 남자 친구의 소식을 들었는데 같이 사업하던 아주 친한 친구 두 명이 죽었다는 소식이었다. 모두 불의의 사고로 죽었고 도경 선생의 남자 친구만 극적으로 살아남았다는 소식에 도경 선생은 도에 관한 공부에 더욱 매진했으며 형님에 대한 믿음 또한 한층 더 높아졌다. 얼마 지나지 않아서 남자 친구에 관한 또 다른 소식을 들었는데 새로 영입한 고향 친구와 사업을 진행하던 중에 교통사고가 나면서 그 남자 친구만 살고 새로 영입한 친구는 죽었다는 것이었다. 사람 하나 살리자고 주변 인물 3명이 젊은 나이에 비명횡사한 것이다. 이런 사건을 뭐라고 해석해야 하는지 공부 초창기에는 이해되지 않았지만 공부가 어느 정도 성장한 후에는 이해할 수 있었다. 일단 일우선인의 도력이 대단했던 것이고 사람 하나 죽고, 살리는 것이 '또 다른 세상'에서는 그리 큰 쟁점이 아니라는 것을 깨달았다. 이후 도경 선생은 남자 친구와의 인연을 완전히 끊었고 후에 남자 친구도 한 여인을 만나 결혼해서 잘살고 있다는 소식을 들었다. 시간이 흐르면서 도경 선생은 역학 공부를 다 마친 후 의술과 부적 공부도 해서 어느 정도의 힘을 기르게 되었다.

도경 선생이 일우선인 수하에서 공부한 지 15년이 됐을 무렵의 일이다. 도경 선생은 6개월 전부터 형님에 대해서 불평불만을 내뱉기 시작했는데 아주 심각할 정도로 부정적인 성품으로 바뀌는 듯했다. 그럴 때마다 형님은 더욱더 도경 선생이 싫어하는 언행을 해서 자극을 줬고 매번 도경 선생은 그 고비를 넘기지 못했다. 그 오랜 세월 동안 일우선인께 받은 여러 은혜를 잊고 현재 상황에서 벗어나고자 자기합리화가 강한 주장만을 내세웠다. 그러던 중 나는 기이한 꿈을 꿨는데 꿈속에서 도경 선생이 어떤 남자와 한 이불 속에 있는 것을 보았다. 차량 이동 중에 형님과 도경 선생에게 간밤에 꾼 꿈을 이야기하자 형님은 장난기가 가득한 어린아이처럼 말씀하셨다.
"얘, 남자 들어왔어!"
"네? 진짜요?"
도경 선생은 한동안 아무 말도 하지 못하고 얼굴이 벌게져서는 눈치만 보고 있었다. 그러다가 도경 선생의 남동생이 다니는 회사 직원을 소개받았는데 결혼을 전제로 만나고 있다고 고백했다. 3개월간 아무 말도 하지 않고 숨기고 있다가 이제야 실토했던 것인데, 사실 도경 선생은 얼마 전부터 내게 평범하게 살고 싶다는 말을 자주 했고 일반 직장생활을 하는 사람을 만나서 결혼하고 싶다고도 했는데, 바로 그 남자를 만나면서 그렇게 말했던 거였다. 툭하면 짜증을 부리고 화도 잘 내고 그랬던 것이 아마도 우리와 정을 떼려는 행동인 듯했고 정말로 도경 선생은 몇 달 후에 그 남성과 결혼식을 올렸다.

결혼식 이후에 개인적으로 도경 선생을 서너 번 만났다. 예전엔 사람들 관상을 보면 그 사람에 대한 정보가 바로 보였는데 결혼 후엔 전혀 보이지 않고 그전에 공부했던 것 또한 전혀 기억나지 않는다고 했다. 내심 도경 선생이 걱정돼서 일우선인께 여쭤보았다.

"형님, 도경 선생이 공부를 중단하고 다시 속세로 가도 별 탈 없이 괜찮을까요?"

"나를 15년 동안 모셨으니까 그 공덕으로 보내줘야지."

그러면서 한 말씀을 더 하셨다.

"내 제자는 너라고 하니까 도경이가 막 화를 내더라고. 그게 화낼 일이야? 그럴수록 자신도 열심히 공부했어야지. 뒤처지면 어쩔 수 없어, 버리는 수밖에!"

나 역시도 공부하는 중간중간 일우선인의 테스트를 많이 경험했지만, 크게 불평불만 없이 태연하게 지냈던 반면 도경 선생은 '마장'을 잘 버티지 못한 것이다. 결국 이번 생에서 공부는 끝났고 다음 생을 기약해야 할 텐데, 참 안타깝지만 어쩔 수 없는 노릇이다. 이후 나 역시 도경 선생과의 인연은 끝났다.

사무실 근방에 미용학원이 있었다. 미용 기술을 배우는 수습생들이 깎아주기 때문에 이발비가 싼 맛에 자주 이용했다. 그 날따라 새로운 미용사가 이발했는데 30분이 지나도록 계속 머리만 만지작거리며 마무리를 못 하는 듯했다. 게다가 머리도 이상하게 깎아서 결국 좀 삐딱해졌다. 순간 나도 모르게 미용사에게 짜증을 부렸고 미용실을 나온 후 사무실로 향했다.

"형님, 머리 깎으러 갔는데 미용사가 머리를 이렇게 삐딱하게 깎아놨어요."

"그런다고 화내면 쓰나!"

일우 형님은 살짝 미소를 띠시며 말씀하셨지만, 그 순간 껍데기에 불과한 것에 마음이 흔들렸음을 깨달았고 미용사에게 미안한 마음과 반성하는 마음이 일어나면서 일우 형님을 따라 웃음이 나왔다. 형님은 내게서 반성하는 마음이 일어난 것을 알아채시고 더 이상 말씀하지 않았고 점심시간이 아직 안 됐는데 "밥이나 먹으러 가자!" 하시고 몸을 일으켰다.

사무실에 오시는 손님이 식당을 개업하셔서 그 식당을 자주 애용했을 때였다. 걷기에는 거리가 꽤 멀었지만, 운동 삼아 다녔는데 이날따라 형님은 술도 간단히 드시고 밥도 일찍 시켜서 식사를 마치고 잠시 관(觀)을 하시는 자세를 취했다. 나도 가만히 앉아서 형님의 동태를 주시하고 있는데 한 10분쯤 지났을까? 형님은 주인을 불러서 밥값을 계산하셨고 나는 신발을 신고 나갈 채비를 하는데 형님이 익살스러운 말투로 말씀하셨다.

"우리 재밌는 구경 좀 하고 가자."

"네? 무슨 재밌는 구경이요?"

"으응, 좀만 있어봐. 재밌는 일 생겨."

말씀하신 지 한 20초가 지났을 무렵이었다.

"으악! 아악!"

건너편 테이블에 혼자 앉아 있던 남성이 마구 비명을 질렀다. 그러고는 식탁 위에 있던 식기들이 온 사방으로 막 날아다녔고, 급기야 휴대전화가 나한테 날라왔으며 그 남성은 자빠져서 마구 허우적거리기 시작했다. 게다가 동시에 매스꺼운 냄새가 진동했는데 다른 테이블에 있던 손님들은 112에 신고하였고 어떤 손님은 119에도 서둘러 전화하는 모습이 보였다. 보아하니 비명을 지르던 그 남성이 농약을 먹고 자살 시도를 한 모양이다. 차라리 아무도 없는 곳에 가서 먹든가 하필 사람들이 많은, 그것도 식당에 와서 이 난리를 친단 말인가? 그 바람에 식당 주인장은 겁에 질려서 벌벌 떨고 있었고 그나마 형님과 내가 있어서 안정은 취하셨지만, 놀란 마음을 완전히 추스르지 못했다. 나는 화장실에 있는 마대 걸레를 가지고 와서 바닥에 쏟아진 농약을 닦아냈으며 테이블에 묻은 농약도 말끔하게 여러 번에 걸쳐서 닦아냈고 어수선한 식당 집기 청소도 했다. 문이란 문은 다 열어 놓고 환기했는데 그나마 다른 2차 피해가 없어서 다행이었다. 농약을 마신 그 남성분도 다행히 생명에는 지장이 없었다. 형님을 어떨 때 보면 개구쟁이 같은 장난스러운 모습이 있는데 뭐라고 표현해야 할지 모를 때가 많지만, 어쨌든 재미있는 경험이었고 마냥 웃지는 못할 구경거리였다.

사무실 주변에 자주 가는 식당이 세 군데 정도 있었는데 그중 사무실에서 제일 가까운 식당을 자주 갔다. 기존의 식당 건물에 주인만 바뀌어서 새로이 개업한 곳인데 새로 바뀐 주인장은 그전 식당 주인장보다 인심이 후하고 몹시 상냥하며 인정이 많았다. 점심, 저녁을 주로 그 식당에 가서 먹었는데 우리는 보통 밥을 먹기 전에 소주를 마시고 안주로 맥주를 마신 후에 식당을 나오기 전에 밥을 먹고 마무리하곤 했다. 손님들이 없을 때는 형님과 나, 둘이 가지만 보통 점심때에는 손님들과 여럿이서 애용할 때가 많았다. 식당 주인장은 장씨 성을 가진 분이셔서 장 여사님이라고 존칭했다. 장 여사님은 때때로 그날 장을 봐온 싱싱한 재료로 메뉴판에 없는 음식을 조리해서 주셨는데 아무튼 서비스가 만점이었다. 장 여사님 식당을 이용한

지 한 1년쯤 됐을 무렵 가끔 식당이 한가하면 장 여사님은 우리 자리로 와서 맥주 한 잔을 드시면서 갈증을 해소하곤 하셨다. 그날도 마침 우리 자리에 와서 맥주 한 잔을 마셨는데 일우 형님은 장 여사님에게 뜬금없는 말씀을 하셨다.

"집안에 우환이 있으시네요."

"네? 무슨 우환이요?"

"집에 우환 없으세요?"

장 여사님은 우리가 스님은 아니지만, 사무실에 법당도 조성해 놓고 일우 형님이 기공 치료와 침술과 한약도 지으시고 역학 상담도 하시는 것은 알고 있었다. 신앙에 대한 믿음은 없었기에 별다른 기대 없이 형님을 대했는데 느닷없이 본인의 가정사에 대해 언급하니 잠시 눈이 동그래지더니 몇 초간 정적이 흐른 뒤에 말문을 이어갔다.

"우환이 있긴 한데 뭐, 어쩔 수가 없는 상황이에요."

"그거 내가 해결해 주면, 뭐 해주실래요?"

일우 형님의 입에서 나온 말은 불변이다. 자신 없는 말이나 헛된 말은 절대 하지 않는다. 나는 장 여사님 집안에 무슨 큰일이 있음을 직감했고 '그거 내가 해결해 주면, 뭐 해줄 거예요?'라고 말씀하셨다는 건 어떠한 문제나 불치병도 고쳐주겠다는 약속 같은 말이었다.

"아니, 일우 선생님! 저희 집안에 뭔 일이 있는 건 아시고 그런 말씀 하시는 거예요?"

일우 형님은 자신을 낮추듯 익살스러운 표정으로 살짝 미소를 띠시며 말씀하셨다.

"저, 점쟁이잖아요."

장 여사님은 맥주 한 잔을 벌컥벌컥 마시고 숨을 한 번 고른 후 말을 이어갔다.

"사실은 제 막내 여동생이 누워서 지낸 지 10년이 넘었어요. 병원에서는 도통 병명도 모른 채 원인마저 모른다는 진단만 받았고 언제 죽을지도 모른다는 그런 상황 속에서 지내고 있는데 요사이 급격하게 상태가 안 좋아지긴 했어요. 저는 이미 맘을 내려놓은 상태라 그냥저냥 지내고 있었는데 선생님께서 갑자기 집안에 우환이 없냐고 말씀하시니까 조금 놀라긴 했네요."

"알아요. 아니까 말씀드린 거죠."

"좀 신기하긴 하지만 병원에서도 손을 놨는데 고칠 수가 있는 건가요?"

"일우 형님은 병원에서 손을 놔버린 불치병 환자들을 고치는 게 전문입니다."

"그럼……, 돈을 얼마나 드려야 하나요?"

"돈은 나중 문제고……, 일단 고친 후에 봅시다."

그날 당장 식당 문을 닫고서 우리는 장 여사님 집을 방문했다. 집 안 거실을 가로질러 좌측에 있는 방문을 열고 들어가니 바짝 마르고 얼굴은 휑하니 눈이 움푹 꺼진 여성이 방에 누워있었다. 증상을 보니 말을 일절 하지 않고 밥도 하루 한 끼 정도 아주 조금만 먹었다. 온종일 누워만 있는데 잠을 자는 건지 안 자는 건지도 모르겠고 TV 시청도 일절 하지 않았으며 활동이 전혀 없이 누워만 있는, 말 그대로 살아있는 시체였다. 처음에는 하루에 한 끼라도 먹었던 식사를 이틀에 한 번 먹더니만 최근에는 3, 4일 어쩔 땐 일주일이 돼서 한 번 먹더니 현재는 일주일이 지났는데 아예 단식 중이었다. 이러다간 진짜 죽겠다 싶어서 장 여사님이 죽을 쒀서 직접 먹이기까지 했다고 한다.

"장 여사님, 오늘 우리 여기서 하룻밤 지낼게요."

"아, 네."

"제가 기도하는 방식이 좀 남달라요."

"네, 알겠습니다."

장 여사님은 우리를 신뢰하기에 크게 부담 갖지 않았고 주안상을 마련해줘서 집 안 거실에서 술을 마시며 이런저런 이야기를 나누다가 아침 동이 틀 무렵 그 집에서 나왔다. 다음 날 장 여사님 식당에 갔는데 형님은 뜻밖의 말씀을 하셨다.

"저기, 보낼 준비를 하셔야겠어요."

"네? 제 동생이 이제 죽는 건가요? 아직 시집도 못 가보고 전생에 뭔 죄를 지었길래 청춘을 저렇게 허무하게 보내다가 간단 말인가!"

장 여사님은 울먹거리며 눈시울을 붉혔다.

"집에 하얀 천 같은 거 있나요?"

"천 같은 것은 없고 하얀색으로 된 얇은 이불은 있어요."

"오늘 일 마치고 집에 가시면 그 이불로 동생 덮어주세요. 얼굴까지 다 덮어버리세요."

"오늘 죽는 거예요?"

"그냥 그렇게 해놓으세요."

일우 형님은 더 이상 아무 말씀을 하지 않으셨다. 장 여사님은 별 의심 없이 형님이 시키는 대로 잘 이행했고 이틀 후에 장 여사님 식당에 갔는데 깜짝 놀랄만한 일이 벌어졌다.

"선생님! 우리 동생이 일어났어요. 안 죽고 일어났어요."

"그래요? 잘됐네요."

형님은 태연하게 대꾸하셨다. 사연은 매우 놀라웠다. 하얀 이불로 덮어 놓은 지 하루가 지나서 10년이 넘는 세월 동안 바깥출입을 일절 하지 않았던 여동생이 갑자기 일어나서 방에서 나오더니 장 여사님에게 돈을 달라고 또박또박 말하더라는 거였다. 장 여사님은 벌떡 일어난 여동생도 놀라웠는데 돈을 달라며 말을 또박또박하는 것 또한 신기해서 돈을 줬다고 한다. 평생 종교활동도 안 해봤던 여동생은 집 근처 불교용품점에 가서 경문 책 한 권을 산 후, 방에 들어가더니 생전 처음 듣는 '천수경'과 '반야심경'이라는 경문을 온종일 반복해서 읽었던 거였다. 이 얼마나 신기한 일이던가! 뭐라고 표현해야 하나? 장 여사님은 연신 일우 형님께 감사하다고 말했고 눈물을 하염없이 흘렸다. 나도 마치 내가 겪는 일인 듯 감격했고 가슴 밑바닥에서부터 격하게 끓어오르는 벅찬 감정을 느꼈다. 그 후 장 여사님의 여동생은 정상적인 활동을 하게 되었다. 어느 정도 몸을 회복하고 난 후 10년 전에 만났던 남자 친구를 마지막으로 한번 보고 온다고 하며 외출했었고 매일 밤만 되면 나이트클럽으로 춤을 추러 다닌다고 했다. 그 남자 친구는 현재 결혼해서 잘살고 있었는데 그 남자 친구와의 문제로 정신적인 병을 앓게 된 건지는 아무도 모를 일이다. 그러나 이미 지나간 일이고 현재가 중요하다며 장 여사님은 나쁜 짓만 하지 않는다면 춤추러 다니든 뭘 하든지 간에 상관없다며 건강을 되찾아서 너무 좋다고 했다.

　장 여사님은 형님 숙소에 침대를 하나 사주셨고 사무실에도 필요한 집기를 장만해 주셨다. 장 여사님의 재정 상황을 잘 알고 있던 형님은 돈을 요구하지 않았고 자기 자신을 헌신해서 가족들 뒷바라지하는 행동을 예쁘게 본 것이며 그동안 우리에게 항상 변함없이 친절하게 응대해준 것에 대한 선물이었다.

　충청북도에서 오시는 손님 중에 도자기를 굽는 사업을 하는 부부가 있는데 가끔 여러 가지 약초를 챙겨오신다. 한 번은 옻나무를 트렁크에 꽉 채워 오셨길래 형님과 다니던 식당 중에 닭볶음탕과 닭백숙 요리하는 식당에 갖다주었다. 그 식당은 자매가 운영하는데 받은 옻나무가 손질되지 않은 통나무인지라 형님과 내가 톱으로 썰고 도끼로 쪼개서 요리할 때 바로 넣고 사용할 수 있도록 작업해 드렸다. 형님도 나도 옻나무 독을 타지 않기에 그냥 맨손으로 손질했는데 자매는 옻나무 독을 타는지 안 타는지 모른 채로 처음 만져보는 옻나무를 아무 의심 없이 같이 손질했다.

그다음 날 식당에 갔더니 자매 두 분이 모두 옻 독이 퍼져서 온몸이 간지럽고 진물이 생겼는데 일우 형님은 "네가 지압해 드려."라고 말씀하셨다. 형님이 손님들을 치료하는 것만 봐왔지 내가 직접 다른 사람을 치료해 본 적이 없었고 또한 그만한 치료 능력이 없기에 그냥 형님이 하시라고 마다했다. "한 번 해봐."라고 재차 말씀하시기에 평상시에 형님이 하시던 대로 자매 두 분께 압점을 한 군데 한 군데 차분하게 짚어가며 지압해 드렸다. 그날 저녁 잠이 들기 전부터 손목이 간질간질하며 빨갛게 두드러기 같은 것이 생겼는데 얼마나 가려운지 처음엔 멋모르고 긁어댔고 나중엔 진물까지 생겼다. 그런데 묘한 건 옻 독이 퍼지면 온몸이 간지럽고 두드러기가 나는 것으로 알고 있었는데 나는 양쪽 손목에서 어깨까지만 옻 독이 번졌고 이 증상은 일주일 정도 지속되다가 가라앉았다. 증상이 시작된 다음 날에 자매가 운영하는 식당에 가보니 두 자매의 옻 독이 퍼진 증상은 나와 똑같이 손목에서 어깨까지만 번졌고 다른 곳은 이상 없다고 했다.

점차 모기한테 물린 듯한 증세로 호전되었고 자매 두 분 다 일주일 후 완치됐다. 내가 지압해 준 후 증상이 좋아진 것을 보니 기분이 좋았지만, 모든 건 일우 형님이 도술을 부렸기 때문에 가능한 것이기에 형님의 도력을 다시 한번 느끼는 계기였다. 이 '기(氣)'라는 것을 원격으로 조정 가능하다는 것이 참 묘하긴 한데 일반 사람들은 이해되지 않겠지만 직접 경험한 나로서는 절대 묵과할 수 없는 고도의 기술이다.

97년 때인가? 일우 형님과 친분이 있던 분이 미국으로 이민을 떠났다. 얼마 뒤 전화 연락이 와서 부인의 건강이 안 좋아졌는데 병원에 가도 차도가 없다고 하며 일우 형님께 기도해달라고 부탁했다. 형님은 '빌어 볼게요.'라고 말씀하시고 전화를 끊었다. 형님의 능력을 잘 모를 때라서 사람이 직접 오지 않았는데 어떻게 치료한다는 건지 도통 이해할 수 없었다.

"형님, 미국에 있는데 직접 오지 않고 만져보지도 않고 어떻게 치료할 수 있다는 거죠?"

"응, 원격으로 기(氣)를 보내면 돼!"

"한국에서 미국으로요? 그게 가능한가요?"

"기를 운용할 줄 알면 어디에 있든지 다 가능해!"

이때 나는 처음으로 기치료를 원격으로 운용해서 치료할 수 있다는 것과 다른 사람의 병을 내 몸으로 전이시킬 수 있다는 것도 알게 되었다.

한번은 강원도 원주에서 정 마담이라는 다방을 운영하는 여성분이 사무실을 방문했다. 일우 선인은 그 여성분이 앉자마자 "돈 좀 쓰셔야겠어요."라고 말씀하셨다.

"일우 선생님! 그러지 않아도 꿈자리도 뒤숭숭하고, 저승사자처럼 무섭게 생긴 사람들이 꿈에 자꾸 보여서 이렇게 찾아왔어요."

형님의 입에서 '돈 좀 쓰세요.'라고 말씀할 정도면 아주 급한 상황이다. 정 마담도 형님에 대해 잘 알고 있기에 두말없이 기도비를 드리고 악몽 꾸지 않게 잘 좀 빌어달라고 하시며 원주로 돌아갔다. 보름이 지났을 무렵 정 마담이 다시 오셨는데 얼굴은 잔뜩 겁이 질린 상태였지만 약간의 미소도 머금은 것이 뭘까 싶었다.

"선생님! 저기, 저희 가게에서 일하는 나보다 연배인 김 양 언니가 얼마

전에 죽었어요."

지금은 잘 모르겠지만 예전엔 다방에서 시간 타임을 정해놓고 장사했는데 일명 '티켓'이라는 것이다. 김 양 언니가 그날 저녁에 손님과 티켓을 나가게 되었고 한 10여 년을 같이 지내면서 생전 그런 적이 없는데 갑자기 정 마담에게 옷을 빌려달라고 해서 옷을 내줬는데 옷을 갈아입고 나가더니 그날 밤에 손님에게 살해당한 거였다. 정 마담은 일우선인이 기도 해주신 힘으로 악몽이 모두 사라졌고 죽을 고비도 넘기게 된 것이다. 앞으로 좋은 마음으로 살아가겠다고 다짐하며 감사 표현을 전했고 형님은 겸손하게 응대했다.

일생의 어느 순간, 일우선인은 천상계로부터 도(道)를 펼치라는 명령을 받았다.

보통 깨달은 분은 도력을 사용하는 수위에 있어서 통제받는 부분이 있는데 그 수위 조절을 어느 정도 풀어준다는 것이다. 사람들에게 '또 다른 세상'이 있다는 진실을, 도술을 사용해서 보여주고 도(道)를 전파하라는 목적이기에 교주 아닌 교주가 될 수밖에 없는 그런 상황이었다. 그런데 일우선인은 그 명령을 거부했고 그로 인한 불이익을 받았는데 그 불이익은 씻는 행위를 못 하는 것이었다. 일단 물이 몸에 닿으면 심한 두드러기가 생겨서 엄청난 간지러움과 진물이 나는데 단지 육신을 보존하기 위한 음식 섭취는 괜찮지만, 그 외에 음료수나 술 섭취는 입 주위와 입안에 두드러기가 생겨서 일절 식음을 못 하게 된다. 그 불이익을 3년 동안 받으셨고 3년이 지난 후 천상계에서 받은 불이익은 해제되었다.

나는 천상계에서 내린 명령을 왜 거부하셨을지 궁금증이 생겼다.

"형님, 왜 거부하신 거예요?"

"만약에 내가 수많은 사람 앞에서 일어나지 못하는 사람 일어나게 만들고 앞을 보지 못하는 사람 앞을 보게 만들고 온갖 불치병을 치료하면서 여러 사람한테 도술을 부렸다면 지금 이렇게 지낼 수 있었겠냐?"

돌이켜 생각해 보니 형님이 서너 번 말씀하신 것 중에서 '너는 나랑 비슷한 점이 많아.'라고 말씀한 적이 있었는데 그중 하나가 많은 사람 앞에서 주목받고 이목을 끄는 행위가 그렇게 불편할 수가 없었는데 일우선인 역시 그냥 조용히 유유자적, 안빈낙도하며 살길 바라고 유명세를 치르면서 사는 게 싫었던 거였다. 어설프게 실력을 갖춘 자들이나 세상에 자랑하고 싶어 하고 유명해지고 싶어서 안달하겠지만 일우선인은 일절 그런 것에 관심이 없었던 분이다.

90년대 후반 새로운 대통령이 당선되어 그동안 밝혀지지 않았던 여러 곳의 부정부패와 비리들이 드러나면서 민주주의로 한 발 더 다가서는 신선한 정치 풍조가 생겼다. 예전에도 그랬지만, 故 김대중 대통령 정권에 들어와서도 청와대에서 일우 형님을 부르는 호출이 있었다. 형님은 호출을 거부했고 급기야는 대한민국 추방령이 내려졌다.

"형님, 한 번 들어갔다 오셔야 하는 거 아니에요?"

그 시기에 술자리가 많이 길어졌고 형님은 말씀도 거의 하지 않았다.

"내가 추방당할 거 같냐?"

"그러면 어떻게 하시려고 하는데요?"

"한 번 들어갔다 오긴 해야지."

형님이 혹 추방당하는 건 아닌지 내심 걱정했지만 다 생각이 있어서 뜸을 들이는 것으로 생각했기에 그냥 지켜보았다. 며칠 후 대통령과 독대 일정이 잡혀서 형님을 청와대 부근까지 모셔드렸는데 웃지 못할 해프닝이 일어났다. 평소 일우 형님의 생활관을 엿볼 수 있는 장면인데, 옷차림이 얼마나 남루하게 보였는지 청와대 입구 경비 업무 보는 직원한테 대통령 만나러 왔다고 하자 손사랫짓하면서 마치 거지 대하듯 '아, 네, 네.' 비아냥거리면서 돌아가라고 박대한 것이다. 면도도 안 한 덥수룩한 상태였고 머리를 깔끔하게 이발한 것도 아니고 다림질도 하지 않은 구겨진 바지에, 정말 노숙자들 틈에 있어도 누가 누군지 구별이 되지 않을 정도였다. 결국 형님은 대통령 관계자와 전화 통화를 한 후에야 청와대 안으로 들어갈 수 있었다.

보안에 관련된 이야기는 알 수가 없으며 故 김대중 대통령과의 비공식 1:1 독대에서 일우 형님은 많은 이야기를 나눴다. 국가 정책에 관한 것 중에, 이때 당시만 해도 길을 걷다 보면 정복 경찰이나 사복경찰들이 지나가는 사람을 마구잡이로 세워 놓고 불심검문으로 신분증 검사를 하면서 공포심을 유발하는 상황들이 종종 있었는데 민주주의를 늘 외치던 분이니 이런 폐단을 없애달라고 건의드렸으며 또 바리케이드치고 검문, 검색 및 음주단속 하는 행위도 없애달라고 건의하셨다. 정말 故 김대중 대통령 정권 때 이러한 행위는 없어졌으며 음주단속도 거의 하지 않았다. 그리고 공중화장실 문화를 발전시켜 달라고 요청해서 이후로 공중화장실이 많이 늘어났으며 다른 나라에서 볼 수 없을 정도의 고급스러운 화장실로 변모하게 되었다. 마지막으로 서쪽에서 일어나는 일만 잘 마무리하면 좋아지실 거라는 말씀도 하셨는데 그게 바로 북한과 무력 충돌이 있었던 '서해대전' 사건이었다.

이후 대통령을 면담하고 돌아온 형님과 '뒤풀이'를 하게 되었다.

"대통령이 복이 아주 많은 사람이야."

"故 김대중 대통령이요? 어떤 분이세요?"

"양파 같은 분이야."

'껍질을 까도 까도 똑같다.'라는 표현을 양파라고 한 건데 처음과 끝이 한결같이 똑같다는 말이다. 그리고 대한민국 최초로 남북정상회담을 이끌었고 대한민국 최초로 노벨평화상도 타지 않았던가. 대단한 업적이다. 이후 2007년 일우 형님과 식사 자리에서 전직 대통령의 관상에 대한 주제로 이야기를 나눴는데 앞서 말했던 故 김대중 대통령에 대해서는 역시 좋게 평가했다.

故 노무현 대통령에 대해서는 임기 6개월을 남기지 않았을 시기였는데 죽어서 이름을 남긴다고 하셨다. 아직 임기 기간이었고 나이도 이제 환갑을 지낸 분인데 죽어서 이름을 남긴다고 말씀하시니 당최 피부에 와닿지 않았다. 그런데 얼마 후 임기를 마치고 검찰에서 조사받으면서 전국적으로 매우 시끄러웠고 어느 날 의문의 사고로 노무현 대통령의 사망 소식을 접하게 되었다. 이후 수많은 인파가 그의 죽음을 애도했고 추모하는 세력들도 많았으며 그분에 대한 영화와 다큐멘터리 등이 제작되어 기억을 되새기기도 했다. 일우 형님 말씀대로 이름을 드높인 인물이 된 것인데 형님은 故 노무현 대통령에 대해서 아주 많은 칭찬을 하셨다. 국가와 국민을 위해서 하늘을 우러러 한 점 부끄럼 없이 열심히 일했던 사람이라고 하셨고 강대국을 상대로 눈치 보지 않고 떳떳하게 우리나라가 자주 국가임을 강조하며 비굴하고 비열하게 행동하지 않은 점을 강조하며 높이 평가했다. 그 외에 다른 지도자들은 때론 양가치(일반적으론 '양아치'라고 함) 같은 자들이 많다고 말씀하셨는데 그중에는 일우선인이 개발해서 가지고 있던 사업체 두 개의 지분 중에 한 개를 빼앗아 간 대통령도 있었다. 일제 강점기에 해방이 되면서 일본인 명의로 되어 있는 땅이 많이 있었는데 그중에 일부를 떼어주겠다고 하면서 일우 형님의 지분을 빼앗아 간 것이다. 형님의 성품상 그런 것을 수용했을 리 만무하다. 형님은 내가 그놈이 주는 것을 받았다면 지

금 이 자리에 있기 힘들었을 거라는 말씀도 덧붙이셨다.

산을 걸어서 올라가지 않고 차를 운행하여 일우선인과 기도하러 다니는 것을 종종 했다. 강원도 정선에서 태백산 방면 샛길로 운전해서 가다 보면 만항재에 올라서게 되는데 해발 1,500m 정도 되는 곳이며 사방으로 함백산과 장산, 태백산에 둘러싸여 있는 영험한 기운이 맴도는 장소이다. 그곳에 잠시 정차하여 사방으로 합장 반 배 인사를 한 후 형님이 태백시장에 가자고 하셨다. 약초 가게가 있으니 한번 찾아보라고 해서 태백시장 아래쪽 한적한 곳에 주차하고 여기저기 약초 가게를 수소문했는데 하필 그 주위엔 약초 가게가 없었다. 수소문하는 와중에 어느 아주머니가 손으로 한 곳을 가리키며 저기 식당 주인 남편이 약초 캐러 다니는 사람이라고 알려주셨다. 차량으로 돌아와 형님에게 말씀드리니 그제야 차에서 내려 함께 그 식당으로 갔다.

"여기 약초 해놓은 거 있죠?"

"아, 네. 얼마 전에 태백산에서 '구엽초'를 캐서 포장해 놓은 게 있습니다."

"그거 다 주세요."

얼마만큼 있는지 확인도 안 했는데 '그거, 다 주세요.'라고 말씀하셨다. 약초꾼은 안쪽 방에서 큰 상자를 가져왔고 상자를 여니 깔끔하게 한 덩어리씩 포장해 놓은 구엽초 10봉지가 있었는데 아주 저렴한 가격으로 자연산 약초를 사들인 셈이었다.

수원사무실로 돌아오는 길에 형님의 고향 안성에 있는 사슴농장에 들렸는데 그전엔 못 보던 대형 견 여러 마리가 농장 입구에, 쇠사슬에 묶인 채 당장이라도 우리를 물어버릴 기세로 게거품을 물면서 맹렬한 기세로 사정없이 달려들었다. 몸에 닿을락 말락 하더니 몸집이 나보다 커 보이는 대형

견 아가리에 일우 형님의 손이 물려 있었다. 그런데 형님의 손을 물고 있는 개의 표정을 보니 아가리를 닫지 못하고 낑낑대고 있었다. 자세히 쳐다보니 개의 아가리에 들어간 형님 손이 개의 혓바닥을 바짝 움켜쥐고 있었고 그로 인해 개의 기도가 막히면서 낑낑대고 있던 모양새였다. 짐승 주제에 사람한테 달려드는 꼴을 볼 수 없었던 형님은 군기도 잡을 겸 개들이 보는 앞에서 본때를 보인 거였다. 이후 당수로 대갈통을 한 대 후려쳤더니 캥 소리를 내며 옆으로 자빠져서 한동안 일어나지 못했고 주변의 개들은 순간 조용해지며 안절부절못하는 모습이 역력했다. 때맞춰서 농장 관리하는 아저씨가 우리를 맞이했고 형님은 대뜸,

"냉장고에 있는 거 주세요."

"뭐? 아무것도 없는데, 냉장고에 뭐가 있다는 거야?"

농장 관리인은 족보상 일우 형님의 당숙이셨다. 냉장고 안에는 3일 전에 잡아서 손질해 놓은 너구리가 있었다. 형님은 이미 다 알고 온 것인데도 당숙이 거짓말하는 모습을 보더니 거침없이 말씀하셨다.

"내가 꺼내 갈까요?"

"아, 아니. 잠깐 있어봐. 내가 꺼내줄게. 참 희한하네! 산 짐승만 잡아 놓으면 어떻게 알고 와서 달라고 하는지 귀신이 곡할 노릇이구먼."

정말 그랬다. 관리인 아저씨는 주로 함정을 파서 산 짐승을 잡는다. 특히 함정을 만드는 데 있어서 달인의 수준이었다. 형님이 약재로 쓰기 위해서 관리인 아저씨를 조정해서 잘 잡게 만드는 건지, 아니면 아저씨의 자발적 사냥 행동을 일일이 관(觀)을 하신 후 약재로 사용하려고 했던 건지는 모르겠다. 그러나 형님은 필요한 물품이 어디에서 생겨나면 정확히 위치와 장소를 알고 그 물품을 구하러 가는데 이러한 예는 셀 수 없을 정도로 아주 많다. 산 짐승을 먹는다고 부정을 탄다거나 불이익이 있는 건 아니지만

불(火)에 맞은 짐승을 먹게 되면 보통 사람은 부정을 탈 수도 있다. 불(火)에 맞은 짐승이란 총을 쏴서 잡은 짐승이나 기름을 태워서 달리는 차에 치인 짐승을 말하는데 이렇게 잡은 짐승을 먹게 되면 부정한 탈이 생길 확률이 아주 높으니 웬만하면 삼가는 게 좋다. 하지만 직접 살생하지 않고 약재로 사용하여 다른 사람들에게 건강을 제공하는 행위는 문젯거리가 되지 않는다.

수원사무실 1층 대문이 열리는 소리가 났다. 한 계단 한 계단 올라오는 발소리가 아주 느린 걸 보니 몸이 많이 안 좋은 분이라 생각했는데 사무실 문턱까지 올라오신 분은 바로 김진옥 여사였다. 김진옥 여사는 일우선인과 20여 년간 인연이 있는 분인데 오늘따라 사무실 문 앞에서 오만상을 찌푸리고 두 손은 배를 꽉 움켜쥐고 있는 모습이었다. 김진옥 여사가 신발을 막 벗으려는 순간,
"병원 가세요."
"네? 선생님. 저, 배가 너무너무 아파요."
"그거 병원 가야 고치는 병이에요."
"선생님. 저, 죽을 거 같아요. 치료 좀 해주세요."
"병원 가야 고쳐지는 거라니까요."
김진옥 여사는 지금까지 웬만한 건 일우선인에게 치료받으며 건강을 유지했고 병원에 가지 않을 정도로 건강했었는데 이날따라 병원에 가라고 문전박대하는 형님을 쳐다보다가 섭섭한 마음으로 다시 꾸역꾸역 계단을 내려가 택시를 잡아타고 병원에 갔다.
"형님, 무슨 병에 걸렸길래 그냥 보내신 거예요?"
"응? 조금 있으면 연락이 오겠지."

얼마 후 김 여사에게 전화가 걸려 왔다.

"선생님, 저 병원인데요. 맹장염이래요. 수술 마치고 연락드릴게요."

20여 년간 이곳에 오면서 단 한 번도 내친 적이 없는데 신발을 벗고 들어오는 분을 향해 병원에 가서 고치라고 하니 얼마나 매정하게 보였을까? 별거 아닌 것처럼 보일 수 있지만 이미 무슨 볼일로 며칟날 몇 시에 누가 온다는 것을 다 알고 대처하는 것을 곁에서 지켜보면 득도하신 분들의 능력은 감개무량하다.

김진옥 여사의 소개로 환갑이 넘어 보이는 이순희 여사님이 오셨는데 30대 중반인 아들이 여태껏 장가도 못 가고 술버릇이 아주 고약하다고 했다. 형님은 돈 써야 고칠 수 있는 병이라고 했고 그분은 기도비를 내고 아들의 정상적인 삶을 위한 염원을 빌었다. 며칠 지나서 이 여사 아들은 그간의 방탕했던 행동에 대해 깊이 반성하고 부모님께 그동안 미안했다고 하며 매일 마시던 술도 끊고 직장도 충실하게 다녔다. 그런데 이 여사가 그것을 보고 무슨 생각이 들었는지 뜻밖의 언행을 했다. 예전의 정상적이던 아들의 모습으로 돌아온 것이 그저 잠시 아들이 방황했다가 본인 스스로 뉘우치고 개선됐다고 생각했던 모양이다. 형님을 찾아와서 기도 효험이 없는 것 같다며 속이 뻔히 내다보이는 간사한 모습을 보인 것이다.

"다시 원위치해 달라는 거죠?"

"아니, 뭐. 원래 우리 아들이 심성이 착했던 아이라서 잠시 일탈했던 거였는데……."

말을 흐리는 것을 보니 기도비를 환급해 달라는 눈치였다.

"기도비는 환급해 드릴게요. 그러나 원 상태로 돌아가도 책임지지 않습니다."

일우 형님은 단호하게 말했고 이 여사는 돈을 받자마자 바로 가 버렸다. 한 달쯤 지났을까? 김진옥 여사와 이 여사가 사무실을 다시 방문했는데 이 여사의 아들이 또 매일 술을 마시고 이번엔 직장까지 때려치우더니 술버릇이 더 심해져서 집안 꼴이 말이 아니라는 것이다.

"선생님, 죄송합니다. 제가 나이만 먹고 괜한 욕심을 부려서 선생님의 은혜도 모르고 잠시 망각했던 것 같아요. 한 번만 용서해 주세요."

"괘씸죄에 걸리셨어요."

"선생님, 정말 죽을 죄를 지었습니다. 다시 한번만 기도해 주세요."

"괘씸죄에 걸리면 기도비 세 배로 쓰셔야 합니다."

이 여사는 일우선인의 능력을 알았기에 잘못을 인정하며 울며 겨자 먹기로 결국 기존 기도비의 세 배를 쓰게 됐다. 기도 후 아들은 안정을 되찾았고 정상적인 삶으로 돌아갔다.

혹 떼러 갔다가 혹 붙이고 온다는 속담이 생각나는 일화다.

몇 년이 지난 후의 일이다. 일주일에 두세 번 사무실을 방문했던 김진옥 여사가 어찌 된 일인지 한 달이 지나도 오지를 않았다. 아마도 형님이 음주운전으로 4진 아웃을 당하고 일부러 법적 소송을 겪는 사실을 몰랐던 김 여사가 형님의 영 능력이 예전 같지 않다며 나름대로 불신이 생기면서 신뢰를 저버린 듯했다. 형님은 한때 '손님들 물갈이 좀 해야겠다.'라고 말씀한 적이 있는데 사람들 떨쳐내는 데는 싫어하는 짓만 골라서 하는 것만큼 좋은 약효가 없는데 각 사람의 성향을 잘 파악해서 싫어하는 짓을 하면 자연적으로 떨어져 나간다.

얼마 후 아침 일찍 김 여사가 사무실을 방문했는데 겁에 질린 듯한 표정에 풀이 죽은 모습이었다. 입술 전체가 꼭 곰보빵처럼 동글동글하게 돋아 있었고 말도 제대로 못 하고 웅얼웅얼했는데 병원에 가서 치료받아도 당최 나을 기미가 없고 원인을 알 수 없다는 진단을 받고 일우선인을 찾아온 것이다. 사연을 들으니, 기가 막혔다.

김 여사는 사무실에 오시는 손님들한테 과장된 표현을 써가며 일우선인을 험담하고 선동질했던 건데, 그동안 많은 혜택을 받았으면서도 은혜를 원수로 갚은 김 여사에게 '뒤에 계신 분'들께서 불이익의 벌을 내린 것이다. 김 여사는 입을 제대로 못 벌리니 밥도 못 먹고 물만 닿아도 쓰라린 고통을 겪다가 주둥이를 함부로 놀린 벌(罰)로 병원에서도 고치지 못하는 병을 얻게 된 것이라는 걸 뒤늦게나마 깨닫게 되어 형님을 찾아왔던 거였고 아무 말씀 없이 화투패만 떼고 있는 형님을 보며 몇 시간을 꼼짝하지 않고 잠자코 앉아만 있었다. 김 여사의 눈을 쳐다보니 퉁퉁 부어올라서 곰보빵처럼 변해버린 입술을 고쳐 달라고 애원하는 듯한 눈빛이었는데 참 애처롭기 그지없었다. 김 여사는 아무런 응대를 하지 않는 형님을 보고 웅얼대듯이 내일 다시 찾아뵙겠다고 하고 다음 날 아침 일찍 사무실을 방문했으나 어제와 같은 상황이었다. 3일째 되는 날도 아침 일찍 사무실에 방문했는데 김 여사의 곰보빵처럼 부풀어 있던 딱딱한 덩어리들이 일부는 떨어져 나갔고 새살이 돋아나듯 입술이 제 모습을 갖추고 있었다. 굳이 대화를 나눈 건 아니지만 일우선인은 몇 시간을 벌서듯이 꼼짝하지 않고 꿇어앉아서 마음속으로 반성하고 사죄하는 김 여사를 이틀간 지켜보면서 염력으로 결계를 풀어서 치료해 주신 것이다. 이렇게 '뒤에 계신 분'들과 관련된 것으로 잘못을 저지르고 병을 얻게 되면 인간의 의술로는 결코 고칠 수 없다.

하산 후 남양주시 사무실에서 지낼 때이다. 의정부시에서 상가를 운영하는 건물주의 상담 의뢰가 있었는데 건물을 지어 놓고 분양이 안 돼서 그 건물에 안 좋은 기운이 있는지 방문한 적이 있었다. 건물 입구에 들어서자마자 음산한 기운을 감지했고 건물 안으로 들어갈수록 음기는 점점 강하게 왔는데 여러 개의 검은 구름 같은 기운들이 왔다 갔다 하는 것이 보였다. 그 자리에서 결계를 치고 기도했고 마무리 과정에서 결계에 사용했던 것을 쓰레기 봉지에 담아 밖에 내다 버리라고 지시했다. 그런데 아뿔싸! 건물 1층에 단기임대로 덤핑제품을 팔고 있던 세입자 부부가 있었는데 쓰레기 수거차가 쓰레기 봉지를 차 바퀴로 건드리는 바람에 봉지가 터지면서 결계에 사용했던 동전 수십 개가 여기저기 흩어지게 된 것을 1층 세입자 사장의 부인이 모르고 냉큼 주워서 가져간 것이다. 부인은 그날 오후부터 다리가 퉁퉁 붓고 검붉은 반점이 생기면서 걸음을 걷지 못했다. 결국 병원에 입원해서 이런저런 검사를 했지만 처음 보는 병이라며 큰 병원으로 가보라고 해서 바로 대학병원으로 옮겼지만, 이런 증상은 학계에 보고 되지 않은 병이라며 어떻게 치료해야 할지 모른다는 말만 들었다.

건물 바깥으로 내쫓은 악령들이 일부분 결계가 풀리자, 그 세입자 부부에게 저주로 인한 해코지를 한 것이다. 뒤늦게 건물주에게 연락받고 부랴부랴 준비해서 자시 경, 산에 올라가 기도했다. 모르고 한 행동이었기에 '뒤에 계신 분'들께서 호의적으로 감응하여 속히 움직여 주신 덕분에 입원해 있던 그 여인의 두 다리에 맺혀 있던 검붉은 반점이 사라졌고 부기도 차츰 빠지면서 다음 날 오전 퇴원하게 되었다.

이러한 경우를 보면 저주로 인하여 생긴 질환은 인간들의 의술로는 원인도 모를뿐더러 고칠 수도 없다는 것을 알 수 있다. 어떠한 주술의 행위로 생긴 알 수 없는 증상은 주술을 사용했던 자가 풀거나 아니면 능력 있는 성직자를 통해야만 고쳐지니 신심을 갖고 지혜롭게 대처하기를 바란다.

일우선인의 도술에 대한 일화는 무수히 많으나 이 정도로 글을 맺는다.

02_ 단혁스님

단혁스님

첫 번째 만남

•

 99년 봄, 일우선인께서 산행을 좀 해보라고 권하셔서 나는 이 산 저 산을 다니기 시작했다. 한 번은 경기도 북부 북한산 쪽으로 기도하러 갔는데 나중에 알고 보니 수락산 북향이었다. 비포장 길을 따라 차량을 최대한 이동시키고 일반 등산로로 보이지 않는 사람 한 명 겨우 지나다닐 수 있게 생긴 산길을 따라 조금 오르다 보니 큰 바위 하나가 서 있었다. 그 바위 밑에는 사람이 앉을 수 있는 공간도 있었는데 때마침 바둑판 모양의 옷을 입은 스님 한 분이 그 바위 앞을 가로지르며 내려오는 게 보였다.

 옷을 얼마나 오래 입었는지 여러 가지 색깔의 헝겊 쪼가리를 덧대어 꿰매 입은 남루한 모습이 영락없이 걸인 같아 보였다. 외관은 그렇게 추레해 보였지만 얼굴에선 광채가 흘렀고 나이도 나와 대여섯 살 차이밖에 나지 않아 보였다.

 "안녕하세요. 저 위에 절이 있나요?"

 "아니요, 없는데요."

 "그럼, 스님은 어디서 오시는 건가요? 위에 가면 뭐가 있나요?"

"쭉 올라가면 산 정상은 나올 거예요. 여긴 처음 오시나 봐요?"

"네. 그냥 발길 닿는 대로 왔습니다."

"아, 그래요. 어디서 왔어요?"

"네, 경기도 수원에서 왔습니다."

"뭐, 하시는 분이세요?"

"역학 공부 좀 하고 있습니다."

"그렇군요. 네 기둥이 어떻게 돼요?"

나는 '네 기둥'이라는 말에 공부 좀 하신 분이라는 것을 직감했다. 사주팔자를 역학계에서는 네 기둥이라고 표현하는데 사주(四柱)의 한자어가 넉 사(四)에 기둥 주(柱), 즉 네 개의 기둥인 것이다. 네 기둥이라는 말에 스님과 자연스레 대화가 이어졌고 내 사주팔자를 물어봐서 알려드렸다.

"약수터 형상의 의사 사주네요."

"네? 저는 의학에 관련된 공부를 해본 적이 없는데요."

"뭐, 꼭 의과대학을 다녀야 의사인가. 침을 놓든지 기치료를 하든지 퇴마하든지 마음의 병을 치료하든지, 뭐든 사람들 아픈 구석을 고쳐주면 의사지요. 안 그래요?"

"아, 그렇네요. 그런데 스님, 실례인지 모르겠으나 연세가 어떻게 되나요? 제 생각으로는 30대 중반쯤 보이는데요?"

"한국에는 6, 25사변 끝날 때쯤 1952년도에 왔어요."

보통은 몇 년 생이라고 말하는데, 전쟁 끝날 때쯤 몇 년 도에 왔다는 표현이 참 묘했다.

"네? 아니, 어찌 이리 젊어 보이시죠? 52년생이라니? 스님, 말씀 놓으시죠. 저 20대입니다."

"아! 그럴까, 그럼."

"네, 말씀 편하게 하세요. 스님 법명이 어떻게 되시나요?"
"나 단혁이야."

단혁스님의 고향은 충청도이고 고관대작 집안에서 출생했다. 5살 때 마을 또래 아이들과 서로 공차기하며 놀던 중 축구공이 다른 쪽으로 흘러가는 것을 지나가던 아저씨가 발로 찼는데 그 공이 단혁스님 친구의 배(腹)에 맞고 쓰러져서 어른들이 응급조치하고 병원에 데려갔지만 결국은 죽어 버렸다. 겨우 5살 나이에 죽음이라는 것을 알게 됐고 어른들에게 '왜 죽는 거예요? 죽으면 어디로 가는 거예요?' 하며 죽음에 관해 캐물었지만, 그냥 하늘나라로 간 거라는 두루뭉술한 답만 돌아왔다. 어린 나이에 갑자기 없어져 버린 죽은 친구가 도대체 어디로 간 건지 궁금해서 부모님이나 주위 여러 어른한테도 물어봤지만 죽음에 대한 해답을 찾지 못하자 교회를 다녔다. 성경책을 다 외울 정도로 두뇌도 명석했으며 교회 사람들에게도 왜 태어나는 건지, 왜 죽는 건지, 죽으면 어디로 가는 건지 등을 물어봤지만 누구 하나 명확한 답변을 해주는 이가 없었고 날이 갈수록 궁금증은 더 커져만 갔다. 더 이상 대화가 안 될 즈음이면 교회 어른들은 스님을 사탄이라고 손가락질했고, 결국 동네에서 정신상태가 영 이상한 아이로 낙인이 찍힐 정도였다. 얼마나 궁금했던지 단혁 스님은 초등학교도 다니지 않고 오로지 죽음에 관한 사색에 빠져 지내던 중에 스님은 14살 나이에 결단을 내리게 됐는데 바로 가출이었다. 그나마 관대하고 자유분방함을 누릴 수 있는 가정환경 덕분에 스님은 편지 한 장만 달랑 집에 남겨 놓고 무작정 길을 나섰다.

60년대 중반, 당시 교통편이 안 좋으니 무작정 걷고 또 걷다가 작은 산을 넘어가던 길에 불빛을 발견하고 가보니 작은 암자였다. 그 암자에 들어서는 순간, 단혁 스님은 기이한 경험을 하게 된다. 그 암자에 홀로 지내던 스님 한 분이 저녁 예불을 막 마치던 차에 단혁 스님과 마주하게 되었는데 순간 단혁 스님은 전생을 보게 되었다.

"너는 전생에도 그러더니만, 요번 생에도 그 버릇을 못 고쳤구나."

처음 보는 어린놈이 전생이 어쩌고저쩌고하면서 반말로 소리치는 것을 보고 암자의 스님은 눈이 휘둥그레지면서 멍하니 서 있었다.

"네가 전생에 내 상좌(제자)였고 내가 너의 은사 스님이었다. 너는 전생에도 그렇게 혼이 났으면서 아직도 절의 법도를 익히지 못했느냐?"

말을 마치고 불단의 물건들 위치와 정리 정돈을 어린 단혁스님이 보여주고 그 스님의 성품과 버릇을 이야기하니 그제야 그 스님도 분명 뭔가 있다고 생각하고서 단혁스님을 맞아들였다. 단혁스님도 전생의 기억을 더듬으면서 그날 밤이 새는 줄 모르고 대화를 나눴으며 전생의 상좌를 이번 생의 은사로 삼아서 출가의 길을 가게 된다.

단혁스님은 여러 경전 및 글공부를 마치며 어려서부터 궁금해하던 태어나고 죽는 인간사의 해답을 얻기 위한 수행과 한 소식(득도)에 목표를 두고 수행자의 길을 갔다. 현재의 바둑판처럼 생긴 승복은 처음 출가할 때 얻은 승복이고 30년이 훌쩍 지난 지금까지도 구멍 나거나 찢어지면 헝겊으로 기워입으면서 옷 한 벌로 지내왔다.

"네 사주가 약수터 사주야. 그러니 뭘 해도 여러 사람이 갈증 날 때 해결해 주는 그런 일을 하게 돼 있어."

나는 단혁스님의 네 기둥을 물어보았고 역학에 관해서 이런저런 이야기를 나누었으며 명리학(사주학)은 통계학에 불과한 것이니 너무 맹신하지 말라는 당부도 하셨다.

"너 지구에서 제일 높은 신(神)이 뭔지 알아?"

"아뇨. 모르겠는데요. 뭔데요?"

"돈(錢) 신(神)이야. 이놈이 형체는 없는데 인간들이 자나 깨나 생각하는 게 돈이잖아. 인간들의 염원에서 생겨난 게 돈의 기운인데 이놈이 마구니(불교에서 말하는 마귀라는 뜻이며 다른 종교에서는 사탄이라고도 하는데 똑같은 계열이다) 같은 놈이야. 어쨌거나 형체는 없지만, 돈이라는 기운 때문에 인간사는 계속 되풀이되는 윤회고를 겪게 되지!"

"스님, 신과 령은 경계가 다르다고 제 스승님한테 들었는데요. 돈(錢) 신(神)이라는 것은 처음 들었고 이해가 잘되지 않습니다. 돈을 관장하는 신이 따로 존재하는 건가요?"

"아니지. 신을 믿는 일반 인간들이든지 종교의 성직자든지 신이라는 존재를 숭상하고 설교하면서 고상하게 살고 있다고 스스로 생각은 하지. 그러나 사실 자나 깨나 그들 머릿속에는 어떻게 하면 부자 될까, 신도를 모아서 돈을 많이 벌까만 생각하고 그런 쪽으로 기운을 쏟으니까 결국에는 신이라는 존재 이전에 돈이 앞서는 거야. 인간들이 한심하고 안타깝기도 해서 돈이라는 녀석의 개념을 알려주고자 한 것이고 돈(錢) 신(神)이라는 것이 염원에서 생기기는 하지만 진짜 지구에서 제일 높은 신은 따로 계셔. 그러니까 정확하게 말하면 령에 소속된 분이시지. 신은 아직 인간의 속성을 다 버리지 못한 완벽하지 못한 존재야. 말하기 쉽고 알아차리기 쉽게 그냥 신이라고 표현할게, 모든 행성도 그렇지만 지구라는 행성을 보면 지구를 관장하는 행성의 우두머리 신이 계시고 각 나라를 관장하는 신, 나라마다 산을 기준으로 각 지역을 담당하는 신이 계셔. 보통 산신이라고 하는데 산신의 임무는 산을 가꾸기도 하지만 담당하는 지역 사람들을 관찰, 감시, 관리하지. 그리고 특히 중요한 것은 도(道) 닦는 사람들을 공부시키고 보호해

주는 게 주 임무야."

"제 스승님은 신과 령의 존재를 '뒤에 계신 분'이라 존칭하라던데요?"

"음, 그러니까 그 의미는 어떤 한 존재의 신과 령의 이름만 부르면서 기도하는 행위는 잘 몰라서 그런 거야. 기도하게 되면 여러 신과 령의 존재가 움직여. 알기 쉽게 속세의 시스템을 보면 대통령은 상징적인 존재이고 실무는 각 부처의 책임자들과 그 아래 부하들이 여러 단계를 거쳐서 움직이듯이 신의 세계나 령의 세계도 마찬가지인 거야. 그래서 신과 령의 존재를 통합해서 '뒤에 계신 분'이라고 부르고 통용하는 거지."

"스님, 제 스승님은 득도하셨다는데 득도한 상태를 당사자가 어떻게 알아차리며 절차가 따로 정해져 있는 건가요?"

"당연히 있지. 아주 명확해. 예를 들어, 내가 어느 산에서 토굴 생활하며 공부하고 있으면 1년에 한 번씩 산신 주재 회의가 충청남도 계룡산에서 열리는데 그때 한국을 관장하는 각 산의 산신들이 다 모이거든. 그때 내가 공부하고 있는 산의 산신이 가령 '지금 우리 산에 단혁이라는 사람이 공부 중인데 이 정도면 도를 열어줘도 될 거 같습니다. 다들 어떠신가요?'라고 하면 산신들이 앉은 자리에서 관(觀)하며 나의 수행 생활을 훑어보겠지, 깨달은 자들이니까 앉은 자리에서 바로 보는 거지, 그리고 합격점에 다다랐다고 판단하면 '음, 이 정도면 열어줍시다.'라고 전원 일치 찬성하면서 바로 도가 열리게 되는 거야. 즉, 득도하는 거지."

"그럼 어떻게 되는 거예요?"

"보통 메시지가 오는데 현재 공부 자리가 안전하면 그 자리에서 도를 열어줘. 안전을 논하는 이유는, 예를 들어서 며칠 동안 유체가 이탈해서 천상계를 다녀와야 하는데 그동안 지상에 있는 육신의 안위가 문제가 될 수 있는 상황을 말하는 거야. 등산객이 들락날락한다거나 또는 짐승들한테 해를 당할 수 있는 자리든가 그런 문제인 거지, 그래서 자리가 안 좋으면 몇 날 몇 시에 어느 자리로 오라고 메시지가 와. 그 자리에 가서 앉아 있으면 앉은 자리 바로 옆으로 보통 천둥을 동반한 벼락을 쳐주는데 −뭐, 축하쇼 팡파르 같은 거야− 절대 안 죽이니까 걱정할 필요가 없고, 또 도가 열릴 정도면 이미 정신은 극에 달해 있는 상태이니 무덤덤하게 받아들이게 되지."

"그리곤 어찌 되나요?"

"그리고 나서 영체가 빠져서 천상계 즉 북극 중천 자미원으로 올라가. 처음엔 내 육신을 보면서 올라가는데 내 육체로부터 영체가 빠졌다는 걸 알게 되지. 그 육신은 산(山)에서 지켜줘. 겨울이면 육신이 얼지 않게 산군(호랑이)이 옆에 딱 붙어서 지키고 있어. 어찌 됐든 천상계로 올라가면 우리가 알고 있는 하나님을 만나는데 나는 천존이라고 명칭을 해. 다 같은 말이야. 예를 들어 산 정상은 하나야. 그런데 동쪽에서 올라가면 '단군', 서쪽에서 올라가면 '하나님', 남쪽에서 올라가면 '알라신', 북쪽에서 올라가면 천존이라고 부르는 거지. 호칭만 다를 뿐 다 같은 분이셔, 천상계에 가면 어느 나라 누구라는 이름이 명패에 새겨져서 올려지는데 지구라는 행성에서 깨달은 자의 명패가 거기에 다 걸려있어. 그리고 천상계 및 신과 령의 체계 및 규율, 의술 등 온갖 도법(道法)이 바로바로 익혀지는데 말 그대로 무불통지 되는 거야. 배우지 않고 알게 돼! 의통도 자연스럽게 터득하는데, 이건 지구상에서 공부하는 것처럼 책 읽고 달달 외우듯 익혀지는 게 아니야. 그냥 저절로 알게 돼! 보통 육신통(六神通)이라고 하는 그것도 저절로 터득하게 되는데……."

"육신통이요?"

"원래는 오신통이야. 사람들이 똑똑한 척하느라고 누진통을 만들어서 육신통이라고 했던 거지.

　천안통(天眼通)은 하늘의 눈을 얻게 돼서 못 보는 게 없는 것이고,

　천이통(天耳通)은 하늘의 귀를 얻어서 못 듣는 게 없는 것이고,

　신족통(神足通)은 축지법 및 유체 이탈해서 못 가는 곳이 없는 것이고,

　타심통(他心通)은 모든 생명체의 생각을 읽고 조종도 할 수 있으며,

　숙명통(宿命通)은 모든 생명체의 전생과 미래의 생을 볼 수 있는 것이고,

　누진통(漏盡通)은 마음을 완전히 깨우쳐 얻는 거라 하는데, 오신통 자체가 마음을 깨우치지 못하고서는 얻지 못하는 것이기에 굳이 누진통을 넣어서 육신통이라고 할 필요는 없어."

　"그런데 어떻게 배우지도 않고 저절로 알게 될까요? 너무 궁금한데요."

　"나는 학교 같은 교육 기관을 다녀 본 적이 없어. 그렇지만 지금 각 전문 분야의 교수들 10명을 앉혀 놓고 막힘없이 상대할 수가 있어. 뭘 배워서 그럴 수 있는 게 아니야. 그냥 그렇게 돼! 부연 설명하자면 내일이나 모레, 한 달 후 또는 몇 년 후의 일을 이미 다 알고 있는데 만약 당장 내일 각 분야 여러 명의 과학자를 만나기로 했다고 하자. 그러면 오늘 관(觀)을 하면서 내일 그 사람들과의 만남 중에 상대방의 의중을 미리 간파하고 물어보는 말에 바로바로 응대할 수 있게 준비를 해놓는 거지. 그 사람들이 무엇을 궁금해하고 무슨 말을 하는지 미리 다 알고 있기에 어떻게 응대해야 하는지가 자연적으로 돼!"

　"스님, 의통이라면 사람들을 치료하는 의술 행위에 통달했다는 거죠?"

　"그렇지."

　"제 스승님도 의통 했다고 하셨는데 그게 득도하면 알게 되는 건가요?"

　"도(道)가 열려서 천상계로 올라갔을 때 알게 되는데 거기서 잠깐 교육받는 게 있어. 자세히 설명하기는 어렵고 어쨌든 사람들을 보면 그 사람 몸

속의 혈관이나 오장육부 골격 등에 기운이 운동하면서 육신에 어떤 영향을 주는 것까지 볼 수 있는데 아주 훤하게 다 보여."

"제 스승님도 사람 얼굴을 보시면 언제 어디에서 어떻게 죽는지 보이고, 어디가 고장 났는지 어떤 식으로 치료할지 며칠이 걸릴지 알아서 완치시킨다고 하던데 그런 이치인가요?"

"바로 그거야. 깨달은 자는 의술 능력을 기본적으로 습득하게 돼."

"그러면 스님도 득도하신 건가요?"

"난 득도했지. 불교에서는 '한 소식'이라고도 해. 불교가 생겨나기 전부터 지구를 관장하는 신(神)이 있었고 이미 모든 계율 및 법칙이 있었기에 득도라고 표현하는 것인데, 처음 득도하면 도계(道의 세계에서 계급을 뜻함) 1단이 되는 거야. 또는 1계라고도 하지. 아까 말했듯이 불교는 '한 소식', '두 소식'이라 표현하는데 한 소식은 오신통 및 전생을 보는 단계이고, '두 소식'은 미래생을 본다고 하는데 대동소이해. 꼭 그렇다고 할 수는 없지만 대체로 체계는 그렇게 정해져 있어! 유교나 도교, 선교는 다 유교 소속이고 같은 맥락을 가지고 있는데 유교적으로 본다면 1단이 되면 전생을 보고 2단이 돼야 미래생을 본다고 하지."

"전생은 어떻게 보는 건가요?"

"처음엔 득도한 자들이 본인들 전생부터 보지. 나도 그랬으니까. 그러니까 전생을 어떻게 보는가 하면……, 그냥 생각만 하면 영상이 생기는데 마치 홀로그램 같아. 내가 그 현장에 들어가서 실제 상황처럼 보는 거야. 출산하는 어느 여자의 자궁에서 아기가 뚝 떨어지면서 그 생명체의 일생이 시작되는데 하루의 낮과 밤을 다 보는 거야. 빨리 돌려서도 볼 수 있고 건너뛰기도 할 수 있지. 처음에는 아주 세밀히 보는데 내가 살면서 못 보고 지나갔던 것도 전생을 보는 와중에 다 찾아내서 볼 수가 있어. 그리고 죽음을 맞이하는 그 순간까지 다 보게 되면 전전생(前前生)을 또 같은 방법으로 들여다보고 또 전전전생(前前前生)을 보게 되고 계속 거슬러 올라가는 거야. 결국 내가 태초에 지구라는 행성에 인간으로 내려오게 된 역사를 명확하게 알게 돼. 그러다 보면 지구의 변천사도 자연스레 알게 되지. 이렇게 내 전생을 봤으니까, 다음으로 남의 것도 보는데 그냥 이름이나 그 사람을 생각하면 그 사람의 전생이 보여. 보통 전생만 한번 보면 그 사람의 운명을 다 파악하게 돼. 왜냐하면 뻔하거든, 삶의 줄거리가. 다음 생에도 어떤 환경, 어떤 식으로 살아갈 게 뻔해."

단혁스님의 홀로그램이라는 표현을 듣고, 초등학교 시절 귀신을 보겠다며 밤에 산에 올라가서 산소에서 깜박 잠이 들 때마다 보았던 영상들이 기억났다. 빠르게 이동하다가도 어느 도시에선 평상시 움직임으로 바뀌면서 여기저기 둘러본 적이 있었다. 한국에서는 보지 못했던 무수히 많은 번쩍번쩍하는 대형 간판들과 높은 빌딩에 설치된 TV 같은 전광판에서 여러 화면이 보이고, 또 어느 농장으로 보이는 마을에서 거대한 바람개비처럼 생겨서 빙글빙글 도는 물체도 봤는데 나중에 그것이 네덜란드의 농장 풍경이라는 걸 알았다. 이런 영상을 보다가 끊길 때쯤 되면 마치 주위의 모든 시선이 나에게 집중되면서 손가락질하는 것 같아서 얼굴이 화끈거렸다. 영상 속에서 사람과 눈이 마주치면 꼭 도둑질하다가 걸린 듯한 느낌을 받기도 했고, 놀란 마음에 눈을 뜨면 보고 있던 영상이 일순간 아쉽게 사라지는 경험이었다. 그냥 꿈이라고 생각했는데 아마도 득도한 후 전생이나 미래생을 본다면 이런 현상이 아닐까 하고 어렴풋하게 추측해 본다.

"그러면 산신이라는 분도 계급이 있는 건가요?"

"그럼! 당연히 있지. 도계 2단 이상이면 산신으로 임명받을 수 있는데 천상계에서 임명을 내리면 정해진 산에 가서 사는 거야. 꼭 그런 건 아니지만 보통 임명받으면 산에 불을 질러서 산불을 발생시키지."

"스님, 산신은 어디에 거처하는 건데요? 뭐, 바위나 동굴 같은 곳에 사는 건가요?"

"인간의 눈으론 절대 볼 수도 없고 인간의 과학으로 감지할 수도 없는 산 주위의 공중에 거처가 있어. 휘황찬란하지는 않지만, 보통 한옥 같은 양식으로 설치돼 있어."

"그런데 불은 왜 지르는 거예요?"

"뭐, 내가 관리할 산을 한 번 싹 청소하고 새로이 가꾸려는 목적도 있고 새로 산신이 부임해 왔다는 표현이기도 해."

"그런 경우 인간에게 피해가 되는데 잘못된 건 아닌가요?"

"산불 현장에 특정 인물이 있을 때가 있는데 즉 방화범이지. 어차피 징역살이해야 하는 운명을 가진 사람을 조정해서 불을 지르게 할 때도 있고 또는 자연적 발생으로 불이 나기도 해."

"불이 나서 피해당하는 사람들도 있을 텐데 좀 너무한 건 아닌가요?"

"각 개인의 업보일 때도 있고 또는 팔자에 없는 피해를 봤다면 반드시 그것에 대한 보상을 해줘. 나중에 죽어서 저승에 가면 다음 환생에서 유리하게 이점을 주는데, 원래 정해진 삶보다 조금 더 나은 삶을 제공해 줘."

"득도하고도 계급 같은 게 있나 봐요. 득도하면 끝 아닌가요?"

"끝이 아니지. 1, 2, 3단은 초단자, 3, 4, 5단은 중단자, 7, 8, 9단은 고단자라고 해. 천존은 단수가 없는 존재야. 항간에 들리는 말에 의하면 10단의 경지라고도 하는데 천존은 그런 단수를 매길 수 있는 존재가 아니야. 어쨌든 9단의 존재는 천존과 같은 경계에 있는데 바로 북극성 또는 북극중천자미원(北極中天紫微垣)이라고 하지. 우주 삼라만상을 관리·통제하는 총본부야. 대다수 사람이 알고 있는 성인 중에 공자, 석가여래 등은 9단에 이른 존재인데 이분들 외에도 9단의 존재는 아주 많아. 그리고 고단자는 인간 세상에 '생이지지' 상태로 내려오는데, 즉 이미 깨달은 상태로 태어나는 거지."

"도를 닦다가 이번 생에 득도하지 못하면 다음 생엔 처음부터 다시 시작하나요?"

"득도하기 전 테스트받는 과정을 1학년에서 10학년까지 단계가 있다고 가정해 보자. 이번 생에 5학년 단계까지 공부하다가 죽으면 다음 생엔 5학년 단계까지는 쉽게 공부가 되지. 전생에 닦아 놓은 공력이 발휘되는 거야. 예를 들자면 역학에 관한 공부라든가 한자나 한문(한자로 만들어진 문장)이라든가 정신상태라든가 도에 관한 지식을 빨리 습득하게 되지. 그리고 다음 생에 6학년, 7학년 단계까지 올리고 또 다음 생에 다시 7학년 단계까지는 공부가 잘돼. 또 다음 생에 10학년 단계까지 공부가 돼서 득도하기 전 인간의 몸으로 테스트를 다 거치고 나면 '뒤에 계신 분'들이 도를 열어줘서 1단을 얻는 거지. 그러니까 아직 득도하지 못한 인간의 경우, 이러한 단계를 거치며 공부하다가 죽으면 저승에서 다음 생에 득도할 수 있게 좋은 스승을 만날 수 있는 인연이 맺어져. 공부만 열심히 하고 이번 생에 비록 득도하지 못해도 다음 생에는 더 일찍 공부할 수 있는 인연과 환경을 만나게 해줘. 왜? 인간의 궁극적인 목표·목적은 도를 닦는 데 있기 때문이야. 지구는 우주에서 가장 저급한 환경 체계를 가진 행성이야. 깨달음을 얻은 후 관(觀)을 해보면 지구에 오기 전 본래의 나 자신이 살았던 행성을 볼 수 있는데 그때 명확하게 알게 돼. 아무튼 신과 령의 존재는 도 닦는 행위만큼은 아주 적극적으로 도와주셔."

"신의 존재도 진급이 있나요?"

"당연히 있지! 예를 들어서 도계가 2단인데 진급, 즉 단수를 올려야겠다고 하면 윗선에 보고하고 일곱 가지의 성품인 희노애락애악욕(喜怒哀樂愛惡慾: 기쁨, 화냄, 슬픔, 즐거움, 사랑, 미움, 욕망) 바로 칠정(七情)이 있는 행성으로 가야만 진급할 수가 있어. 지구가 바로 칠정이 있는 행성인데 칠정이 있는 행성은 우주에 아주 많아. 지구만 칠정이 있는 게 아니야. 보통 진급하러 칠정이 있는 행성으로 갈 때는 휴가 간다고 표현해. 인간 세상에 내려오기 전 두루두루 살펴보다가, 도(道) 닦기 좋은 국가, 집안, 환경 등을 골라서 어느 여인의 뱃속에 잉태가 되는 거지. 부잣집으로 태어나기도 하고 고아가 되는 인연으로 태어나기도 해. 빈부귀천을 가리지 않아. 부귀영화는 깨달은 자한텐 의미가 없거든. 오직 도 닦기 좋은 환경으로 가는데 부모, 형제, 처, 자식을 부양할 의무가 없고 어떠한 인연 고리에 얽매이지 않는 자유분방하게 활동할 수 있는 환경, 사실 그게 최고의 조건이지. 지구에 와서 진급하기 위해 도 닦는 수행만 매진하는 분도 있지만 인간사에 위대한 발명으로 편리를 돕는 행위를 하거나 많은 업적을 남기는 분도 있어. 국가를 위해 많은 공익을 남기고 다시 영계로 돌아가기도 하는데 그런 행적을 감찰해서 천상계에서 승급시켜 주기도 해. 다만 진급이 그리 쉽지만은 않아."

"스님, 인간의 궁극적인 목적이 도 닦는 공부라고 하셨습니다. 그러나 현재 인간 세상에서 도 닦는 일은 비현실적인 것으로 치부하는데 진짜 도 닦는 게 궁극적인 목표·목적이라면 애당초 그런 환경을 만들어 줘야 하는 거 아닌가요?"

"칠정을 가지고 있는 행성은 우주에 있는 여러 행성에서 불량한 행위를 한 영혼을 집합시켜 놓은 곳이야. 알기 쉽게 죄를 짓고 추방당한 영혼들이지. 칠정이 있는 행성으로 올 때는 전생의 기억을 다 삭제당한 상태로 오는데 태초에는 천존과 그 수하들이 오셔서 그들을 교화시켜. 왜냐하면 전생의 기억도 없고 우둔하고 환경 또한 원시적이거든. 그래서 태초에는 수시로 인간과 공존하면서 교화시켰는데, 세월이 흐르면서 문명이 발전되어 가니까 칠정이 작용하게 된 거야. 인간의 성품이 극과 극을 달리는 상황 속에서 사건과 사고도 빈번하게 일어났지. 그때마다 인간이 잘 알고 있는 성인들이 내려와서 교화를 담당했어. 복희씨, 여와씨, 단군, 공자, 석가, 예수 등등 수많은 성인이 오셔서 많은 말씀을 남기고 기록하고 종교를 만들어서 간접적으로 인간을 교화시킨 거지. 오늘날까지 이런 시스템이 있어서 자멸하지 않고 살아갈 수 있었던 거야. 그냥 인간들만 풀어놓고 관리하지 않는다면 어찌 됐을까. 진작에 자멸했을 거야. 다른 행성에서도 추방당한 영혼이었으니 그들의 성질이나 성품이 얼마나 불안정했겠어."

"그냥 신이나 령의 세계에서 인간을 구제해 주면 안 되나요?"

"그건 절대 안 되지. 불량한 영혼을 어떻게 그냥 구제해? 언제 어느 때 불량한 정신이 솟구쳐서 사건, 사고를 만들지 모르는데 절대 안 되지. 스스로 마음을 닦아서 완벽에 가까운 정신을 이루고 어떠한 상황에서도 흔들리지 않는 정신을 갖추려면 도(道)를 닦아서 득도해야만 구제가 되는 거야. 반드시 개인 스스로 닦아서 얻어야 해! 인간 영체의 자성은 불성(佛性: 득도할 수 있는 성품)이 있어서 깨달을 수 있도록 어느 한계점까지 인도해 주는데 인간들 자체가 그 고비를 넘기가 쉽지 않지만, 그 고비를 잘 넘게 되면 비로소 깨달음을 얻게 돼. 간혹 도 닦는 수행을 하지 않고도 도를 열어주는 예도 있긴 하지."

"아, 그런 경우도 있나요?"

"그럼, 있지. 인간 세상에서 자기 인생을 살지 못하고 가족이나 타인을 위해 헌신하거나 자기 몸을 아끼지 않고 선행을 수시로 하는 자는 영계에서 바로 끌어 줘. '지성이면 감천'이라는 말이 있잖아. 인간의 몸으로 이런 행위를 하는 것 또한 도 닦아서 득도하는 것만큼 어려워. 아무렴, 어렵고 말고!"

"득도의 단수를 올리는 것은 어떻게 하고 누가 올려주는 거예요?"

"그건 처음 득도할 때랑 같아. 예를 들어서 2단의 경지에서 단수를 올리기 위해 다시 칠정이 있는 행성으로 가면 2단까지는 빨리 득도하게 되지. 그다음부터는 수행하면서 선행을 많이 하고 세상을 위해 유익한 공적을 많이 쌓으면서 한 단계 또는 두 단계 정도 올릴 수 있어. 단언컨대 결코 쉬운 것은 아니야. 초단(1, 2, 3단) 경지에서 중단(4, 5, 6단) 경지까지 가기 어렵고 중단 경지에서 고단자(7, 8, 9단) 경지까지 가기 무척 어렵지, 조용히 계시다가 오시는 분도 있지만 반면에, 나라의 중요한 자리에서 활동하다가 역사를 좀 이루고 오시는 분도 계셔. 난세에 영웅 난다고 어려운 시국에, 지구에 해(害)가 되는 세력을 정리해서 위계질서를 잡고 오시는 분도 계시는데 딱히 정해져 있지는 않아. 당사자들 자유야. 꼭 진급을 위해서 오시진 않아. 뭐, 휴가차 오는 경우가 많지. 거의 놀러 오시는 거야. 그리고 보통 한국이나 중국으로 많이 가시는데 그 이유가 공부하기 아주 좋은 환경이라서 그래. 사계절이 뚜렷하고 고단자들이 많이 포진하고 계셔. 그리고 진급하는 방법 중, 하나가 제자를 키워서 득도시키는 거야. 득도할 수 있는 인재다 싶으면 인연을 맺어서 공부시키는데 이번 생에 못 시키면 다음 생에 다시 만나는 인연을 만들어서 계속 공부시키지, 득도할 수 있게 말이야. 그렇게 한 명 공부시키는 것도 정성이야. 또 그만한 자질이 되니까 하는 거지. 그만큼 큰 업적이 없거든. 이런 경우도 승급할 수 있는 거야."

그 말을 듣는 순간 일우 형님과의 인연이 떠올랐다. 내가 득도할 수 있을지는 몰라도 전생에도 만났었고 이번 생에도 또 만났으니 득도시키기 위한 선택적 인연이라 확신했다.

"인간 세상에 오면 보통 인간의 수명이 특이한 상황이 아닌 이상 60~80세인데 그럼 천상계에서 그 기간만큼 공석이 되는 건가요?"

"아니지, 정확하게 말하기는 곤란하지만 보통 천상계의 하루가 지구에서 1년, 또는 10년이라고 하는데 천상계의 몇 달 사이에 지구에서 한 생(평균 기준 70~80세)을 살다가 마감하고 오는 거야."

"아, 날짜를 정해놓고 왔다 가시나 보죠?"

"그건 아니고 천상계에서 올라오라는 명령이 떨어지면 육신을 버리고 바로 올라가야 해. 또는 지구에서 할 일 다 마쳤다 싶으면 천상계에 보고(報告) 올리고 육신을 버리고 올라가면 돼. 깨달은 자들은 언제 어느 때든 영체와 육신을 분리할 수가 있어."

"천상계에 보고는 어떻게 하는 거예요?"

"염력이지. 일종의 텔레파시 같은 거야. 인간들의 사고방식으로 생각하면 이해가 안 되겠지만 깨달은 자들은 다른 행성과 아주 쉽게 의사소통해."

이후 아직 회사와의 인연이 말끔하게 정리되지 않은 부분에 관해서 이야기를 나누면서 정신적으로 들쑥날쑥했던 시기에 대해 답답함을 토로하는 와중에 단혁스님은 앉은 자리에서 살포시 눈을 감았다. 회사에서 모함당한 부분과 어린 나이에 감당하기 어려웠던 이야기 등을 하며 한참 수다를 떨다가 단혁 스님께 뭔가 질문을 던졌다.

"가만있어봐. 네 전생 보는 중이야."

한 3분 정도의 시간이 지났을 때쯤 고개를 끄덕끄덕하셨다.

"허허, 안후이성에 있었구나."

"네? 안후이성이라뇨?"

"중국에 안후이성이라고 상해에서 서쪽 방면에 있는 한반도 크기를 가진 지역이야."

"근데 누가 안후이성에 있었다는 거예요?"

"네 전생이 안후이성에 있었어."

"제가요? 거기서 뭐 했는데요."

"좀 거칠게 살았어. 비밀스러운 일도 했고 전생의 업연으로 인해서 다시 만나게 된 건데, 모든 것을 빨리 버릴수록 공부가 빨라져. 다시 속세의 인연으로 살아갈 거 아니면 오해당했든, 모함당했든, 다 버리고 공부에만 전념해. 모든 게 내가 지어서 내가 받는 거지, 누굴 원망하고 탓할 그런 문제가 아니야. 과감하게 다 버려! 그러다 보면 진실은 저절로 밝혀지고 세월이 지나면 별거 아닌 건데 아직 공부가 덜 돼서 마음의 폭이 작아서 그런 거야. 한 번 이겨내 봐! 그래도 너의 전생 중반에는 공부에 인연이 맺어졌어! 다행히도."

"아, 네. 자세한 건 말씀하시기에 좀 그렇겠죠?"

"거기까지만 알면 돼. 그리고 안후이성에 중국 5대 명산 중 구화산이라고 있는데 그 근처에 가면 너의 흔적이 아직 남아있어. 기회가 되면 한 번 가봐."

"아, 진짜요? 안후이성 구화산이라……. 나중에 한 번 가보겠습니다."

단혁스님은 참선 수행 중에 어떠한 현상을 보면 참선 중에 보았던 그 장소를 답사하러 가셨다고 한다. 주로 해외를 많이 다니셨는데, 가실 때는 편도 비행기 푯값만 탁발(불교에서 음식이나 금전을 돌아다니면서 구걸하는 행위)해서 마련하셨고 참선 중 보았던 그 장소를 직접 가서 확인 후 다시 탁발해서 비행기 푯값을 마련해서 한국으로 돌아오셨는데 이런 행위를 무려 50여 차례나 했었다. 아마도 전생에 여행을 많이 다니셨던 건지 아니면 굳이 안 가도 되는 것을 그냥 확인차 마실 가듯이 다녀오신듯하다.

어느새 어둑어둑 날이 저물기 시작했고 헤어질 시간이 되었다.

"스님, 다음에 다시 뵙고자 하면 어찌해야 하나요? 혹시 전화번호나 주소를 알려주시면 제가 찾아뵙겠습니다."

"나 그런 거 없어. 휴대전화 만들어 본 적이 없어. 그리고 딱히 정해놓은 거처도 없고."

"그럼 어떻게 뵙죠?"

"그냥 여기로 와."

"아! 그럼, 제가 볼일 좀 보고 3일 후에 다시 와도 될까요?"

"응, 그렇게 해. 네가 오면 내가 알아서 올게."

"네, 알겠습니다. 스님! 감사합니다."

두 번째 만남

•

　3일 후, 화창한 날씨와 함께 단혁스님을 만난다는 기대감에 부풀어 기분 좋은 아침을 맞이했다. 오전 10시경 사흘 전 그때처럼 차량을 주차하고 산길로 들어섰다. 처음 스님을 만났던 곳으로 향하며, '정말 어떠한 연락도 없이 스님을 만날 수 있을까?'하는 의문 반 기대 반의 마음을 품고서 산길을 오르기 시작했는데 저 앞에 바위가 눈에 들어오는 순간 단혁스님이 바위 위에 앉아 계신 광경이 보였다. 참 신기하면서도 감개무량했다.

　"스님, 안녕하세요. 제가 먼저 왔어야 하는 데 기다리시게 한 건 아닌지요."

　"아니야. 나도 지금 막 왔는걸. 일은 잘 보고 온 건가?"

　"네, 그런대로 잘 보고 왔습니다. 스님, 일전에 말씀하신 것 중에 궁금한 게 있는데요."

　"응, 얘기해 봐."

　"지구 행성의 역사에 관한 것을 보면 유인원에서 사람으로 변했다는 학설이 있습니다. 스님 말씀은 다른 행성에서 불량한 영혼들이 모이는 행성이라고 했는데 그 부분이 이해하기가 어려워요. 그러니까 원숭이처럼 생긴 인간으로 오게 된 건지 머릿속에서 정리가 잘 안됩니다."

　"그건 인간들이 막연하게 추측하는 낭설에 불과해. 태초에 지구 행성엔 청인종, 적인종, 흑인종, 백인종, 황인종 이렇게 오인종이 있었어."

　머릿속에서 묵직한 무언가가 빠져나가며 개운함이 돌기 시작했다. 바로 역학의 기본 공식인 음양오행이 생각났기 때문이다. 한국은 음양오행의 공식으로 7일을 상징하는 일주일을 사용한다.

　- 일요일은 날 일(日) 이며 양(陽)을 뜻한다.

- 월요일은 달 월(月) 이니 음(陰)을 뜻한다.
- 화요일은 빨간색을 의미한다.
- 수요일은 검은색을 의미한다.
- 목요일은 청색, 녹색을 의미한다.
- 금요일은 흰색을 의미한다.
- 토요일은 노랑, 황색을 의미한다.

현재 지구에는 황인종과 백인종, 흑인종 이렇게 세 종류의 인종이지만, 태초에는 청인종과 적인종까지 있었다고 하니 머릿속의 뭔가가 잠겨있던 것이 해제되는 그런 기분이었다.

"그러면 청인종과 적인종은 왜 없어진 거예요?"

"그건 지구가 수천 년 전 개벽이 일어났을 때 청인종, 적인종을 다른 행성으로 다 이송시켜서 그래."

단혁 스님은 잠시 머뭇거리셨다.

"더 구체적으로 여쭤보면 안 되겠죠?"

"음, 그렇긴 한데 그때 다 이송시키지 못한 일부 적인종이 현재 동남아 쪽하고 중국 소수민족 중에 있긴 해. 물론 혼혈에 혼혈을 거쳐서 본래 적인종의 모습은 아니지만 그래도 피부는 아직 붉은색을 띠고 있지. 적인종은 대체로 몸집이 좀 왜소해. 그리고 청인종은 예전에 히말라야에서 '설인(雪人)'이라고 한참 떠들어대던 때가 있었는데."

"네. 스님, 저 초등학교 때 소년잡지에서 불가사의, 미스터리에 관한 내용을 본 적 있어요."

"응, 그래. 그 '설인'이라는 생명체가 강추위에 버티기 위해서 진화되어 몸에 털이 난 건데, 그 털을 밀어내면 파란색 피부가 나오거든. 그리고 덩치가 대체로 큰 편이야. 그들도 개벽 때 미처 못 따라갔던 생명체인 거야."

개인적인 생각으로는 다른 인종들과 DNA 호환이나 공유되는 부분에서 문제가 있어 그런가 싶기도 했고 또 한편으로는 지구에서 수용할 수 있는 인구 개체수에 한도를 초과해서 그런 건지 명확히 알 수는 없었다. 그러나 무언가 큰 문제가 됐기에 다른 행성으로 이주시킨 거로 짐작되었다.

"스님, 그럼 이주는 누가, 어떻게 시키는 건가요?"

"음, 그게 흠……"

"말씀하시기 곤란한 건가요? 천기누설인 거죠?"

"……. 그러니까 지구 안에는 '또 다른 세상'이 있는데……."

"지구 안이면 땅속을 말씀하시나요?"

"그렇지, 지구 안에 비어 있는 공간이 꽤 있어. 아주 넓고 많아."

99년도에 이 이야기를 처음 들었고 이후에 15년이 지났을 무렵 인터넷 방송 매체에서 '지구공동설(地球空洞說)'이라는 것을 보게 되었다.

"그 안에 뭐가 있는 건데요?"

"여러 시설물이 있어. 거기에 다른 생명체가 있는데 그 존재들이 이주시킨 거야. 나중에 때가 되면 지구에 더 이상 생명체가 살 수 없는 시기가 오는데 그때 그 존재들이 현재 지구에 있는 생명체를 다른 행성으로 다 이주시킬 거야."

"그 존재들이 누구길래 지구의 생명체들을 이주시킨다는 거예요?"

"그 존재들이 인간이 알고 있는 신과 령의 존재야. 지금은 많이들 알고 있지만 불과 몇십 년 전만 해도 허상이니 뭐니 했던 UFO가 바로 땅속, 물속에서 나오는 거지. 물론 다른 행성에서도 오긴 하지만 대부분은 지구의 땅속에서 나와. 그리고 땅속으로 들어가는 입구는 아주 많아. 주로 북극, 남극, 동극과 서극에 큰 입구가 있지만 땅속 세계로 들어가는 곳은, 곳곳에 아주 많아."

"땅속이면 어두컴컴할 텐데 어떻게 생활하는 거죠?"

"인간들의 과학기술로는 도저히 이해할 수 없지. 그러니까 인공 태양 같은 건데 태양처럼 동그랗게 형체가 있는 게 아니고 그냥 훤해. 해가 뜬 대낮처럼, 그리고 기온은 온화해서 덥지도 춥지도 않은 그런 날씨야."

"지구에서 생명체가 살 수 없다는 건 어떤 이유일까요."

"그건 차차 때가 되면 알게 돼. 100년, 1,000년 만에 발생하는 그런 문제가 아니니까 그냥 그렇게만 알아둬."

"네, 알겠습니다. 그러면 땅속에 계신 존재는 어떻게 생겼어요?"

"어떻게 생기다니? 인간의 형상하고 똑같이 생겼지. 그러나 불멸의 존재들이야. 인간처럼 태어나고 죽고 하는 그런 존재가 아니야. 신의 존재라고 했잖아."

"스님, 아까 말씀하신 UFO는 우리가 알고 있는 상식으로는 외계인이라고 하잖아요. 그 대머리 모양에 깜빡거리지 않는 메뚜기 같은 눈에 옷도 안 입고 삐쩍 마른 몸을 가지고 있는, 근데 땅속에 사는 존재는 사람과 똑같이 생겼다고 하셨는데, 어떤 차이가 있나요?"

"그건 요샛말로 아바타야, 아바타!"

"네? 아바타요?"

"땅속 세계의 존재는 신의 경계에 계신 분이라고 했잖아. 령의 세계에서 통제받기도 하지만 주로 관장하는 것은 신의 세계에서야."

"UFO나 사람과 다른 형체의 아바타라는 생명체는 뭐예요?"

"원래의 육신은 자신이 거처하는 공간에 두고 아바타인 형상을 염력으로 조종하는 거야. 그러니까 아바타는 인공적으로 만들어 낸 유기물 인공 생명체 같은 거지. 그리고 언제든지 그 아바타 몸에 들어갔다가 나왔다가 할 수 있어, 버려도 그만인 껍데기에 불과한 거야."

"그러면 UFO가 움직이는 원리는 어떤 거예요?"

"UFO라는 비행체는 엔진 같은 동력이 없어. 모든 UFO는 염력으로 조종하는 거야! 즉 생각으로 상하좌우, 또는 순간이동 및 공간 이동을 하는 건데 인간의 과학 수준으로는 해석이 안 돼. 염력이라고 하는 그 힘의 범위는 뭐, 어떻게 설명할 수가 없어, 그냥 어마어마한 에너지라고 생각하면 돼! 하나의 예를 들자면 도계 2단 이상 되는 깨달은 자 3~4명이면 지구에서 일어나는 웬만한 전쟁은 다 막을 수 있어. 미사일을 쏴도 염력을 사용하면 다 주저앉힐 수 있지. 공중 분해할 수도 있고, 폭발시킬 수도 있고 전기, 전파나 통신도 작동 불능으로 만들 수도 있어. 하지만 이런 행위도 천상계의 인가(認可)가 있어야 하고 지구를 보호해야 한다는 '명분'이 있을 때만 가능한 일이지. 그전에는 인간사에 절대 관여하면 안 되는 불문율 같은 법칙이 있어서 그냥 내버려두는 건데 인간들이 많이 착각하고 있는 부분 중 하나야. 그리고 인간들의 행성에 UFO가 침입했다고 생각하는데 인간들이 지구에 오기 전부터 이미 지구를 관리 감독하고 계셨던 분들이야."

"인간 세상의 영화나 드라마 등을 보면 외계인이 지구를 침략했다면서 전쟁하는 장면들이 많이 나오는데 인간과 외계의 생명체들이 전쟁한다는 것은 허상 같은 것이며 인간의 아집에 불과한 거군요."

"앎에 한계가 있는 인간들은 그렇게 생각할 수 있지. 그러나 지구는 지금도 그렇지만 아주 오래전부터 신이라는 존재들이 관리하던 곳이야. 지구에 인간을 내려보낼 때 이미 생명체들이 살아갈 수 있도록 자전과 공전, 중력 및 자연생태나 토양, 산소와 질소 등등 환경 설정을 해놨던 거지. 외계인의 행성에 인간이 얹혀사는 건데 인간들의 무지로 그렇게 생각하는 것이니 탓할 문제는 아니고, 어쨌든 얼른 도 닦는 공부를 해서 이 무지함에서 벗어나도록 노력해야 해. 그게 관건이야."

"네, 스님. 저도 그렇지만 인간들이 도에 관해 관심을 두고 공부했으면 좋겠어요."

나는 끊임없이 궁금증이 생겼다.

"그런데 스님은 지금까지 어떤 수행을 하셨나요?"

"나? 별짓 다 했어."

"어떤 수행을 하셨길래요?"

"처음에는 목탁치고 경문 읽고 주역 팔괘에 사서삼경을 공부했어. 삼경 중에 역경(역학)에 관련된 공부에 전념하다가 마지막으로 참선 수행한 건데 중간에 잠 안 자는 수련도 좀 했지."

"잠을 어떻게 안 자요?"

"그게 득도하게 되면 자동으로 잠을 통제하는 건데 득도하기 전에는 여간 어려운 게 아니야. 얼굴에 맞게 나무 틀을 만들고 얼굴 좌우, 턱 아랫부분에 송곳을 설치하는데 졸다가 얼굴 좌측이나 우측으로 조금이라도 기울면 송곳에 찔리고 말아. 정신 차린 후 다시 정좌하고 앉아 있다가 또 꾸뻑하고 고개가 수그러지면 턱 밑 송곳에 찔려서 정신을 차리기도 하고, 참 별짓 다 했어. 그런데도 자꾸 잠이 들어 버리니까 나중엔 나 자신이 너무 나약하고 한심하다는 생각이 들어서 벼랑 끝에 앉아서 목숨을 걸고 수행했었지."

"와, 그래서 성공하셨나요?"

"하하. 떨어져 버렸어."

"벼랑 끝에서요?"

"응. 다행히 바로 아래 절벽 돌 틈 사이로 나무가 자라고 있었는데, 고꾸라지면서 나뭇가지가 빗장뼈를 파고드는 바람에 몸뚱이가 나무에 딱 걸렸던 거야. 그래서 절벽 아래로 떨어지지는 않고 정신 바짝 차려서 꾸역꾸역 올라왔지. 토굴에 들어가자마자 기절해 버렸어."

"병원에 가셔야 했던 거 아닌가요?"

"그 깊은 산속 캄캄한 밤에 거동도 못 하는데 어떻게 병원엘 가? 거기서 죽으면 다음 생에나 다시 공부하면 된다고 생각하며 수행하던 시절이었는데."

"얼마나 다쳤던 건데요?"

"나무가 부러지면서 뾰족한 부분이 빗장뼈 쪽 살을 파고들었어, 그 바람에 안 떨어지고 지탱이 됐던 건데, 뼈가 다 보일 정도였으니까."

"그 정도면 기절하고 나서 며칠은 꼼짝도 못 하셨겠네요."

"그렇지는 않고 얼마나 정신을 잃었을까? 비몽사몽간에 눈을 떴는데 관세음보살님 형상을 하신 분이 내 앞에 나타나서 '고생이 많구나!' 하시며 손으로 다친 부분을 여러 번 쓰다듬어 주셨는데 그대로 다시 정신을 잃었지. 한숨 푹 자고 일어나니까 상처가 다 아물어 있는 거야. 참 신기할 노릇이지. 다음 날 훌훌 털고 일어났어."

"아, 신기하네요."

"인간사 이해 못 할 일들이 많이 있지만, 신심을 가지고 성심껏 열심히 수행하면 신과 령의 존재는 수행자를 절대 죽이지 않아."

"그다음에도 잠 안 자는 수행을 계속하셨나요?"

"계속했다기보다는 참선하면서 계속 앉아서 수행하니까 중간중간 나도 모르게 앉은 상태에서 잠깐 잠이 들고 또 정신 차리면 다시 수행하는 와중에 어느새 자연스레 도(道)가 열렸던 거지. 그러니 너는 나처럼 무식하게 잠 안 자려고 무리한 수행은 하지 마! 그냥 참선 수행하다 보면 어느 시점에 도달해서 도가 열리고 득도하면 자연스럽게 잠이라는 녀석을 통제하게 돼."

"그럼, 득도하면 잠을 아예 안 자게 되나요?"

"참선 자체가 잠을 자는 행위와 같아. 무의식이냐, 의식이 있는 상태냐의 차이일 뿐이지."

"항상 의식이 열려 있다는 말씀이네요?"

"그렇지. 어쩔 땐 앉은 상태에서 코를 골기도 하는데, 옆에 사람들이 봤을 땐 꼭 잠을 자는 것처럼 보여. 하지만 코를 고는 와중에도 참선 중에 다른 영상을 보면서 옆에 사람들 하는 말을 다 듣고 대답도 할 수 있어."

"제 머리로는 이해가 안 되는데요? 한 번에 세 가지 행위를 다 하는 거잖아요."

"그런 건 기본으로 하게 돼."

스님의 수행 과정에 대해 듣다 보니 더욱 궁금해졌다.

"스님은 언제 득도하신 거예요?"

"무인도에서 수행할 때였는데, 그러니까 1980년대에 경상도 지역에서 지낼 때였구나. 중앙정보부에서 안전기획부로 바뀌고 나서 경상도 쪽 담당 안기부 간부와 인연이 닿아서 그분 기도해 주고 일이 잘 풀린 거야. 그랬더니 그분이 소원 하나 들어줄 테니 말씀하라고 그러데."

"그래서 어떻게 됐어요?"

"뭐, 수행자는 수행해서 득도하는 게 소원이지만 안기부 직원이 도를 열어줄 수는 없는 노릇이고 내가 예전부터 무인도에 가서 수행에 끝장을 봐야겠다고 생각한 적이 있었거든. 마침, 기회가 온 듯싶어서 무인도에서 수행을 좀 하고 싶다고 했지."

"그래서 무인도로 가신 거예요?"

"응. 처음엔 서해 쪽으로 갔는데 딱히 마음에 와닿는 곳이 없더라고."

"스님, 무인도라고 해도 주인 있는 섬도 있을 테고 국가 소유인 섬도 있을 텐데 그거 알아보는 것도 하루 이틀 일이 아닐 텐데요."

"그래서 헬기 타고 다녔어, 권력이 참 좋더라고. 부하한테 지시해서 한국에 있는 무인도 목록을 다 뽑아오라고 하니까 바로 자료를 만들어서 왔어. '한 나라의 정보를 담당하는 기관이라 다르긴 다르구나.'라고 느꼈지. 바로 헬기를 대동해서 서해로 갔고 공중에서 둘러보니까 한눈에 다 들어오더라고. 그런데 맘에 드는 곳이 없어서 남해 쪽으로 가게 됐고 그쪽에서 맘에 드는 무인도 하나가 눈에 들어왔어. 그래서 그곳으로 가겠다고 하니까 얼마나 계실 계획이냐고 묻더군."

"그나저나 식량하고 이것저것 준비하려면 그것도 일이잖아요?"

"그러니까 그거 챙겨주려고 얼마나 있을 거냐고 물어봤던 거야. 그래서 한 3년 정도 있어 보겠다고 하니까 필요한 물품을 모두 챙겨서 헬기로 다 실어서 옮겨 주셨어."

"와, 정말 특별한 수행기네요!"

"지금 와서 생각해 보면 전무후무한 일이었지."

"근데 전기도 없었을 텐데 음식은 어떻게 보관했죠? 3년을 지내려면 큰 문제였을 텐데요?"

"콩이나 쌀 종류를 가루로 빻아서 밀봉한 후 매달아 두고 미숫가루처럼 물에 타서 하루 한 끼만 먹고 수행했어."

"근데 비가 오면 피할 때도 없을 텐데 어디에다가 매달아둬요?"

"토굴이 있잖아."

"토굴이요? 어떻게 만들어요?"

"땅을 파서 구멍 세 개 뚫린 벽돌 여러 개를 지그재그로 땅에 세워서 묻어. 그 위에 함석판 2~3장을 깔고 흙을 덮어서 한쪽은 아궁이처럼 불을 지피고 뒤쪽엔 작은 굴뚝 하나를 세운 후에 비닐하우스를 짓듯이 나무를 엮어서 아치형으로 동그랗게 설치하면 간단하고 쉽게 지을 수 있어. 한겨울에도 지낼만해."

"섬에 식수는 있었나요?"

"물 나오는 데가 없어서 바닷가에서 육지가 끝나는 지점에 땅을 파 놓으니까, 물이 고이더라고. 그냥 혼자 육신 보존할 정도로 물이 나와서 괜찮았어."

"섬에서 수행은 어떤 걸 하신 거예요?"

"글공부는 할 만큼 다했으니까 주로 참선했지. 대소변, 식사 시간 외에는 온종일 앉아만 있었어. 토굴 옆 바위에 앉아서 비가 오면 비를 맞고 눈이 오면 눈을 맞으며 수행했어."

"그럼, 그 섬에서 득도하신 거예요?"

단혁 스님은 이 질문에 그냥 미소만 띠셨다.

"스님, 3년은 버티신 거예요?"

"아니야. 3년 좀 안 돼서 식량이 떨어졌어. 그래서 지나가는 어선을 불러서 얻어 타고 육지에 가서 탁발로 돈 좀 생기면 식량 구해서, 뱃삯 주고 어선 타고 다시 섬으로 갔지."

"그러면 얼마나 계셨던 거예요?"

"한 10년 지냈어."

"무인도에서 10년 동안 수행하셨다니, 저도 한 번 도전해 보고 싶네요."

"하면 되지. 의지만 있으면 별거 아니야."

"수행하는 데 있어서 기억에 남는 것도 많죠?"

"뭐, 많다기보다는 수행 과정에서 겪어야 하는 부분이 많았지."

"어떤 건데요?"

"한 번은 앉아 있는데, 묵직한 어떤 것들이 머리 위로 떨어지는 느낌이 확 들더라고. 그래도 눈 감은 채로 가만히 무심하게 있었지. 다 떨어졌는지 고요해졌는데 허벅지 쪽으로 뭔가가 움직이는 거야. 이게 뭔가 싶어서 슬쩍 눈을 떴는데 수십 마리의 뱀들이 꿈틀꿈틀하면서 허벅지랑 엉덩이 쪽으로 막 움직이고 있지 뭐야."

"뱀이요? 환상 같은 그런 현상인가요?"

"아니지. 실제야, 실제."

"그래서 어떻게 하셨나요?"

"뭘 어떻게 해. 그냥 가만히 있다가 눈감고 호흡하면서 계속 참선했지. 얼마나 지났을까? 한참 후에 눈을 뜨니 어디로 갔는지 한 마리도 안 보이더라고."

일우선인도 젊은 시절 참선 수행하실 때, 머리에서 뭔 가루 같은 것이 떨어졌지만 꼼짝하지 않고 앉아 있다가 고요해진 후 눈을 떠보니까 그 깊은 산속에 어디에서 생겨난 건지 모래가 머리로 쏟아져서 허리춤까지 쌓였었다고 말씀하신 기억이 났다. 그때 형님도 환각이나 환상이 아닌 실제 현상이라고 말씀하셨다.

"그게 담력 시험인 거죠?"

"그렇지, 담력 시험의 강도가 점점 높아지는데 그런 시험을 거쳐야만 득도의 길로 가는 거야. 그런 시험 없이 절대 득도라는 것은 없어."

"이후에 또 다른 현상도 있었겠네요?"

"그 뱀이 떨어졌던 것이 아마 마지막 담력 시험이었던 거 같아. 그전에는 인기척 같은 것들인데, 아무도 없는 무인도에서 한밤중에 귀에 대고 소리를 질러서 놀라게 하기도 하고 신체접촉도 하고 그러는데 그런 건 대꾸 안 하고 가만히 있으면 괜찮아."

일우선인도 수행 중에 손은 보이지 않는데 갑자기 누군가가 두 뺨을 움켜쥐고 마구 흔들어 댔다고 한다. 반응하지 않고 가만히 있으니까 고요해 졌다고 하면서 "야, 산속에서 수행해 봐. 별짓 다 해."하시며 수행의 한 과정이니까 버티면 된다고 말씀하셨다.

"게다가 수행 초창기 때는 뭔 벌레가 그리 달라붙는지, 참. 다 인내심 시험하는 건데 그것도 좀 버티고 무상(無想)으로 대하면 다시는 안 달라붙어. 어쨌든 추위와 더위, 습기, 악천후 등으로 인한 육체적인 불편함 같은 것들이지. 그리고 일반 사람들처럼 편하게 살지 않는 그 자체가 수행이지 뭐겠어."

"스님은 출가 이후에 가족은 안 만나셨나요?"

"전생에 공부했던 인연이 있었고 전생에 득도를 못 해서 이번 생에 공부 마무리 지으려고 공부하기 좋은 가정환경에서 태어난 것뿐인데, 가족이라는 인연에 끌려다니면 말짱 도루묵 아닌가? 내 나이 14살에 가출하면서 가족들과의 인연은 끝났어."

"역시 인연에 연연하면 공부 성취하는 게 어려운 거네요?"

"다 부질없어. 전생, 전전생, 전전전생, 그때의 삶에서 반복하며 다 해봤던 것들이잖아. 그러게. 그놈의 칠정이 도 닦는 데 있어서 아주 큰 방해꾼이야. 수행자라면 인연에 끌려다니면 절대 안 돼!"

"네, 스님. 명심하겠습니다."

"스님, 처음에 무인도로 안내해 준 그 정보부 사람은 안 오셨었나요?"

"아, 한 번은 섬에서 한 5년쯤 있었을 땐가? 배 한 대가 들어오더라고. 말끔하게 차려입은 남자 세 명이 왔는데 나 보고 외국에 가자고 하는 거야."

"외국은 왜요? 누구시길래?"

"다른 나라의 정보국 직원인데 자기 나라에 가면 크게 대우해 준다고,

공부 많이 하신 거 알고 있으니 그 능력을 할애해 달라고 같이 가자고 그러데."

"스님에 대해서 어떻게 알고 거기를 찾아왔대요?"

"인공위성으로 다 보고 있었던 게야."

"인공위성요?"

"무인도니까 지켜보기 좋지! 시대가 시대인 만큼."

1970년대에 선진국들은 과학이 끝났다는 것을 감지했고, 그 당시의 과학으로는 단순한 업그레이드 개념으로 발명하고 개발할 뿐 대체할 수 있는 신기술이 없다는 것을 알았다. 그래서 비밀리에 정신과학 분야로 노선을 바꿔서 연구 및 개발을 시작했으며 경쟁의 불꽃을 태우던 시기였다. UFO(미확인 비행 물체)가 염력으로 움직인다는 것을 이미 알아냈고 각국에서는 염력을 사용하는 자들을 영입해서 암암리에 초능력자의 능력을 활용하며 자국의 이익을 도모하는 행위를 해왔으며 현재도 진행 중이다.

"그래서 어떻게 대응하셨어요?"

"난 아직 득도를 못 해서 당신들이 원하는 능력이 없다고 했지."

"그냥 가던가요?"

"자꾸 회유하긴 했는데 재차 이야기했어. 난 능력도 없고 하물며 대한민국 사람이 혹여나 득도해서 능력이 생기면 내 나라를 위해서 희생하지, 다른 나라를 위해 희생할 일은 없을 거라고 단호하지만 정중하게 말했지."

"그러니까 그냥 가던가요?"

"응. 그냥 갔어."

"수행도 맘 편히 못 하겠는데요?"

"그래서 앞으로는 산에서 도 닦는 시대는 지났다고 표현하긴 하는데 개념 차이가 있긴 해."

"어떤 개념 차이를 말씀하시는 건데요?"

"음, 그건 도가 산속에만 있는 게 아니잖아. 도심지에서도 얼마든지 수행할 수 있는데 그렇다고 산속에서 수행하지 말라는 말은 아니거든. 산속에서도 마장은 얼마든지 생겨나고 시험도 겪게 돼. 또 도심지에서 수행해도 마장은 생기게 마련이야. 다 각각의 환경과 상황에 맞게 마장이나 시험은 오게 되니까 뭐가 옳다, 그르다 할 수는 없어. 다만 수행하는 당사자가 어떤 마음가짐으로, 얼마만큼의 공부 단계에 자리 잡고 있는지가 개념 차이라는 거야."

"스님. 득도하셨으면 어느 곳에 자리 잡고 인간들을 구제하는 일에 능력을 써야 하지 않나요?"

"지금 너한테 쓰고 있잖아."

"아, 그러네요!"

단혁스님이 속세로 나오지 않고 어느 한 곳에 거처하지 않는 걸 보면 계속해서 승급을 올리려고 공부에만 전념하시는 듯했다. 정확히 현재 도의 등급이 얼마인지는 실례 같아서 여쭤보지 않았지만, 세상 속으로 나오지 않는 걸 보고 그럴 것이라 짐작했다.

이런저런 이야기 끝에 어느새 어둑어둑해지기 시작했다.

"스님, 이제 언제나 뵐 수 있을까요?"

"인연이 되면 또 보겠지."

"스님의 연락처나 어디에 계신 것만 알면 제가 자주 연락하고 찾아뵐 텐데요."

단혁스님은 미소를 띠시며 공부 열심히 하라고 당부하셨고, 이렇게 우리는 기약 없이 헤어졌다.

세 번째 만남

•

　단혁스님을 두 번째로 만나 뵌 지 5개월이 지났을 무렵이었다. 수원 광교산에 기도 터 자리를 몇 군데 알아 놓을 심산으로 산행을 시작했다. 광교산 정상부터 능선을 따라 산행하며 마음이 이끄는 대로 발걸음을 옮겨갔다. 묘하게도 예전에 누군가가 조성해 놓은 기도 자리 몇 군데를 발견했고 나중에 밤에도 잘 찾아 올라갈 수 있도록 길을 익혀두며 하산했다. 주차해 놓은 곳으로 서서히 내려가던 중, 저 앞에 밀짚모자를 쓰고 계신 어떤 스님이 작은 바위를 벗 삼아 앉아 계신 것이 눈에 들어왔다. 옆 모습만 봐서는 누군지 몰랐는데 스님이 내가 내려가는 쪽으로 고개를 돌리는 순간, '앗!' 단혁스님이었다. 와! 정말 매우 반가우면서 그 짧은 순간에 가슴이 뻥 뚫리는 상쾌함과 동시에 만감이 교차했다.

　"단혁스님, 아니, 여기는 어쩐 일이세요?"

　"응, 발길 따라왔지."

　"그전에도 여기, 광교산에 오신 적이 있나 봐요?"

　"아니야. 몸뚱이 들고 온 적은 처음이야. 여기가 한때 핵미사일이 설치되어 있던 곳이거든."

　"네? 그럴 수가 있나요?"

　"소련과 미국이 냉전 시기일 때 비밀리에 핵미사일을 이 광교산에 설치해 놓았었는데 지금은 철거해서 무장 해제된 상태야."

　"그런가요. 나름으로 의미가 있는 산이었네요. 스님, 혹시 저 보려고 일부러 오신 거예요?"

　스님은 답변하지 않았고 미소만 띠셨다. 그러고는 품 안에서 뭔가를 꺼내 내게 내미셨다.

"이게 뭐예요?"

"경문 책하고 공부가 될 만한 책들이야."

경문 책으로 천수경, 마하반야바라밀다심경과 관세음보살보문품을 주셨고 중국의 고대 역사와 우리나라 고대 역사를 접목해서 한때 신과 인간이 지내왔던 내용이 담겨 있는 여러 권의 책도 주셨다. 천수경 반야심경은 일우선인을 통해서 이미 접했었지만, 단혁스님께서 사용했던 책을 주시니 남다른 의미가 있는듯해서 기분이 좋았다.

"천수경과 관음경, 반야심경을 읽은 다음에 천수경 중간 부분에 있는 신묘장구대다라니를 많이 읽어둬. 이왕이면 홀수로 읽어봐."

"네! 스님, 감사합니다. 그런데 이 책은 뭐예요?"

"대략 만 년 전 역사부터 지금까지의 기록을 적어 놓은 건데, 그냥 믿는 마음으로 읽어둬. 그러면 공부에 도움이 될 거야."

"네, 알겠습니다."

"지성이면 감천이라는 옛말이 있잖아? 지극한 정성을 담아서 수행해 봐! 젊었을 때 공부 열심히 해둬. 35살 전에 어느 정도 알아채지 못하면 득도는 힘들어."

"도 닦는 공부에도 나이 제한이 있는 건가요?"

"그건 아니지만 35살 넘어서 출가하거나 도 닦는 공부를 시작해서 도가 열리는 경우가 없어서 이야기해 주는 거야."

"그럼 늦은 나이에 출가하거나 도 닦는 공부는 의미가 없는 건가요?"

"의미가 없다기보다는 힘들다는 거지. 보통 인간은 35세가 지나면 속세의 때도 많이 묻게 되고 또 단단하게 굳어질 시기가 되거든. 그리고 인간의 생물학적 구조를 보면 뇌에서 처리하는 모든 기능이 도를 닦는 데 매우 둔감해지는 시점이라서 35살 넘어 공부를 시작하면 어렵다는 거야."

"그러면 35살 전에 공부를 시작하면 득도할 수 있는 거죠?"

"아무래도 유리하지, 그래도 너는 일찍 좋은 인연을 만나서 운이 좋은 편인 거야."

"남녀 구별 없이 다 같은 건가요?"

"요즘 시대엔 남녀 평등이나 인권에 관해 많은 관심들을 가지지만, 그건 인간 세상 속 이야기고 도(道)의 세계는 그렇지 않아."

"어떤 차이가 있는데요?"

"불교에서 석가여래께서도 말씀하신 내용이 있는데 여자의 몸으로는 득도를 위한 수행은 의미가 없다고 하셨어! 즉 도를 이룰 수가 없다고 말씀하신 거지. 여러 가지 이유가 있는데, 첫째로는 신체적 특성에서 오는 불편함이 있고 성품의 문제도 남녀 차이가 크지. 제일 중요한 것은 깊은 산속에서 남자들도 겁을 먹고 버티기가 힘든데 여자의 몸으로 혼자서 깊은 산속에서 지낸다는 것이 아주 힘든 거지. 지금이야 문명이 발달해서 덜하지만, 옛날에는 여자의 몸으로 산속에서 공부한다고 소문나면 주변 마을 남성들이 가만히 놔두질 않았어. 사건, 사고가 아주 잦았지."

"여기저기서 들어본 말이 있는데요. 신의 존재인지 령의 존재인지는 모르겠지만, 어느 산에는 산신이 여자라는 말도 들었습니다. 그런 경우는 뭐예요?"

"그건 천상계에서 이미 깨달은 자가 관광이나 승급을 위해 칠정이 있는 행성으로 내려올 때 일부러 여자의 육신으로 지내볼 요량으로 내려오는 경우지. 애당초 여자의 몸으로 득도한 것은 아니야."

"스님, 관세음보살님도 여성이라는 말이 있잖아요?"

"중성으로 보면 돼. 고단자급 경계에 계신 분들은 남성이니 여성이니 표현하는 게 의미가 없어, 그냥 인간들 추측으로 '여자의 몸일 것이다.'라는 추측일 뿐이야."

"그러면 늦게 출가하는 경우나 여자의 몸으로 수행하는 자는 득도하기 어렵다는 말씀이죠?"

"속세에 살다가 뒤늦은 나이에 출가해서 수행하면 집중도가 많이 떨어지지. 마장에 대한 면역성이 약해서 위험하기도 하고 쉽게 포기하는 악순환이 반복되니까 늦은 나이에 공부를 시작하는 사람은 욕심부리지 말고 다음 생을 기약하면서 공부하는 게 자신에게도 도움이 돼. 여성 같은 경우 다음 생에는 남자의 몸을 갖게 해달라고 서원하고 기도하며 공부하고, 또 좋은 스승 일찍 만나게 해달라고 서원하면서 이번 생에는 그렇게 공부를 마치는 게 지혜로운 자야."

"네, 스님. 알겠습니다."

"앞으로는 도 닦는 수행자가 점점 줄어들 거고 득도의 길도 많이 힘들어질 거야."

"왜요?"

"2,000년도부터는 도(道)의 문이 닫혀서 그래."

"그러면 득도할 수 없다는 말씀인가요?"

"그건 아니고 열심히 공부해서 여러 단계를 거쳐 통과하면 도(道)야 열어주게 돼 있어. 그런데 지구의 운기 상 2,000년도 전까지는 조금만 열성을 기울여서 수행하면 도를 잘 열어줬는데, 2,000년도를 기점으로 어려워지게 된 거야. 보통 사회에서 시험 보는 것으로 비유하자면 난도가 매우 높아진 거지. 그렇게 이해하면 돼."

"무슨 특별한 이유가 있는 건가요?"

"일단 사람들의 인식 구조가 많이 바뀐 것이 원인이지."

"혹시 문명의 발전에 영향을 받는 건가요?"

"그렇지. 옛날에는 직업의 종류도 얼마 안 됐고 사람들의 활동 반경도 좁았어. 보고 듣는 영향이 지금과 현저하게 달랐기 때문에 공부하면 집중도가 좋아서 금세 득도했지. 그런데 현재에 들어와서는 IT라는 문명이 발달하면서 인간의 정신이 전부 그리로 쏠려서 도를 습득할 수 있는 뇌 구조가 점점 무뎌지고, 도(道)를 전설이나 4차원, 만화 같은 이야깃거리로 치부해 버리는 시대가 온 거지."

일우선인도 전파, 통신, IT에 관련된 컴퓨터, 인터넷 등이 영 능력을 갉아먹는 좀 벌레 같은 거라고 말씀하셨다.

"스님, 그러면 이럴 때일수록 '뒤에 계신 분'들께서 도 닦는 공부할 수 있게 어떠한 방책을 주셔야 하지 않나요?"

"기존 성현들의 말씀을 기록해 놓은 수많은 경전이 있잖아. 그리고 현세에 걸맞게 TV나 영화, 인터넷, 서적 등에 귀신이나 신에 관련한 내용이나 영상이 많이 나오고 있기도 하고. 그게다 신과 령의 존재들이 작가나 감독들에게 영감을 줘서 그럴 수 있는 거야. 인간에게 간접적으로 교육하는 거지."

"정말 그런 거 같네요."

"아무튼 공부 열심히 해서 이번 생에 꼭 '한 소식'해 봐!"

"네, 스님. 이런 인연 맺어 주셔서 정말 감사드립니다."

"이제 나 볼 수 없을 거야."

"네? 왜요?"

"이제 가봐야 해."

"어디를요?"

단혁스님은 잠시 침묵하셨다.

"천상계에서 올라오라고 할 때까지 아마도 깊은 산속에 들어가서 공부 좀 해야 할 거 같아."

　단혁스님은 승급을 더 올리기 위해 막바지 공부에 매진하려는 것 같았다. 나의 짧은 소견으로 정확히 판단하기는 어렵겠으나 그래도 나 같은 놈에게 이렇게 신경 쓰는 모습을 보면서 일우선인한테도 느낀 거지만 깨달은 분들의 의리야말로 표현할 수 없이 감개무량할 따름이었다.

　"스님, 저 같은 놈에게 신경 써 주셔서 정말 감사합니다."

　"그래, 이번 생엔 꼭 득도해야 한다. 알았지?"

　"네, 스님. 명심하겠습니다."

　단혁 스님과의 인연은 여기서 끝을 맺었다. 그 이후로 2025년 현재까지 한 번도 뵙지 못했다. 이상한 점은 어떠한 주제로 사색하게 되면 꿈에서라도 보곤 했는데 20년이 지난 이때까지 단혁스님은 기도 중이나 꿈에서도 단 한 번을 보지 못했다. 그래서 나는 단혁스님은 가상의 인물이 아니었을까 하는 생각도 해보았다. 일우선인의 계급이 높은 연유로 언행에 대해 규제를 받기 때문에 당신 입으로 직접 '천기누설'에 준하는 여러 이야기를 할 수 없으니 단혁스님이라는 가상의 인물을 만들어서 못난 제자를 공부시키려고 했던 것 같다. 아니면 '뒤에 계신 분'들께서 조화를 부린 것일까, 생각되기도 한다. 진실은 알 수 없지만, 단혁스님과의 세 번에 걸친 만남은 내 생애에 결코 잊을 수 없는 귀한 인연이라는 것만큼은 분명한 사실이다.

03_ 석가여래를 두 번 친견하다

석가여래를 두 번 친견하다

 어느 날 문득, 태백산에 있는 일우 형님의 숙소에 가고 싶다는 생각이 들었다. 내가 자유롭게 혼자만의 시간을 가질 수 있는 것은 산행할 때다. 그때마다 형님께 말씀드리면 항상 '그래, 다녀와.' 하시며 군소리 없이 보내주셨다. 비단 산에 다녀온다고 할 때뿐만 아니라 여러 가지 면에서 뭔가 잘못되더라도 일단은 '그렇게 해봐.'라고 하셨다. 직접 경험하고 겪어서 스스로 알아차리라는 실습의 의미였다.
 그날도 형님께 태백산 숙소에 다녀오겠다고 말씀을 드린 후 산행할 채비를 했다. 준비를 마치고 잠시 잠이 들었는데 난생처음 겪어보는 꿈을 꾸었다. 녹색 빛을 띤 삼각형 모양의 웅장한 산이 무성하게 눈앞에 펼쳐졌다. 그러다가 산꼭대기 부분이 갑자기 부처님 얼굴로 변하고 양어깨가 옆으로 넓게 펼쳐지면서 산 밑으로는 무성한 나무들이 부처님의 상체를 떠받드는 현상으로 변했다. 부처님의 몸체는 녹색의 옥빛처럼 몸체 안에서 푸른 빛을 발산하고 계셨는데 부처님의 형상으로 변함과 동시에 음성이 들리기 시작했다. 내 이름을 부르시더니, "내 콧구멍으로 들어오너라. 이곳이 제일 기운이 좋은 곳이란다."라고 말씀하셨다. 나는 부처님 몸을 기어 올라가서 콧구멍 안으로 들어갔는데 굉장히 포근한 느낌을 받았다. 내 몸을 부처님께 맡기듯 벽 쪽으로 기대고 비스듬히 누워 포근함에 취한 지 얼마나 되었을까? 눈을 떠보니 어느새 아침이었고 '태어나서 이렇게 생생하게 부처님을 보는 꿈은 처음이네.' 하며 기분 좋은 마음으로 태백으로 향했다.

대략 보름 정도 지낼 작정으로 식량을 준비했고 숙소에 도착하자마자 피로가 몰려와서 바로 누웠는데 눕자마자 망상에 빠지기 시작했다. 사실 그때만 하더라도 속세와의 인연을 다 버리지 못한 상태였다. 회사 생활에서 유종의 미를 거두지 못한 부분들이 머리에서 영 지워지지 않았기에 다 버려야 할지 아니면 조금이라도 개입해서 마무리를 지어야 할지에 대해서 고민이 많았다. 회사가 부도가 나면서 법적 소송에도 휘말렸는데, 상사와 동료 몇몇은 도 닦겠다고 자리를 비웠던 나에게 전부 다 덮어 씌었던 상황이었기에 심히 배신감도 들었고 심적으로 감당하기 힘든 시기였다.

답도 나오지 않는 잡생각을 얼마나 했을까, 잠도 자는 둥 마는 둥 꼬박 이틀이 지나 버렸다. 배고픈지도 모르고 얼마나 망상에 빠져있었는지 이틀 동안 한 끼도 못 먹은 상태에서 '에이! 태백산 천제단이나 한번 올라갔다 오자.'라고 마음먹었다. 나름대로 정신 좀 차려볼 심산으로 태백산 정문 쪽인 '당골' 방향으로 산행을 시작했다. 등산로 초입에 단군성전이 보였고 조금 더 올라가니 두 갈래 길이 좌우에 보였다. 우측은 넓고 사람들이 다니기 좋은 등산로였고, 다른 한 길은 작은 오솔길이었다. 나도 모르게 좌측 오솔길 쪽으로 발길이 옮겨졌는데 초행길에 넓은 길을 두고 왜 그 길로 갔는지 당시엔 의문이었다.

산을 탈 때는 '무념무상'이라고 했던가. 나는 '무념! 무상! 무념! 무상!' 이렇게 나지막한 소리로 중얼거리며 올라갔다. 얼마나 올라갔을까. 슬슬 배가 고프기 시작했다. 이틀을 굶었으니 오죽하겠는가? 에너지가 거의 바닥날 때쯤 '무념무상'을 중얼거리던 내 입은 나도 모르게 '배고프다! 배고프다!'라고 중얼대기 시작했다. 급기야는 중얼거리던 말조차 아예 나오질 않았으며 현기증에, 다리도 후들거리기 시작했다. 잠시 쉬면서 '아, 내려가야 하나?' 망설였지만, '아니지! 산 정상까지 가기로 마음먹었으니 힘들면 쉬었다 갈지라도 꼭 올라가리라.' 마음을 다지고 다시 발걸음을 재촉했다. 한 반쯤 올라갔을까? 사람 한 명 겨우 지나다닐 수 있는 등산로 바닥에 물줄기가 잔잔하게 흐르고 있었고, 저 앞에 작은 옹달샘이 보였다. 사막에서 오아시스를 만난 격이었는데 나는 물배라도 채울 요량에 발걸음이 빨라졌다. 옹달샘 앞에 딱 섰는데 우측 움푹 팬 공간에 어느 할아버지가 보였다. 할아버지는 손바닥만 한 빨간 바가지로 옹달샘에서 물을 퍼서 5리터 정도 되는 사각 플라스틱 통에 담고 계셨는데 그 빨간 바가지는 어렸을 때 우리 집 뒤주(쌀통)에서 쌀을 퍼내던 그런 바가지였다. 20년 전에 쓰던 바가지가 옹달샘에 있으니까 그 짧은 순간에 감회가 새로웠다. 그리고선 그 할아버지와 눈이 마주쳤는데 순간, '앗, 뭐지! 살아있는 사람이 아니네.'라는 생각이 들었다. 시체 느낌에 좀 더 가까운 표현일 것이다. 할아버지는 한 90세는 되어 보였고 키는 175cm 정도에 바짝 마른 체형이었다. 표정은 미동이 전혀 없었으며 새하얀 단발머리에 기다란 얼굴형이었다. 얼굴 전체에 검버섯 점들이 많은 것에 비해, 주름은 하나도 없었으며 눈은 검은자가 있기는 했는데 파란빛이 감돌면서 검은자를 감싼 듯했다. 기이한 모습에 나는 돌처럼 굳어 버렸고 정적이 흐를 때쯤 느릿하고 나지막한 목소리가 귀에 들렸다.

"왜……에?"

"아, 아니요. 목이 말라서 물 좀 마실까 해서요."

"으응, 조금만 기다려. 나 여기 다 담으면 마셔."

"네, 알겠습니다."

잠시 정적이 흘렀고 할아버지는 물을 통에 다 담으시더니 바가지에 물을 떠서 내 앞에 들이미셨다.

"자."

"아, 네. 감사합니다."

나는 할아버지가 떠주신 바가지에 담긴 물을 단숨에 벌컥벌컥 마셨다. 그러고도 옹달샘에서 서너 번 물을 더 떠서 물배를 채웠다. 숨을 돌리고 잠시 앉았는데,

"여긴, 왜 왔어?"

"네, 공부 좀 하려고요."

"으응. 무슨 공부?"

"역학 공부하는 중이에요."

"으응. 원효비결(신라시대에 道를 이룬 원효대사가 쓰신 예언서) 봤어?"

"아니요."

나는 원효비결 봤냐는 할아버지의 질문을 그 당시에는 이해하지 못했다. 이후 2018년경에 우연히 중고 서점에서 원효비결을 구해서 읽게 되었고, 그 책을 쓴 저자가 집필 전 내가 그 할아버지를 만났던 98년도에 이곳 태백산에서 많은 기도를 했다는 글을 보았다. 그래서 그때 그 할아버지가 대뜸 원효비결 봤냐고 물어본 거란 생각이 들었다. 한편으로는 혹시 원효대사의 화신은 아니었을까 하고 추정해 보기도 했다.

"어디서 왔어?"

"네, 경기도 수원에서 왔습니다."

"으응."

조금 대화하니 긴장감도 풀렸는지 그냥 인자한 동네 할아버지 같은 푸근함을 느꼈다.

"할아버지, 혹시 이 근처에 음식 파는 곳이 있나요?"

"그럼 있지."

"아!"

순간 나는 눈을 번뜩거리며 속으로 '살았다!'하고 외쳤다. 정말 듣던 중 반가운 소리였다.

"그런데 거긴 450원짜리를 2,000원에 판다."

"이 높은 곳까지 가지고 오려면 힘드니까 그 정도에 팔아도 괜찮잖아요?"

"에이, 그건 아니지!"

몹시 못마땅하신 말투였다.

"자, 가보자."

"네, 할아버지."

"자! 이 물통 들어."

"네, 알겠습니다."

이때가 가을경이었다. 강원도 태백은 여름에도 저녁엔 불을 때고, 가을이면 살얼음도 얼 때였다. 할아버지는 하얀색 반소매 모시와 바지를 입고 있었고 망사 신발을 신고 있었다. '추울 텐데 저렇게 입고 있으시네.' 궁금증을 자아내며 한 5분쯤 올라갔을 때쯤 삼거리가 나왔다.

"자! 물통 이리 내. 나는 이리 가야 하고 너는 우측길만 보고 쭉 따라가면 돼. 그러면 음식 먹을 수 있는 곳이 나와."

"네! 할아버지, 고맙습니다."

그렇게 꾸벅 인사를 하고 오솔길을 따라갔다. 주린 배를 채울 수 있다는 기대감에 긴장이 풀렸는지 다리 힘이 다 빠져서 완전 갈지자로 걸음을 걷고 있었다. 가다가 온몸에 힘이 빠져 넘어지는 바람에 잠시 가부좌를 틀고 형님한테 배운 단전 호흡을 하기도 했다. 조금 기운이 들면 다시 일어나서 걷기를 대여섯 번 정도 반복할 때쯤 시야에 절이 보였다. 절이라고 하기에는 다소 미흡해 보이는 나무 판잣집으로 된 건물이었다. 주위를 둘러보니 건물 중간지점에 주방으로 보이는 시설과 아주머니 두 분이 보였다.

"저기……, 아주머니! 배가 너무 고픈데 음식 좀 구할 수 있을까요?"

"안 돼요, 없어요."

"그럼, 음식 섭취할 만한 방법이 없을까요?"

"저 끝에 매점 있으니 그리 가봐요."

참 매정했다. 말투도 투박하고……, 무슨 절이 이리도 매정한가 싶어서 서글픈 생각이 들었다. 나중에 알고 보니 그곳은 절이기도 했지만 주로 산장처럼 사람들에게 돈을 받고 숙식 제공을 하는 곳이었다.

매점은 작은 다락방처럼 생겼고 한 평도 안 되는 공간에 이것저것 진열해 놓고 장사하고 있었다. 나는 10,000원을 주고 사발면 두 개, 낱개로 초코파이 두 개, 사이다 한 캔에 ABC 초콜릿을 한 봉지 사고 거스름돈으로 800원을 받았다. 완전 바가지였다. 지금도 그렇게 안 할 텐데 98년도에 이런 바가지 행태를 보이다니! 게다가 그때는 너무 배가 고파서 자세히 보지 못했는데 사발면의 포장지에 권장 소비자 가격 450원이 쓰여 있었다는 것을 몇 달 후에야 알게 되었다. 뜨거운 물을 제공한다는 빌미로 사발면 한 개에 2,000원을 받았던 것인데, 옹달샘에서 봤던 할아버지가 지적했던 것이 바로 이런 못된 행태였다.

사발면 두 개와 초코파이를 폭풍 흡입하고 나니 온몸에 식은땀이 물 흐르듯 쏟아지며 금세 옷이 홀딱 젖어버렸다. 피곤함도 밀려왔고 긴장감이 풀리면서 몸은 축 늘어졌다. 숙소에 가서 쉬고 싶은 마음이 굴뚝같았으나 힘들면 쉬어 갈지언정 목표한 곳은 꼭 올라가야 한다는 일우 형님의 말씀이 기억나면서 다시 마음을 다잡고 기운을 차렸다. 후들거리는 두 다리를 부여잡고 드디어 태백산 정상에 올라섰다.

사방으로 합장 반 배 인사를 세 번씩하고 천제단 안으로 가니 중년 여성 두 명이 앉아서 합장하고 기도하고 있었다. 천제단은 동그랗게 돌로 쌓은 자연석 담장이 있었고 그 안에 제사를 지낼 수 있는 제단이 놓인 모습이었다. 나는 기도하는 두 여성에게 방해가 될 것 같기에 조용히 나왔다. 그때 천제단 맞은편에서 파란빛을 띠고 있는 닭 모양의 새를 발견했는데 난생처음 보는 동물이었다. 닭과 유사한 크기였는데 털은 짧고 닭 볏은 없었고 닭보다는 조금 더 살이 쪄서 통통했다. 내가 다가갔는데도 도망을 칠 생각이 없는지 계속 뒤뚱뒤뚱 걷는 모습이 귀엽고 신기했다. 새가 있는 곳으로 가서 천제단을 뒤로, 등을 지고서 가부좌를 틀고 눈을 감은 후 호흡하기 시작했다. 이제 막 배운 호흡이라 숨이 거칠고 몸에 힘도 많이 들어가는 초보 수준이었지만 숨을 최대한 들이쉬고 서서히 내뱉기를 다섯 번 정도 했을 때였나 보다. 눈을 여전히 감은 상태에서 갑자기 주위가 하얗게 변했는데 마치 안개가 자욱한 느낌이었다. 그런데 어디서 나타난 건지 내 오른쪽에 대여섯 살 되어 보이는 남자아이가 나의 시선에서 45도 정도의 공중에 뜬 상태로 나를 쳐다보고 있는 게 아닌가. '헉! 뭐지?' 칠흑처럼 검은 단발머리는 윤기가 흘렀고 새하얀 얼굴에 초롱초롱한 눈은 검은자가 꽉 차 있었다. 잠옷처럼 보이는 옷을 입고 있었는데 빨간색 바탕에 꽃무늬를 가득 수놓은 비단옷 같아 보였다. '거참, 똘망똘망하고 귀엽게 생겼네.'라고 생각하는데 아이가 오른손으로 나의 왼쪽 어깨 뒤를 한 대 툭! 쳤다. 순간 앉아 있는 나의 몸뚱이가 시계방향으로 휙 돌더니 천제단을 바라보게 되었다. 정면으로 보이는 천제단 오른쪽 담장에 노란색 광채를 뿜어대는 여자 같기도 하고 남자 같기도 한 호리호리한 분이 걸터앉아계셨다. 머리에는 삼각형 모양의 모자를 쓰고 계셨는데 여러 종류의 보석들과 금으로 된 화려한 장식들이 달려 있었다. 왼쪽 다리를 오른쪽 무릎 위 허벅지에 올리고 있었으며 하얀색 바지에 윗도리는 오른쪽 어깨와 가슴이 드러나는 얇은 하얀 천을 걸치고 계셨다.

순간 '아, 부처님이시다.'라고 저절로 생각이 들었다. 아주 마른 몸체였지만 전체적으로 몸에 붙은 살은 통통하게 보였다. 초에 불을 켜면 초 몸통에서 노란빛이 발하듯이 옥(玉)처럼 몸통 안에서 은은하게 노란 광채가 발하고 있었고 얼굴은 들어가고 나온 곳 없이 둥글둥글한 모습이었다. 눈은 가늘고 길쭉하게 생겼는데 눈동자는 눈에 비해서 엄청나게 컸으며 왼쪽 팔은 왼쪽 허벅지에 두시고 오른쪽 손은 엄지와 중지를 마주 댄 상태로 살짝 들고 계셨다. 시선을 따라가 보니 천제단 안에서 기도하고 있는 두 명의 여성 쪽 방향이었다. 부처님은 두 여성이 몰입해서 정신을 집중하면 부처님의 신비함을 느낄 수 있는 그 무엇을 주겠다는 자비로운 느낌으로 두 여성을 쳐다보고 계셨다. 그 후 부처님은 나를 향해 고개를 돌리셨고 드디어 나와 눈이 마주쳤는데 순간 환희로 들끓었다고 해야 할까! 온몸이 날아갈 듯한 기운이 감돌았고 심장이 쿵쾅쿵쾅 요동치기 시작했다. 뭐라고 표현해야 할지 이루 말할 수 없는 기분이었다. 꼭 도둑질하다가 걸린 것처럼 화들짝 놀란 마음에 번쩍 눈을 떴는데 부처님의 모습이 조금씩 지우개로 지워지듯이 사라지기 시작했다. 벌떡 일어나니 내 몸은 천제단 뒤로 등을 지고 있었고 재차 확인하기 위해 천제단을 향해 뒤를 돌아보는데 순간 내 눈앞에 이상한 형체들이 펼쳐지고 있었다. 1~2cm 정도의 아주 작고 가느다란 전기 스파크 같은 것들이 태극을 그리며 S자 모양으로 움직였다. 한곳에서 출발한 그 작은 스파크는 끝에 가서는 없어졌다가 없어진 자리에서 다시 생겨나서 다시 원래의 자리로 갔다. 또다시 없어졌다가 다시 생기고 다시 왔던 곳으로 가는 반복된 움직임이었는데 이것들이 셀 수 없을 만큼 어마어마하게 많았다. 내 시야가 머무는 하늘 끝까지, 그 작은 스파크들은 꼬리에 꼬리를 물고 상하좌우 온 사방으로 3D 그물망처럼 모두 연결돼 있었다. 그 순간 부처님 모습은 완전히 사라졌지만, 천제단 쪽에서 내 이름을 부르는 부처님의 음성이 들렸다.

"이것이 바로 '기(氣)'라는 것이다. 기(氣)는 멸하는 것도 아니고 생 하는 것도 아니란다. 땅속, 물속도 투과하며 우주 삼라만상 어디에도 통하지 않는 곳이 없단다. 이 기(氣)를 흡수하거라."

내 이름을 부르시며 당신의 모습도 친히 보여주시고 공부에 필요한 말씀까지 해주신 것에 대해 벅차오르는 감정을 추스르면서 하산했다. 사찰에서 부처님의 형상에 금색 칠을 왜 하는지 비로소 알게 됐지만, 사실 천제단에서 본 부처님이 정확히 누구인지는 알 수 없었다. 천제단에 앉아 계신 부처님은 깡마르다고 표현할 정도로 마른 모습이었다. 그러나 절에서 본 불상은 대부분 몸통이 풍만한 형상들이었기에 관세음보살님인지 석가모니 부처님인지 궁금증을 자아내며 숙소로 돌아왔다.

허기진 몸으로 산행을 마치고 얼마나 피곤했는지 숙소에 도착하자마자 바로 곯아떨어졌다. 다음 날 오전, 어제 봤던 부처님을 또다시 볼 수 있지 않을까 하는 기대감으로 태백산 천제단을 다시 올라갔다. 이번엔 태백산 정문 당골 쪽에서 일반 등산로를 따라 산행했다.

옛날 임금님들이 천제단에서 하늘에 제사를 지냈다고 해서 그런지 일반 등산로는 가마가 지나갈 수 있을 정도로 넓었다. 얼마쯤 올라갔을까? 가파른 고갯길에 올라서니 평평한 등산로가 펼쳐졌고 평일이라서 그런지 등산하는 사람은 보이지 않았다. 그런데 등산로 길옆에 있는 나뭇가지를 만지작거리며 어느 할아버지가 저 앞에 서 있었다. 위아래로 검은색 제복과 같은 옷을 입었고 특이한 점은 중절모를 썼는데 모자 중앙에 음양을 상징하는 태극 마크가 새겨져 있었다. '어떻게 저런 복장으로 등산할까? 참 묘한 할아버지네.' 그렇게 생각하는 순간 내 쪽으로 고개를 휙 돌리셨는데 마주친 두 눈에선 하얀 불꽃이 번쩍번쩍했다. 나는 잠깐 주춤하며 머뭇거렸고 그 할아버지는 지나가는 나를 예리한 눈빛으로 계속 쳐다보셨다. '저 할아버지도 이 산에 계시는 분인가?'하는 의문만 가지고 천제단에 올라섰다. 이날 어제 본 부처님은 보지 못했지만, 수원사무실로 돌아가기 전에 인사드리고 싶은 마음에 기도하고 숙소로 돌아왔다. 다음 날 일찍 출발해서 오후에 수원사무실에 도착했다.

"형님, 태백산 천제단에서 부처님 형상을 봤는데 그분이 누구세요?"

"거기, 석가여래 계시잖아."

"네? 그분이 석가모니 부처님이세요?"

형님은 당연하다는 듯한 말투와 표정을 지으셨다.

"절에서 보는 불상의 모습과는 다르게 아주 늘씬하던데요. 그리고 석가여래 뵙기 전에 어린 남자아이가 어깨를 쳐서 제 몸이 돌아갔는데, 그 아이는 누구예요?"

"옷, 뭐 입었어?"

"비단옷 같은데 빨간 바탕에 검은색 테두리로 꽃무늬가 가득 그려져 있었어요."

"으응, 석가여래 수발드는 동자야."

"아, 그런 거예요. 그리고 이틀 동안 할아버지 두 분을 만났는데 그분들은 누구예요?"

"다 태백산에 계신 분들이야, 두 분 모두!"

천제단을 정면으로 보면 좌측 봉우리가 '문수봉'이고 우측으로 '장군봉'

이 있는데 처음에 올라갔던 오솔길은 문수봉과 가까운 행로였고, 다음날에 올라갔던 등산로는 장군봉과 가까운 곳이었다. 옹달샘에서 만난 할아버지는 문수봉과 관련된 '뒤에 계신 분'이라는 것을 알게 되었고 배고픔에 지칠 대로 지친 나를 올바른 길로 인도해 주시기 위해서 옹달샘에서 기다리고 계셨다는 걸 비로소 알아차리면서 감사함을 느꼈다. 그리고 다음 날 뵈었던 검정 제복을 입은 할아버지는 석가여래를 호위하는 신장님들 중 한 분인 것을 직감했다. 천제단에 석가여래가 계신다는 일우선인의 말씀을 듣고 나는 사색하기 시작했다.

석가모니 부처님은 인도 사람인데 왜 우리나라에 계시는 걸까? 이 궁금증이 즉시 풀리지는 않았지만, 공부하는 과정에서 조금씩 풀리기 시작했다. 석가여래는 도계(道階) 9단의 존재이기에 자기 몸을 여러 개로 나누셔서 여러 나라에 몸을 분산시킬 수 있는 능력이 있기에 당연히 그럴 수 있다고 생각했다. 또 한편으로는 태백산 등산로 초입에 단군성전이 있는데 혹시 단군과도 연관성이 있는 분은 아닐까 하는 생각도 들었다. 옛날에 임금님들이 단군, 즉 천존이 내려오는 장소라고 굳게 믿고 매년 왕래하며 제사를 지냈던 곳이었으니 말이다. 그래서 석가여래 부처님이 천제단에 자리 잡고 있다는 것은 분명 단군과 무관하지 않다는 내 나름대로 결론을 내렸다. 그리고 아이러니한 것이 인도 태생의 석가여래는 불교의 창시자임에도, 정작 인도엔 불교와 석가여래를 숭배하는 사람이 인도 전체 인구의 10분의 1도 안 되는 수준이다. 결국 석가여래와 불교는 동아시아로 흘러와 전파됐고 자리매김한 것이다.

태백장산 숙소는 강원도 영월군 상동읍 구래리다. 여기서 구래리(九來里)는 예전에 사명대사가 아홉 번을 왕래했다고 해서 붙여진 명칭이고, 원효대사는 요석공주와 연을 맺은 후 계율을 어겼다고 자책하며 환속(승려에서 다시 속세 사람으로 돌아감)했는데 그 후 한동안 강원도 태백에서 머물렀다는 내용을 어느 자료에서 본 적이 있다. 아마 두 분도 크게 깨달은 분이기에 태백산 천제단에서 석가여래를 분명히 친견했을 테고 그로 인해 자주 인사드리러 왕래했던 것으로 추정된다. 내가 공부를 시작한 지 얼마 안 된 초심자에 불과한데도 이런 엄청난 경험을 할 수 있었던 것은 일우선인의 제자이기에 가능한 일이다. 도의 세계로 더욱 매진할 수 있도록 '뒤에 계신 분'들께서 조화를 부리신 것을 믿어 의심치 않는다.

천제단에서 석가여래께서 보여주신 기(氣)를 부연 설명하려 한다. 예를 들어 우주의 시작점과 끝나는 지점이 있다면, 이 기(氣)가 시작과 끝의 지점까지 전부 펼쳐져 있고 상하좌우 미세한 그물망에 모든 공간과 만물이 섞여 있듯 투과된 것이다. 득도하면, 마치 전기가 통하는 것처럼 이 기(氣)를 통해서 기(氣)와 연결된 모든 곳을 보고 들을 수 있으며 여러 가지 도술을 응용해서 사용할 수 있는 것이다.

04_ 삼혼칠백(三魂七魄)

삼혼칠백

일우선인을 뵌 지 얼마 안 됐을 무렵이었다. 강원도 태백에 다녀오자 하시며 산행하는 방법, 기도 터 정하는 방법, 그리고 기도하는 방법을 알려주겠다고 했다.

강원도 태백에 형님의 집이 세 채 있었다. 두 채는 그 마을에 갈 곳 없이 지내는 분께 드렸고 나머지 한 채는 가끔 기도 갈 때 숙소로 사용했다. '집'이라고는 했지만, 사람들이 익히 생각하는 보통의 집과는 다르다. 한때 탄광촌으로 성황을 누렸던 곳이지만 시설은 70~80년대의 허름한 옛 건물이었다. 큰 방 하나에 넓은 부엌, 바닥이 비스듬한 화장실은 용변을 본 후 수돗물을 틀면 바깥 계곡물로 배설물이 쓸려가는 구조였다. 화장실 하나만큼은 맘에 들었다.

형님이 "태백에 다녀오자." 하셨을 당시는 내가 어느 정도 속세와의 연을 끊었을 때였다. 태백에 가면 숙소가 있다는 말을 몇 번 들었기에 내심 궁금하기도 하고 마음이 설레었다. 정오에 출발 후 꼬박 4시간쯤 차를 달려서 태백에 도착했다. 이때까지만 해도 고속도로가 개통 전이라서 산길을 꼬불꼬불 달리느라 은근히 시간이 오래 걸렸다.

숙소에 도착하자마자 주위를 잠시 둘러본 후 방에 들어갔는데 바로 피로가 밀려왔다. 방에 들어간 지 한 10분쯤 됐을까.

"나 화장실로 오라고 그러시네, 갔다 올게!"

화장실에 누가 온다는 건지 영문도 모르고 있는데 10분 후에 형님이 들어오셨다.

"형님, 누가 오셨다는 거예요?"

"으응, 여기 태백산 '뒤에 계신 분'들이 다녀가셨어."

너무 피곤해서 그저 자고 싶은 마음에 태백산 '뒤에 계신 분'들에 대해서 온전히 정신을 집중할 수 없었다. 형님은 피곤해하는 나의 마음을 알아채고 간단하게 저녁 식사를 마친 후 일찍 잠자리에 들도록 해주셨다.

이른 아침에 아주 상쾌하고 가벼운 느낌으로 일어났는데 이처럼 개운하게 숙면한 적이 없었던 것 같았다. 그런데 코에서 이상한 기운이 느껴져서 콧구멍을 만져보니 속이 꽉 막혀 있었다. 뭔가 딱딱한 물체가 느껴져서 이리저리 주물럭거리다가 간신히 뺐는데 10원짜리 동전 크기의 동그란 황색 덩어리였다. 어찌나 딱딱한지 잘 깨지지도 않았고 시궁창 냄새처럼 썩은 내가 진동했다.

학창 시절에 자다가 숨이 막혀서 종종 깬 적이 있어서 병원에 갔더니 비염 진단을 받았고 증상을 완화하기 위해 뼈와 살점을 잘라내는 수술을 했었다. 그 후 잠을 자다가 숨이 막혀서 깨는 일은 없었지만, 냄새에 둔감해지고 코를 시원하게 풀기 어려웠다. 그런데 썩은 냄새가 나는 이 덩어리가 빠진 후로 코도 잘 풀어지고 숨 쉬는 게 그 전보다 아주 상쾌해진 걸 느낄 수 있었다. 일우선인이 단전호흡하는 데 있어서 수월하게 수행할 수 있게 축농증 증세의 바이러스성 병균을 뿌리째 뽑아낸 거였고 추가로 학창 시절에 여러 사고를 겪으면서 발목과 무릎, 허리 통증의 고질병도 있었는데 이날 이후로 전혀 통증을 느끼지 않았다. 아마도 앞으로 가부좌 틀고 수행하는 데 있어서 편하게 공부할 수 있게 형님께서 고쳐주신 것이다.

"아이코, 늦었다. 아침에 일찍 올라간다고 했는데."

"네? 형님, 누구 만나기로 한 거예요?"

이 깊은 산 중에 어떤 중요한 분이 오시는가 싶어서 채비를 서둘렀다.

오전 8시경 우리는 해발 약 300m 높이까지 비포장도로를 따라 이동했다. 더 이상 차로 갈 수 없는 길에서 주차한 후, 좁은 숲길을 따라 산을 오르기 시작했다.

"산을 탈 때는 무념무상을 유지해라. 그리고 아무리 힘들어도 목적지까지는 중간중간 쉬었다 갈지라도 끝까지 포기하지 말고 꼭 올라가야 한다."

"네, 형님."

"그리고 목적지에 도착한 후 적어도 20분 이상은 앉아서 단전호흡하고 내려와야 해."

"네, 알겠습니다."

그나저나 만나기로 한 사람은 언제나 볼까 하는 생각이 문득 들었다. 일 년에 10명은 지나다닐까 싶은 생각이 들 만큼 산길은 점점 더 협소해지고 험난해졌다. 좁은 숲길을 지나 수풀이 우거진 험난한 길목에 들어서자, 형님이 물었다.

"너, 축지법 본 적 있어?"

"네? 아니요, 한번 보고 싶어요."

말이 끝나기 무섭게 "어! 어어!"하는 사이에 일우 형님은 내 시야에서 완전히 사라졌다. 난생처음 목격한 축지법에 기막힐 노릇이었다. 부랴부랴 뛰다시피 가파른 산을 얼마나 쫓아 올라갔을까. 거친 숨을 몰아쉬며 한참을 올라가니 어느 큰 바위 앞에 형님이 평온하게 서 계셨다.

오래전 화산 폭발로 용암이 자연스럽게 굳어서 용(龍)처럼 생긴 문양이 새겨진 바위 밑으로 맑은 물이 솟아오르고 있었다. 마치 누군가 정성껏 돌을 깎아 만들어 놓은 것처럼 정교했다. 그 바위를 등지고 앞을 내려다보면 좌청룡 우백호가 명확한 방위에서 느낄 수 있는 아늑한 기운이 가득했다. 그 자리에서 우측으로 50여 미터 가로지르니 누군가 깎아 놓은 듯한 반듯하고 평평한 비석 모양의 바위가 세워져 있었다. 그 아래로 청명한 물소리와 함께 부족하지도 넘치지도 않은 물이 깊은 우물처럼 자리한 모습이었다.

"바위가 있고 물이 흐르는 곳이면 다 기도 터야. 산에 가면 그런 곳을 찾아서 자리 잡고 기도하면 돼. 먼저 동서남북 사방으로 합장 반 배를 3번씩 하면 중앙까지 모두 오방(五方)에 인사드리는 행위야. 그리고 인사할 때는 항상 텔레파시 보내듯이 정신 집중해서 하는 것 잊지 말고."

"네, 알겠습니다."

알려주신 방법대로 사방으로 합장 반 배 인사를 드렸다. 형님은 바위를 등지고 시야가 확 트인 하늘을 45도 각도로 쳐다보고 계셨다.

"물, 석 잔 떠 놓아라."

마을 사람들이 사용했던 것으로 보이는 밥그릇 같은 스테인리스 그릇 여러 개가 바위 앞에 있어서 그릇에 물을 떠서 바위 앞 평평한 곳에 공손하게 올려놓았다.

"아니다. 두 잔 더 떠야겠다."

총 다섯 잔을 떠서 올려놓자, 형님은 말없이 하늘을 응시하셨다. 얼마쯤 지났을까?

"이제 내려가자. 너 이제 나한테 코 꼈다. 아주 혹독하게 스파르타식으로 공부시킬 거야."

'뒤에 계신 분'들과 무슨 얘기가 오고 갔음을 짐작했다.

"열심히 공부해야 한다."

"네, 형님."

"이 세상에서 더러운 것, 깨끗한 것 가리거나 피하지 말고 닥치는 대로 다 겪어봐! 그래야 공부할 수 있어."

무슨 말씀인지 단박에 감지했고, 쉽지 않으리라는 것도 알았다. 그러나 열심히 해보겠노라고 굳게 다짐했다. 하산할 시간이 되자 먼저 내려가라는 형님의 말씀에 뒤도 돌아보지 않고 정신없이 내려갔다. 어찌나 빨리 내려갔는지 금세 형님의 모습이 보이질 않았다.

어느새 주차해 놓은 곳에 다다랐을 무렵 공식적인 등산로도 아닌 깊은 산에 50대 후반 내지 60대 초반쯤 보이는 중년의 남자가 보였다. 진갈색에 붉은색과 검은색 무늬가 있는 카디건, 검은색 양복바지에 구두를 신고 있었다. 가르마를 2:8로 반듯하게 탄 짙은 검은색 머리에 숱이 많고 진한 눈썹이 눈에 띄었다. 한눈에 봐도 무척 잘생긴 외모에 가무잡잡한 피부는 건강해 보였다. 그 옆에는 검은색 발바리 같기도 하고 닥스훈트 같기도 한 개가 있었는데 나를 한번 바라보고 중년 남자를 한번 보고, 번갈아 보는 행동이 마치 사람 같아서 기이했다.

"저 위에 계신 분은 아직 안 내려오셨나요?"

"아, 네! 지금 내려오시는 중이에요."

"네……에."

중년의 남자는 휙 돌아서 다시 내려갔다. 그 개도 휙 돌아서더니 그 남자를 따라 내려갔다. '아까 아침에 약속한 분이 저분인가. 근데 왜 그냥 내려가시지?' 깊은 산과 어울리지 않는 복장의 남자와 특이한 행동의 개라니, 참 알다가도 모를 지경이었다.

고위직에 있는 분 같기도 한지라 일우 형님과 인적이 드문 곳을 찾아서 비밀리에 접선하나? 이런저런 생각을 하고 있는데, 먼발치에서 형님이 내려오시는 게 보였다.

"방금 중년 남자분이 형님에 관해 물으시길래, 내려오시는 중이라고 하니까 돌아서 다시 내려갔어요."

"으응" 하시곤 살짝 고개를 끄덕이셨다.

보통 사람들이라면 누구인지, 왜 찾는지 설레발칠 법도 한데 형님은 별 반응이 없었다. 보안에 관련된 것으로 짐작해서 금방 잊었지만, 나중에 그 분의 존재를 알게 되었다.

보통 도계의 계급이 높은 분이 산에 오면 해당 산의 산신이 그보다 계급이 낮은 경우 산 아래로 마중을 나온다. 그리고 산신의 계급이 그보다 더 높으면 산 밑으로 마중 나올 필요가 없다. 일우선인의 계급이 더 높아서 그 산신께서 산 아래서 대기하던 거였고, 잠시 인간으로 화현하심은 나를 공부시켜 주기 위한 연출이었다. 또 산신을 수발드는 수발 동자가 잠시 모습을 개로 변화한 것이다. 또 한 가지 기이한 것은, 일우 형님이 내려오시고 바로 차로 이동해서 산 아래로 내려간 시간이 중년 남자와 마주치고도 남을 시간인데 그새 어디로 사라졌는지 행방이 묘연했다.

사실 형님은 거추장스러운 몸뚱이를 가지고 산행하지 않았는데 특별히 이날은 부족한 제자의 공부를 위해서 직접 산행한 것이다. 이날 이후로 형님과 함께 산을 오르는 행위는 두 번 다시 없었다.

"삼혼칠백(三魂七魄) 들어봤어?"

"네? 아니요. 그게 뭔데요?"

"육신에 달라붙는 영혼이 세 개고 뼈와 물렁뼈 조각조각을 합치면 칠백 개가 나와. 여자가 배 속에 아이를 잉태한 후, 첫 번째 혼(魂)이 들어와야만 아이가 생명력을 갖고 클 수 있어. 그리고 자연분만이나 제왕절개로 출산해서 아이가 바깥세상에 나오면 공기를 마시고 호흡하기 위한 두 번째 혼이 있어야 해. 그때 두 번째 혼이 때맞춰 자연스럽게 들어와서 공기를 마시고 살 수 있는 거야. 그리고 아이가 3년째 되는 해에 마지막 세 번째 혼이 들어오는데 그제야 완전한 인격체가 형성되는 거야. 만약 세 번째 혼이 제대로 안 들어오면 정신적 장애와 여러 가지 불치의 소아병이 생기게 되지. 그리고 세 번째 혼이 엄마 자궁에서 나오자마자 두 번째 혼과 같이 들어와서 안착하는 경우가 있는데 이런 아이들은 조숙하고 두뇌가 뛰어나서 천재 소리를 듣기도 해. 반대로 사람이 죽게 되면 하늘로 솟구치는 혼과 땅속으로 스며드는 혼이 있고, 나머지 하나는 구천을 떠돌게 되는데 이게 일반 사람들 모두가 겪는 자연의 섭리야."

어떤 서적에는 '칠백'에 관해서 일곱 가지로 분류해 놓았는데 내가 배운 것은 뼈에 관한 것이었다. 칠백의 작용에 대해서는 여쭤보지 않았고 언젠가 득도하면 자연스레 알게 될 것으로 생각했다. 그러나 내 생각보다 훨씬 빠르게, 이후 삼혼칠백이 육경신 수행법과 연관이 있다는 것을 알게 되었다.

05_ 육경신(六庚申)

육경신

 육십갑자를 순서대로 짚어 보면 57번째가 경신(庚申)이다.

 경신은 년(年), 월(月), 일(日), 시(時) 모두에 적용된다. 달력에 원숭이 그림으로 표현되거나 한글이나 한자로 표시되기도 한다. 경신 일이 한 바퀴 돌면 61일 만에 다시 돌아오는데, 1년에 6번(61일×6=366일) 찾아온다고 해서 육경신이다.

 책자나 인터넷을 검색하면 여러 정보가 나오지만, 별 의미는 없다. 경신 날, 인간이 잠들면 몸에 깃든 삼혼(三魂) 중에 혼이 하나 빠져나와서 두 달(60일) 동안의 언행과 과실, 생각을 저세상(底世上: 아래 세상 즉, 땅속 세상 또는 저승, 저생: 底生이라고도 함)에 전송시킨다. 비단 인간뿐만 아니라 혼(魂)이 깃든 모든 생명체도 이에 속한다.

 '전설의 고향'이라는 예전 TV 프로그램에서 저승에 가면 업경대라는 거울이 인간 살아생전의 모든 언행 기록을 투과해서 보여주는 장면이 있다. 이것이 바로 경신 날 몸에서 빠져나온 혼이 저승에 전송시킨 기록이 송출되어 보이는 것인데 여기서 혼이 저승으로 직접 가서 전송시키는 건 아니고 경신 날 기록을 저장하기 위해 저승에서 어떤 물체를 이승(이생, 또는 이세상)으로 보내면 물체가 지구 대기권을 운행하면서 전광석화처럼 빠르게 전송받는다. 혼은 두 달간의 기록을 송출하고 바로 몸속으로 다시 들어가며 기록을 받아서 저장한 물체는 업무를 마치면 저승에 있는 기록 저장소 본체로 돌아간다. 이 물체를 UFO라고 보아도 무관하다. 이 모든 일의 속도는 전광석화 같고 한치에 오차도 없으며 지구에서 영혼이 깃든 모든 생명체에게 빈부귀천을 막론하고 적용된다. 일 년에 여섯 번 전송시키게 되는데 애당초 인간의 몸과 혼은 이런 방식을 수행하게끔 그렇게 설계, 설정되어 있다. 그런데 사람이 잠들었을 때만 빠져나가서 정보를 전송시키는 혼(魂)이 만약 경신 날에 잠을 안 자고 버티면 이놈의 혼이 빠져나가지 못해서 두 달 동안의 기록이 누락 된다.

1년에 여섯 번 찾아오는 경신 날 잠을 안 자면 저승에서는 경고의 종이 울리는데 죽지 않고 살아있는 생명체의 1년간 기록이 올라오지 않아서 저승에 비상이 걸리는 것이다. 이러면 인간 세상에 직접 감찰을 오는데, 그 결과 이 사람이 육경신을 수행하고 있다고 판단이 내려지면 이후 관찰 대상에 들어간다.

육경신 수행은 새해 첫 경신 일부터 마지막 경신 일까지 총 여섯 경신 날을 성공해야 한다. 그래야만 1년 동안 내가 했던 말, 행동, 생각 등 모든 내용이 저승에 기록되지 않고 영원히 누락 된다. 만약 새해 첫 경신 일부터 다섯 번까지는 성공했다가 여섯 번째 경신 날에 실패하면 그해의 육경신 수행은 물거품이 된다.

1년간 육경신 수행에 성공하면 신통 한 가지를 얻는다고 하지만, 나의 경우 1년 육경신 수행에 성공해도 특별히 얻은 신통은 없었다. 각 개인의 성향과 전생의 업적 등에 따라서 1년간 육경신 수행에 성공해서 신통을 얻는 예도 있고 10년을 성공해서 신통을 얻는 예도 있다고 하지만 신뢰할 만한 정보는 아니다. 다만 여러 경험을 통해 안 것은 예전부터 내려오는 육경신 수행이 분명 허구가 아니라는 것은 확실하다.

불교에서 옛 고승이나 수행의 길을 가는 스님 중에 잠을 자지 않는 비법을 터득하려고 수행에 힘쓰던 시절이 있었다. 그러나 육신은 육신대로 손상되고 별 소득 없는 수행이라는 결론을 얻었다. 단혁스님도 본인의 수행 결과, 부질없고 어리석은 수행이라고 말씀하셨고 일우선인 또한 1년 동안 잠을 안 자는 수행이 '육경신 수행'만 못하다고 했다.

"형님, 1년에 여섯 번 오는 육경신 날만 안 자면 신통을 얻을 수 있나요?"

"다 자게 돼 있어!"

경험 삼아서 한 번쯤 육경신 수행도 해볼 만하지만, 일우선인의 말씀대로 별 의미 없는 수행이란 것을 알 수 있다.

내가 아는 대선배인 어떤 역학자가 있었는데 어려서부터 육경신 수련을 시작해서 20번 정도 성공한 후 의술 신통을 얻었다. 사람의 혈과 기의 흐름과 오장육부가 엑스레이처럼 선명하게 보여서 병든 곳을 한눈에 찾아 고치기도 했다. 그 선배님은 돌아가신 지 20여 년쯤 됐는데 돌아가시기 전까지 그 이상의 발전은 없었다. 절대 득도한 분은 아니었고 신통 하나만 얻은 분이었다.

나도 한때 육경신 수련이 궁금해서 혼자서 수행을 시도해 보았다. 내일이 경신 일이면 오늘 밤 자시부터 잠을 안 자기 시작해서 경신 날 밤 23시까지 버티면 된다. 경신일 전날 미리 잠을 청해서 밤 11시 전에 일어나서 준비했는데 컨디션 조절은 본인 몫이다. 그리고 혹시 몰라서 자정인 0시까지 더 버텼다. 첫 경험은 세 번(6개월)을 성공했고 4번째 되던 경신 날에 저녁 식사 후 사무실 책상에 앉아 있다가 네다섯 시간을 남겨두고 졸음이 폭풍처럼 쏟아지기 시작했다. 세수도 하고 책도 보다가 사무실 법당을 왔다 갔다 걷기도 하며 한두 시간 버텼지만, 몸은 점점 느려졌다. 눈꺼풀은 천근만근에다가 걸음은 등허리에 무거운 짐을 얹은 것처럼 무겁고 쓰러질 것 같아서 의자에 앉았는데 귓가에 이상한 말소리가 들리기 시작했다. 꼬부랑거리는 말투로 '빨리 나가야 하는데……'라며 조급해하고 안절부절못하는 느낌이 확 와닿았고 그 순간 나는 깜빡 잠이 들었다. 한 3초간 잠이 들었을까. 머릿속에서 뭔가가 쑥 빠져나가는 느낌이 들었고 잠이 싹 사라지면서 푹 자고 일어난 것 같았다. '아, 졌구나!' 즉 실패한 거였다. 세 번 성공했어도 네 번째 실패하면 8개월간의 기록이 저승으로 한꺼번에 전송된다. 얼마나 약이 오르던지……. 그해는 실패였기에 다음 연도를 기약했고 12월에 다음 해의 달력을 미리 준비해서 여섯 번의 경신 일을 표시했다. 정신 무장을 단단히 하고 심기일전해서 1년 육경신 수행에 마침내 성공할 수 있었다.

1년에 총 여섯 번, 6일만 안 자면 된다. 할 일 다 하면서 할 수 있고 큰 부담이 되지 않으니 해볼 만하다. 이후 역학자들 모임의 도반들이 나의 육경신 경험담을 듣고 관심을 보였고 그중 10명이 모여서 육경신 수행을 함께하기로 했다. 한 번은 A 도반 집에서, 한 번은 B 도반 사무실에 모였고 때론 휴양지 펜션을 얻어서 수행했다. 육경신 수행은 최대한 에너지를 아껴야 하기에 돌아다니지 않고 여럿이 앉아서 수다를 떨고 몇몇은 화투를 치면서 시간을 보냈다. 동종업계에 있다 보니 대화가 잘 통했고 시간 가는 줄 몰랐다.

육경신 수행 때마다 나는 식사를 금하고 수분만 보충하며 약간의 군것질만 했다. 경험상 밥을 먹으면 식곤증이 따라왔기에 나만의 팁이었고 최대한 수행에 유리한 몸 상태를 유지하기 위함이었다. 단, 이전의 실패를 돌이켜 보면 뭔가에 조정당하듯이 잠이 들었기에 소용없다는 생각도 들지만 어쨌든 정신력으로 버티면 성공할 수 있다는 각오로 할 수 있을 때까지 가 볼 심산이었다.

육경신을 한번 성공한 후 2년째 이어서 수행하는 중에 동참했던 도반들이 하나둘 잠들어 실패하기 시작했다. 어떤 분은 계속 이야기를 나누다가 잠시 조용하더니 갑자기 '그런데 화장실 바닥에 피가 꽉 차 있던데 왜 그런 거야?'라고 중얼거리는 것이다. 다들 "뭔 소리야? 아이코, 잠들었구먼." 그렇다. 아차 하는 1~2초 사이 잠이 들었고 꿈까지 꾼 것이다. 0.1초만 잠을 자도 실패. 깜빡하는 찰나의 순간에도 혼은 빠져나간다.

일우 형님이 다 잠자게 돼 있다고 말씀하신 것처럼 본인이 잠을 잤는지 안 잤는지 자각할 수도 없는 그 짧은 순간에 혼은 빠져나간다. 그래서 실제 성공하는 사람은 극소수에 불과하다. 도반 한 명은 쏟아지는 잠을 몰아내기 위해서, 일부러 버스에 앉을 자리가 있어도 손잡이를 잡고 서 있었지만, 선 상태로 잠들었고 다른 도반은 화투를 치는 중에 졸고 있는 것도 봤다. 결국 도반들 모두가 실패했다.

이후 몇몇 도반의 화투나 카드 치는 행위가 놀이 수준이 아닌 도박 수준인 것을 보면서 육경신 수행이 아닌 도박 행위를 목적으로 온 것임을 알게 되었다. 결국 산에 토굴 수행하러 간다는 핑계로 다시는 그들과 어울리지 않았다. 수행에 뜻이 없는 인연은 가차 없이 끊어버린다.

득도하게 되면 잠은 자연스럽게 통제할 수 있기에 굳이 육경신 수행에 매진할 필요를 못 느껴서 잠시 좋은 경험했다고 생각하며 육경신 수행을 중단했다.

도의 세계에는 좌도방과 우도방이 있다.

좌도방은 동적인 수행으로 부적이나 주문을 사용하여 도술을 부리는 무리고 우도방은 정적인 수행법으로써 참선을 중심으로 수행하는 무리다.

　수행 방식을 간단히 설명하자면 토끼와 거북이가 산 정상을 향해 올라가는 것으로 묘사할 수 있다. 좌도방인 토끼는 산을 오르다가 중간중간 좌측이나 우측으로 빠져서 한가지 신통을 얻기 위해서 시간을 소비하는 방식이고 거북이는 시간이 걸리더라도 산 정상을 향해 묵묵히 올라가는 방식이다. 토끼는 중간중간 신통을 하나씩 얻기는 하지만, 묵묵히 오랜 시간이 걸려 산 정상에 도착한 거북이는 정상에 오른 순간 산속에 있는 모든 신통을 '무불통지'하게 된다. 자연스럽게 모두 습득하는 것이다. 그래서 '뒤에 계신 분'들은 잡술에 현혹되지 말고 선(禪) 수행을 완성하는 데 힘쓰라고 말씀하신다. 육경신 수행은 좌도방 수련이라고 할 수 있으며 경험상 한 번쯤은 할 수 있겠지만 그 이상의 의미는 없다.

　우도방 수련을 봐주는 산과 좌도방 수련을 관장하는 산이 따로 있다는 말이 있는데 이 표현에 대해서 일우선인은 "그런 거 따지지 마! 산은 일맥상통인데 왜 그런 걸 따져." 이렇듯 산의 크고 작음이나 명산인지 아닌지에 수련 성공 여부가 달린 것이 아니라 당사자의 정성과 노력으로 판가름 나는 것이니 이것저것 따지지 말고 오로지 한 길만을 향해서 거북이처럼 묵묵히 수행하는 것이 답이다.

06_ 전생과 윤회

전생과 윤회

　인간은 전생이나 윤회가 있는지 평생 의문을 가지고 살고 있다. 정확한 지식이 없고 그에 대한 지식을 정확하게 전파하는 자도 없기에 항상 미지의 영역으로 홀대하는 경향이 크다. 중국 어느 지역엔 전생 마을이라고 지칭하는 곳이 있다. 여러 방송매체에서 미스터리 현상이라 소개하기도 했고 이에 대한 많은 영상이 전파돼 있다.

　여러 경험을 통해 '또 다른 세상'이 당연히 있다고 생각하며 흥미진진하고 짜릿한 전생에 대한 나의 경험을 이야기하고자 한다.

　2,000년대 초반 태백 장산에서 참선 수행할 때였다. 불교 참선 방법 중 '화두참선'이라는 것이 궁금하여 '전생'이라는 화두를 세워서 참선을 시작했다. 육신의 활동이 적은 수련이기에 식사는 하루에 한 번, 죽(粥)에 간장을 비벼서 먹었다. 가부좌를 계속 틀고 있기에 다리에 통증이 오면 반가부좌로 했다가 정 힘이 들면 벽에 잠시 기대서 수련했다. 눕지 않고 항상 앉은 자세로 잠이 들었고 정신이 들면 다시 자세를 바로잡으며 화두참선을 이어갔다.

　화두를 전생으로 잡고 수행하는 방법은 이러하다. 어제 아침부터 저녁에 잠들 때까지 나의 모든 언행을 순차적으로 기억해서 짚어나가는 방식이다.

그저께, 그끄저께, 지난달, 지지난달, 작년, 재작년, 재재작년……, 이같이 범위를 확장해 가면서 결국에는 어린 시절 기억들까지 뇌를 자극해서 계속 더듬어 거슬러 올라가는 방식이다. 분명히 지금까지 살면서 내가 걸어온 발자취지만 그 발자취를 100% 기억해 내는 사람은 없다. 나 역시 마찬가지이기에 현재까지 살아온 발자취를 기억나는 대로 최대한 기억해 내기를 여러 번 반복하면서 수행한 지 7일째 되던 날 눈을 감고 있는 내 앞에 어떤 영상이 펼쳐졌다. 어느 마을이 보였고 주변 사람들이 나를 보며 '승환아!'라고 불렀는데, 순간 '아, 내 전생의 이름이 승환이구나.'라는 걸 알아챘고 또다시 다음 화면으로 넘어갔는데 이번 생의 일우선인의 여제자인 도경 선생이 보였다. 절 같기도, 사당 같기도 한 곳에서 도경 선생이 제단 앞에 서서 두 손을 합장하고 '우리 승환이, 부디 건강하고 무탈하게 살아갈 수 있게 비나이다, 비나이다.' 하며 간절한 표정으로 기도하는 모습이 보였다.

후에 일우선인을 찾아뵙고 저녁 식사하러 사무실에서 나온 후 우리는 늘 가던 식당이 여러 군데 있기에 목적지를 정해야 했다.

"형님 어디로 갈까요?"

"응, 너희 누나 집에 가자."

이번 생의 속가의 누님은 충청도 대전에 살고 있었는데 뜬금없이 우리 누나네 집에 가자고 하니 어안이 벙벙해서 잠시 머뭇거렸다.

"안양 도경이네! 말이야"

내가 태백토굴에서 참선 중에 도경 선생이 전생에 나와 남매지간이었다는 걸 알아낸 것에 대해 아시고 한 말씀이었다.

도경 선생은 이번 생에도 남동생이 한 명 있는 남매지간의 생을 살고 있는데 전생과 같은 가족관계를 유지하는 것이 참 묘했다. 이런 내용은 형님과 나, 둘만 알고 있었고 도경 선생에겐 굳이 말하지 않았다. 형님은 스스로 깨치도록 이런 방식으로 공부시켰고 수행 중에 겪는 모든 것에 대해 옳고 그름을 명확히 깨우치게 해주셨다. 직접적인 말이 아닌 늘 도력을 사용해서 교육하셨다.

태백장산 토굴에서 전생에 도경 선생과의 인연을 알고 나서는 재미가 붙어서 전생을 화두로 계속 참선을 이어갔다. 10일이 지날 무렵 수행하던 중 비몽사몽간에, 눈앞에 또 다른 세상이 펼쳐졌다. 하늘에서 큰 손바닥이 날아와서 앉아 있는 나의 엉덩이를 툭 치니 두둥실 몸이 떠올라 그 손바닥 위로 올라갔는데 포근하고 안락한 느낌과 함께 안정감이 들었다. 정신을 차리기도 전에 손바닥은 땅바닥에서 1m 위로 붕 떠서 앞으로 날아갔고 바람에 머릿결이 휘날렸지만 내 몸은 고정되어 흔들림이 없었다. 약 20~30km의 속도로 날아가는 손바닥 위에서 좌·우측으로 여러 채소를 심은 밭을 지나 차 한 대가 지나갈 수 있는 비포장 흙길을 막 내달리고 있었다. 얼마나 갔을까? 한 마을이 보였는데 100여 년 전 시골 분위기를 담은 풍경이었다. 손바닥은 마을의 이 골목 저 골목을 지나서 산 밑에 인접한 하늘색 대문이 있는 집 앞에 나를 내려줬다. 좌·우측으로 네모진 돌기둥이 서 있고 그사이에 쇠로 된 대문이 있었다. 우측 돌기둥에 달린 문패에 '홍선O' 이름이 보였고 마지막 글자는 모자이크처럼 희미해서 제대로 보이지 않았다. 그 현상을 보면서 '아, 천기누설이라서 앞 두 글자만 보여주는구나.'라고 생각이 드는 순간 삐걱하며 대문이 열렸다. 열린 대문 안에 매우 고운 여인이 한복을 입고 서 있었다.

"어서 오세요, 들어오세요."

여인을 따라 안으로 들어가니 ㄷ자 형식의 한옥이었고 우측엔 마루가 있었고 좌측에는 문이 하나 있었는데 여인은 좌측 문을 열고 안으로 안내했다. 정면으로 불을 지피는 아궁이가 보였고 우측으로 작은 문이 있었는데 바로 방으로 들어가는 방문이었다. 6평 정도의 방 정면에 비스듬하게 자리 잡은 바위가 방의 3분의 1을 차지하고 있었는데 지물을 이용해서 그 자리에 집을 지은 듯 보였다. 비스듬히 자리 잡은 바위 밑 공간에 작은 밥상이 있었고 그 위에 펼쳐진 경문 책과 은은하게 타는 촛불이 좌·우측에 놓여 있었으며 고풍스러운 분위기였다. 경문 기도를 하는 걸까, 지식을 쌓기 위해 공부하는 걸까? 여러 가지 의문이 들었지만 어쨌든 고상한 분위기를 풍기는 참한 여성으로 생각할 무렵

"저랑 결혼하셔야 해요."

"네? 뭐라고요?"

"저랑 결혼하셔야 한다고요."

여인의 말에 당황하는 순간 모든 현상은 사라졌고 잠시 멍한 상태로 방금 봤던 현상들을 몇 번을 반복하며 회상했다.

시간이 흐르면서 점차 이 일을 잠시 잊고 6개월이 지났을 무렵이다. 역학계 학자들 모임에 참석했다가 평소 친하게 지내던 지인들과 카페에 차를 마시러 갔는데 지인 중 한 명과 동행해서 온 처음 보는 여성분이 있었다.

"처음 뵙겠습니다. 홍선영이라고 합니다."

"네, 반갑습니다. 네? 성함이 뭐라고요?"

"네? 홍선영입니다."

몹시 당황했고 나도 모르게 심장이 쿵쾅쿵쾅 뛰기 시작했다.

홍선영은 서울 강남이 고향이고 현재 압구정동에 거주 중이었으며 무남독녀 외동딸이라고 했다. 평소 역학이나 도(道)에 관심이 많아서 역학자 모임의 지인에게 부탁했고, 마침 이 자리에 참석하게 됐다고 했다.

내가 참선 중에 봤던 이야기는 아예 언급하지 않고 전생의 인연인지, 그리고 어떻게 인연이 이어질지 내심 궁금해서 순리에 순응하고 지켜볼 작정

이었다. 역시나 기대했던 대로 선영 씨와 대화가 잘 통했다. 믿음이 돈독해서 젠체하지 않고 이해하려고 겸손하게 노력하는 모습이 가장 호감을 불러일으켰다. 대충 보아도 재력가에, 마냥 곱게 자랐을 외동딸임에도 예의범절이 분명하고 차분하면서 조곤조곤한 목소리 또한 웬만한 일에는 요동하지 않는 외유내강의 심성이 보였다. 30대 중반의 수려한 외모에 아직 미혼이었고 나보다 4살 연상이었는데 차후 선영 씨와는 급속도로 가까워졌다. 내가 수행했던 산에 가고 싶다고 해서 기도하는 모습과 수행했던 곳을 보여주면서 참 독특한 데이트를 했다.

만난 지 한 달쯤 되었을 때 선영 씨가 쑥스러워하는 표정으로 말했다.

"도(道)를 이루기 위해 편하게 공부할 수 있도록 제가 뒷바라지하고 싶은데 어떠신가요?"

선영 씨는 나에게 프러포즈를 한 것이다.

"그건, 제가 한 가정을 책임지는 가장으로서 평범한 생활을 할 수 있을지 장담할 수 없어서 아무래도 힘들 거 같아요."

"다 알고 있어요. 그저 제 옆에 있는 존재면 돼요. 산에 가셔서 수행이 몇 날, 몇 달, 몇 년이 걸려도 괜찮아요."

"아니, 그게 어떻게 괜찮다는 거죠?"

"저는 어렸을 때부터 남다른 이상향이 있었어요. 선생님 같은 분을 가까이서 알고 지내는 것을 항상 동경해 왔거든요. 그동안 기다린 보람이 있었던 거 같아서 저도 많이 놀랐어요."

참 기가 막힐 노릇이었다. 전생의 연분이 이번 생에도 이렇게 끈끈하게 이뤄진다는 것이 매우 감탄스럽고 묘했다.

이후 선영 씨의 부모님을 뵈었다. 보통의 부모라면 내가 못마땅했을 수도 있었을 텐데 딸이 선택한 사람이기에 별다른 반대 없이 좋아해 주셨고 딸의 생각과 선택을 존중해 주시는 모습이 매우 인상적이었다. 나 역시 형님한테 보고(報告)해야 하기에 수원사무실로 갔다.

"형님, 드릴 말씀이 있는데요."

"같이 살려고 하는 거 아니야?"

"네? 그런데 그게……."

형님은 이미 다 알고 계셨고 며칠 동안 고민했던 마음이 조금은 풀어진 듯했다.

"그런데 제가 결혼을 한다는 것은 아무래도 어불성설로 보여요. 정상적인 가정을 이룰 수가 없잖아요. 그래서 많이 망설여져요."

"그 여자 버리지 마!"

결과가 어찌 됐든 일단 버리지 말라는 말씀은 암묵적 허락이었다. 이미 참선 중에 봤던 그 여인인 것도 아셨기에 우선 마음이 가는 대로 임하기로 했다.

이후 일우선인을 뵙고 선영 씨를 인사시켰고 우리는 경기도 용인에 선영 씨가 소유한 건물 꼭대기 층에 보금자리를 마련했다. 내가 과연 정상적인 가정생활을 영위할 수 있을까 하는 마음 때문에 결혼식을 원하는 선영 씨의 뜻을 받아들이지 않았고 결국 함께한 지 2년이 될 무렵 의견 충돌이 생겼다. 보통 사람들이 결혼식도 하고 아이도 낳는 정상적인 가정생활에 대한 반복된 의견 차이가 좀처럼 좁혀지지 않았다. 그럴 때마다 처음 나를 이해하고 받아들였던 선영 씨의 마음이 번복됨을 느끼면서 매우 난감했다. 역지사지의 마음으로 당연히 그럴 수 있다고 그녀를 이해했지만 정말 어찌할 바를 몰랐다. 비록 정식 부부는 아니었지만, 나로 인해서 한 가정이 깨진다고 생각하니 이러지도 저러지도 못하는 상황이었다. 그럴 때마다 머리도 식힐 겸 공부하러 간다고 도망치듯이 산에 갔으나 선영 씨의 간섭은 점점 극에 달하기 시작했다. 결국 일우선인의 수원사무실에서 지내겠다고 말하고 별거하게 되었다.

선영 씨는 가끔 수원사무실에 찾아와서 나를 회유했다. 선영 씨 소유의 상가건물이 여러 개 있었는데 그중 한 채를 나의 명의로 변경해서 관리하라는 거였다. 책임을 지우고 다른 짓을 못 하게 하려는 수법이었는데 나는 의도를 알고 단호하게 거절했다. 또 선영 씨는 개인적으로 일우선인을 찾아뵙고 불만을 토로했다. 형님은 '2년만 더 공부하게 해보세요.'라고 타일렀으나 선영 씨는 받아들이지 않았고 처음 만났을 때와는 완전히 다른 심리 상태로 통화 중에도 신경질적인 모습을 자주 보였다.

이후 선영 씨는 한동안 연락이 없었는데 예전에 외국 유학할 때 알던 선배가 귀국하면서 자주 만나다가 그 선배와 결혼한다는 소식을 들었다. 내심 얼마나 반가운지, 이러한 경우를 반긴다는 게 우습기도 했으나 대의를 품고 먼 길을 가야 하는 내가 중간에서 머뭇거리면 안 된다는 확고한 신념이 있었기에 차라리 잘된 일이라고 생각했다.

저승세계의 인연 법칙에서 주의해야 할 것이 있다. 부부관계에서 한쪽의 유책 사유가 생겼을 때 누구의 잘잘못을 따지는 게 중요한 게 아니라 이혼에 결정적인 의사를 내세운 사람이 악업을 쌓는 자가 되고 이혼을 당하는 사람은 전생의 빚을 갚는 것이다. 먼저 이혼을 말하고 또 그 뜻을 고집해서 이혼하면 그 사람은 다음 생에 똑같은 상황에 놓이고 반복된 삶을 맞이하는데 이것을 윤회고라고 한다.

전생의 원수가 이생에 부부로 만나서 이번 생에 잘 화합하고 죽을 때까지 일부종사해서 전생의 원한을 풀고 인간으로서 유종의 미를 거두라고 맺어 준다는 옛말이 있다. 나는 부부의 인연법을 잘 숙지하고 있었기에 선영 씨가 여러 번 헤어지자고 말했을 때 나름대로 최대한 버텼다. 초반에는 정상적인 가정생활이 어렵겠지만 시간이 지나면 공부도, 가정생활도 어느 정도 안정될 거로 생각했는데 선영 씨의 변심과 돌발 행동에 매우 난감했던 건 사실이다. 그나마 다른 남자를 만나서 안정을 되찾았다는 소식을 접하니 마음이 놓였다.

그 후 얼마간 사색의 시간을 가졌다. 선영 씨와 전생의 끝맺음이 어떻게 마무리가 됐는지 알아내지는 못했으나 전생에 선영 씨와 인연의 끈이 남아서 이번 생에 다시 만나게 된 것은 분명한 일이다. 다행히 전생에 조금 남아있던 인연의 끈이 이번 생에 유종의 미를 거뒀기에 깊은 안도감이 들었다.

일우선인은 도경 선생이 가족에게 집착할 때마다 '다 버려야 공부 성취할 수 있다.'라며 암묵적으로 가족과의 인연을 끊을 것을 말씀하셨다. 그런데 선영 씨와 나의 관계에서는 '그 여자 버리지 마!'라고 말씀하셨는데, 이미 나의 전생과 미래의 결과를 알고 있었기 때문에 이번 생에서 전생의 빚을 잘 갚고 마무리하라는 과제였었다.

전생이나 이번 생에 인연의 끈이 남아있으면 수행에 있어서 진도가 나가지 않는다. 쉽게 말하면 잡음으로 인해 전파가 잘 전달되지 않아 통신이 어려운 이치다. 바로 이런 잡음과 같은 전생의 업장으로 인해 다음 생에 다시 만나서 빚을 갚아야 하는 불변의 인연 법칙이기에 수행자는 무조건 '다 버리는 것'을 잘 이해하고 실천해야 할 것이다.

한번은 역학 학술 세미나에 참석한 적이 있었다. 중화권의 한 학자가 풍수지리 관련 논문을 발표하면서 열띤 토론의 장이 열렸는데 여러 학자 중에 동남아시아에서 참석한 한 학자가 예리한 질문을 던졌다.

"한 가정의 가장이 풍수를 감정해서 새로 이사한 집안 곳곳을 수리했지만 이사 간 지 한 달 만에 죽었습니다. 그렇다면 이 사람은 풍수를 잘못 감정한 집으로 이사해서 죽은 건지, 아니면 사주팔자가 명이 다해서 죽은 건지, 그도 아니면 전생의 업보 탓에 죽은 건가요?"

그러나 다른 학자들은 저걸 질문이라고 하느냐 또는 무슨 엉뚱한 소리냐며 부정한 시각으로 웅성거렸다. 반면 나는 참 예리하고 신선한 질문이라고 생각했다. 한때 역학으로 보는 점술 행위는 단지 참고용일 뿐 100% 신뢰할 수 없다는 것을 여러 임상실험 및 사주 감정을 통해 깨달은 적이 있었고 풍수로 풀이해서 감정하는 것 역시 통계학에 불과하다는 것을 알게 되면서 또 다른 궁금증을 갖게 된적이 있었다.

타고난 사주나 관상, 성명학, 풍수 등은 전생에서 오는 필연적인 운명을 막을 수 없다. 현재 인간의 삶은 전생의 업력으로 이루어진다는 것을 시간의 흐름 안에서 하나둘 체험하면서 알게 됐다. 무속인은 접신해서 메시지를 인간에게 전달해 주는 중개자의 방식으로 점을 친다. 점을 치는 숙련도에서 약간의 차이가 날 뿐, 점사의 적중률에도 한계가 있기에 점에 대해 과신하거나 과대평가하는 것은 금물이다.

인간의 운명은 전생의 업력으로 이어진 삶을 사는 게 1순위다. 미래를 예측하고 문제를 해결하기 위해서 점치는 것은 살아가는 데 있어서 약간의 조언이나 심리적 안정에 도움을 받는 정도이며 맹신은 절대 금물이다. 그렇다고 전생의 업장이 다음 생에 100% 적용되진 않는다. 전생의 업보가 다음 생에 100% 적용된다면 로봇이나 기계적 시스템과 다를 바가 없다. 전생의 업보가 다음 생에 70% 정도 적용되고 나머지 30%는 새로운 인연을 맺거나 선업·악업을 쌓는 행위가 다음 생에 반영되도록 기회가 주어진다. 당연히 인간이라면 다음 생을 위해 선행과 봉사의 덕을 쌓는 것이 최고의 방법이다.

인간관계에서 전생과 인과응보를 대조하며 공부할 때 옛날 위인에 대해서 궁금증이 생긴 적이 있었는데 긴 시간 사색해 봐도 도무지 풀리지 않았던 점은 전쟁으로 인한 살생에 대한 것이다.

다른 나라와의 전쟁에서 수만 명, 혹은 수십만 명을 죽이고 승리했다는 수많은 장군과 장수들의 역사 기록이 있다. 현시점에서는 위인으로 추앙받는 존재이지만 살생을 저렇게 많이 했는데 과연 지옥고를 면했을까 하는 의구심이 좀처럼 풀리지 않았다. 공부 초창기 때라서 혼자 이리저리 머리를 굴려도 풀리지 않고 제자리에서 맴돌아서 일우선인의 조언이 필요했다.

"형님, 풀리지 않는 궁금증이 있어요, 이순신 장군을 포함해서 우리나라 위인 중 수많은 장수가 전쟁터에서 많은 사람을 죽였는데 지옥에 가야 하는 거 아닌가요?"

"안 가지."

"왜요? 살생을 많이 했는데요?"

"나라를 위한 명분이 있는 살생은 그 죄를 물을 수가 없는 거야."

이후 혼자서 깊이 사색하는 시간을 가졌다. 개인적인 야욕을 품고 단순한 침략을 목적으로 전쟁한 자는 나라의 명을 받아서 순종했더라도 그 행위는 죄업으로 다스려진다. 그리고 침략한 나라에 맞서서 전쟁을 치르는 과정에서 행한 살생은 면죄부를 받는다는 것을 알게 됐다. 정당방위에 해당하며 또한 침략한 자들에 대항해서 죄 없는 인간의 목숨을 앗아가지 못하게 막는 일거양득의 업적이다. 침략당하면 얼마나 많은 백성의 목숨을 앗아가겠는가? 이러한 공식은 비단 옛날뿐만 아니라 현시대에도 그대로 적용이 된다. 국가를 위해서 어쩔 수 없이 행하는 살생은 면죄를 받지만, 명분이 확실한지 잘 따져보아야 할 것이다. 개인의 감정과 이기심이 한치라도 개입됐다면 분명 죗값을 치르게 된다. 소규모 사태라도 인명 피해가 생길 확률이 있다면 한 국가의 책임자들은 더욱 숙고하고 대의명분에 근거하여 판단하고 행동하길 바란다.

인과응보

•

　인과응보는 내 행위의 결과를 내가 받는 원인과 결과의 법칙이다. 사람으로 태어나서 죽을 때까지의 모든 언행을 업(業)이라 한다. 선행이나 악행의 결과로 겪게 되는 것이 과보 또는 업보이다.

　윤회란 '굴러서 다시 돌아온다.'라는 뜻이며 사람이 태어나고 죽는 것이 계속 반복된다는 것이다. 공부 과정에서, 일상 중 스쳐 지나가는 모든 현상을 전생과 인과응보에 결합해서 관(觀)하던 시절이 있었다. 저 사람과는 전생에 어떤 인연이길래 이번 생에 인연이 맺어졌을까. 저 사람은 어떤 인연으로 이 시기에 만났으며 왜 이렇게 지내는 것일까. 또는 어떠한 선악으로 인해 이런 인연이 발생한 걸까. 저 사람은 전생이 어땠기에 지금은 저렇게 사나 등 모든 일상생활을 인과응보와 전생에 비추어 셈하는 습관이 있었다. 죽으면 끝이라고 윤회, 전생, 지옥, 천국 등은 아예 없다고 단정 짓는 일반 사람이나 성직자들도 많이 있다. 그러나 그것은 당사자들이 윤회나 전생에 대한 정보 및 경험 부족에 기인한 선입견의 결과물이다. 제대로 공부해서 여러 영적 경험이 있다면 어찌 부정적인 생각과 행동을 보이겠는가. 도의 세계에서는 전생에 공부했던 이력이 없거나 악업을 많이 쌓으면 도와 관련한 정보를 무작정 부정하는 행위를 한다고 전해져 오고 있다. 자신이 신(神)의 존재, 천당과 지옥 유무 등을 우주 삼라만상을 다 돌아다녀서 검증한 것도 아니고, 땅속에 들어가 과연 아무것도 없는지 알아보지도 못했으면서 그런 게 어디 있냐며 막무가내로 부정한단 말인가! 어리석기 짝이 없다. 반대로 '그러면 너는 다 확인해 봤냐, 증거 있느냐.' 하며 반문하는 이도 있겠지만 하나 자신할 수 있는 것은 있다. 인시(03시~05시)에, 산속에 혼자 들어가서 자리를 정하고 100일간 하루 1시간 만이라도 정성껏 기도하면 '또 다른 세상'과 '뒤에 계신 분'들이 존재한다는 것을 느끼게 해줄 수 있다. 따라와서 한번 시도해 보든지, 도저히 하지 못하겠다면 입을 꽉 다물고 경청하는 것도 하나의 미덕이다.

　불교에서는 인과응보, 윤회와 전생설을 믿으며 그 사례에 관한 책도 많이 보급되어 있다. 알기 쉽게 누구를 한 대 때렸으면 분명 누군가에게 한 대 얻어맞는 것이고 누군가의 마음을 아프게 하면 그만한 대가를 그대로 받는 이치다. 그 계산법은 아주 정확해서 한 치의 오차도 없다. 한가지 예외가 있는데 우리가 많이 듣는 '액땜'이란 단어다. 예를 들어서 전생에 어떤 사람의 다리를 다치게 해서 못 쓰게 만들었다면 인과응보의 법칙으로 다음 생에는 내 다리에 사고나 폭행당해서 다리를 못 쓰게 된다. 그러나 액땜의 혜택을 받게 되면 사고가 몇 번으로 나뉘어서 조금 찢어져서 꿰매거나 타박상을 여러 번 당하는 등 가벼운 사고로 넘길 수 있다. 또는 내가 아끼는 물건의 파손이나 재물 손실 등으로 다리를 못 쓰게 되는 것에 준하는 피해를 통해 속세 말로 '퉁'을 치기도 한다. 그리고 신심으로 기도를 많이 하거나 종교활동은 하지 않을지라도 평상시에 타인을 배려하고 유익을 주는 선행을 해도 액땜의 혜택을 받을 수 있다.

　한 번은 1톤 탑차를 운전한 적이 있었다. 깜박해서 탑차 뒷문 걸쇠를 걸지 않은 상태로 골목길을 지나가다가 뒷문이 스르륵 열리면서 길가 옆에 주차된 승용차 사이드미러를 부서뜨렸다. '연락처를 남겨야 하나?'하고 잠시 망설이고 있는데 바로 뒤에서 차가 경적을 울려댔다. 옆으로 주차할 상황도 안 돼서 그냥 지나친 적이 있었는데 마음엔 미안함과 찔림이 있었지만, 이미 벌어진 일이라 어쩔 수 없었다. 3일 후에 집 앞에 주차해 놓은 차를 타려고 하는데 사이드미러가 파손되고 파란색 페인트 자국이 남아있었다. 순간 3일 전에 남의 차 사이드미러를 부수고 비양심적인 행동으로 그냥 지나쳐 왔던 기억이 났다. '그러면 그렇지, 남의 물건을 부숴놨으니, 너도 당해야지.' 많이 반성하며 역시 인과응보의 법칙은 어김없이 찾아온다는 것을 각성하게 됐다.

일우 형님은 집안의 장손이다. 아들을 하나 두어야겠다는 마음에 30대 초반에 기도해서 득남하셨는데 '빌어서 난 자손 효자 없다.'라고 말씀하셨다. 즉 팔자에 없는 아이를 인간의 욕망으로 기도해서 얻으면 좋을 게 없다는 뜻이다. 형님은 불치병 환자를 많이 소생시켰고 기억을 다 하지 못할 정도로 어려움이 닥친 수많은 사람에게 물질적으로도 도움을 주셨고 선행을 밥 먹듯이 했던 분이다. 사무실 근방 식당에서 그날따라 유난히 형님의 침묵하는 시간이 길었다. 침묵은 식당 문 닫을 시간까지 이어졌는데 나지막이 운을 떼셨다.

"내달 27일에 좋은 일이 있을 거 같다."
"무슨 일인데요?"
"그때 가보면 알아."

이날의 대화는 까맣게 잊고 아르바이트 현장에서 일하던 중 밤 10시쯤에 형님에게 전화가 왔다. 20여 년 모시면서 밤에 전화하신 것은 이때가 처음이었다.

"나 지금 병원에 왔다."
"왜요?"
"으응, 아들이 입원해 있어."
"어디가 아프길래요?"
"집에서 떨어졌대."
"네? 지금 상태가 어떤데요?"

"눈썹 쪽이 조금 찢어져서 꿰맸어. 그리고 나뭇가지에 폐가 찔려서 물이 조금 차서 빼냈는데 의식은 아직 없어."

형님 가족이 사는 곳은 아파트 7층이다. 형님은 어느 시기부터 집에 들어가지 않고 사무실 근방에 숙소를 얻어서 지냈다. 형님이 부재하신 동안에, 부인이 형님이 사용했던 책을 버렸는데 아들이 아버지 물건을 함부로 버린다며 말다툼이 생겼다. 아들은 자신이 원하는 방향으로 대화가 흘러가지 않자 흥분해서 창문을 열고 뛰어내린다고 했고 부인은 설마 하는 마음에 '뛰어내릴 수 있으면 한 번 뛰어내려 봐.'라고 했는데 말이 끝나자마자 아들은 순식간에 베란다 창문 밖으로 떨어진 것이다. 부인은 울면서 형님에게 SOS를 쳤고 겁에 질린 가족들은 병원에 올 수 없어서 형님이 와서 병실을 지키고 있다고 했는데 형님은 꼭 제삼자처럼 장난스러운 말투로 말씀하셨다. 이틀 후에 아들의 의식이 돌아왔고 깨어나자마자 '아버지가 시켰지.' 하며 웃었다는데 그 녀석도 참 묘한 녀석이다. 의식을 찾자마자 크게 이상이 없어서 퇴원했고 형님과 이야기를 나누다가 달력을 보게 됐는데 형님 아들이 사고로 입원한 날이 바로 27일이었다.

"형님, 27일에 좋은 일이 있을 거라고 했는데 이건 사고잖아요? 이게 어떻게 좋은 일이에요?"

"살았잖아!"

27일은 원래 일우 형님 아들이 유명을 달리하는 날이었다.

형님은 가족에게 일절 관심을 두지 않았지만, 천상계의 위계질서에 어긋나지 않는 한도 내에서 본인 살아생전에 불상사를 만들지 않으려는 마음으로 아들의 운명을 조정한 것이다. 물론 앞서 이야기한 많은 선행의 인과응보 덕분에 그 혜택을 아들 목숨 연명하는 쪽에 조금 사용할 수 있었다. 이런 도술을 사용하려면 먼저 천상계에 보고해야 하며 저승에 알려서 영혼을 수거하는 저승사자의 업무도 지장이 없게 해야 한다. 자식이 죽을 날짜를 미리 알고 죽을 목숨을 연장하는 도술이란 결코 쉬운 일이 아니다.

　기억 못 할 정도로 많이 베풀고, 아무 대가 없이 많은 사람을 치료하는 선행의 위력은 사람의 목숨을 살리기도 하고 연장할 수도 있다는 것을 깨닫게 해주는 놀라운 경험이었다. 자고로 인간은 세상만사에 순응할 줄 알아야 한다. 이기적인 욕망으로 팔자에 없는 자식을 얻기 위해 빌어서 자식을 얻게 되면 그만한 대가를 치러야 한다는 것 또한 명심해야 할 것이다.

　불교에서 전해지는 전생법에는 순생보(順生報), 순현보(順現報), 순후보(順後報)가 있다.
　순생보(順生報)는 전생에 지은 업보를 다음 생에 받는 것을 말하고,
　순현보(順現報)는 이번 생에 지은 업보를 이번 생에 받는 것을 말하며,
　순후보(順後報)는 이번 생에 지은 업보를 다음 생, 다다음 생으로 나눠서 받는 것을 말한다.
　업보란 꼭 전생의 업보를 다음 생에 다 받는 것이 아니며 여러 생에 걸쳐서 그 업보를 갚을 때까지 인연이 맺어진다.
　1980년대 단혁스님이 시내 변두리에 있는 작은 오두막에서 잠시 지내시며 참선 수행하던 어느 날 밤중에 삐걱 소리가 나면서 방문이 슬며시 열렸다. 스님은 방문을 열고 들어오려는 남자에게 큰 소리로 "옜다, 이놈아! 이거 가지고 가거라."하며 동전 다섯 개를 방바닥에 휙 던졌다. 남자는 잠시 놀라더니 동전을 주섬주섬 주워서 슬며시 나갔다. 단혁스님이 참선 중 보신 바로는 전전생(前前生)쯤 엽전 5냥을 빌린 것을 피치 못할 사정으로 갚지 못했고 그 돈을 빌려준 사람은 그 당시에 맺힌 한으로 다다음 생을 걸쳐서 다시 스님과 만나게 된 것이다. 만약 단혁스님이 득도한 수행자가 아니

었다면 다섯 냥 때문에 살해당할 수도 있었다. 사사롭게 했던 언행이 타인의 마음에 상처를 주고 한이 맺히면 언젠가 분명히 다시 만나게 되며 이자까지 쳐서 갚을 일을 마주하게 되니 항상 말과 행동에 주의해야 한다. 물질뿐만 아니라 정신적인 면에서도 빚지는 일이 없어야 할 것이다. 이러한 법칙은 현시대에도 계속되며 지구에서 인간의 삶이 다할 때까지 윤회를 거듭하며 진행된다. 지금의 여러 가지 사고와 사건들은 모두 내가 지은 업보로 받는 것이니 신세타령도, 남 탓하는 것도 금물이며 혹 안 좋은 일을 당하더라도 담담하게 대처하고 전생의 빚을 갚는다는 생각으로 겸허히 순응하는 자가 지혜로운 자이다.

  학창 시절 친구와 다툰 적이 있다. 내가 실수로 밀쳤는데 친구가 버티다가 앞으로 넘어지면서 뾰족한 쇠꼬챙이에 왼쪽 무릎을 찔렸다. 꼬챙이가 살가죽 약 10cm를 뚫고 파고드는 사고로 친구는 상처가 덧나고 오랫동안 잘 걷지도 못해서 고생을 많이 했다. 다행히 완치되었기에 당시에 미안한 마음은 컸지만, 큰 걱정은 하지 않았고 시간이 지나면서 완전히 잊고 지냈다.
  어느 날 캠핑용 버너에 물을 끓이다가 냄비를 엎어서 왼쪽 무릎에 뜨거운 물이 쏟아져 화상을 입었고, 또 2~3년이 지나서 화학약품인 염산을 사용하다가 왼쪽 다리에 쏟는 사고를 당해서 살이 타들어 가는 고통과 더불어 큰 흉터가 생겼다. 그러고도 업장이 소멸하지 않았는지 한때 토굴 생활에 쓸 장작을 구하는 중에도 사고가 났다. 경사진 곳에 쓰러져 있는 나무를 기계톱으로 무리하게 작업하다가 톱날에 왼쪽 무릎을 살짝 긁혔는데 뼈에는 이상 없었지만, 살점이 너덜너덜해졌다. 비로소 나로 인해 왼쪽 다리를 다쳐서 고생했던 학창 시절 친구 생각이 났고 '아! 업보가 얼마나 컸으면 몇 번을 거쳐서 이렇게 받는구나!' 하면서 각성했다. 만약 그 친구가 당한 고통을 단번에 받았다면 나는 아마도 왼쪽 다리가 잘리거나 아니면 절뚝거리는 불구의 몸이 됐을 것이기에 분할로 받은 업보에 감사할 따름이다. 가진 건 몸뚱이 하나인데 깊은 산중에서 건강하지 않은 몸으로 수행한다는 것은 불가능하기에 다음 생을 바라는 수밖에 없기 때문이다. 이러한 경험은 순생보일 수도 있지만 순현보에 더 가깝고 인과응보의 법칙은 절대 소멸하지 않는다. 신을 믿는다고 없어지는 것도 아니며 무조건 내가 지은 대로 내가 받아야만 빚을 청산할 수 있다.

일우선인은 불치병 환자를 많이 완치시켰다. 여러 번 그 과정을 지켜봤는데 한 번은 6개월 시한부 판정을 받고 죽을 날만 기다리던 말기 암 환자가 오셨다.

"선생님, 제 병이 완치될 수 있나요?"

"고치고 싶어서 오신 거잖아요."

"병원에서도 손을 놨는데 지인한테 선생님 말씀을 듣고 이렇게 찾아뵙게 됐습니다. 저……, 조금만 더 살고 싶습니다."

"최선을 다해 보겠습니다."

"돈은 얼마나 드려야 하나요?"

"돈은 안 받습니다."

"아무리 그래도 공짜로 치료를 어떻게 받습니까?"

"나중에 완치되면 그때 이야기하시죠."

이렇게 인연이 된 말기 암 환자는 일우선인의 지침대로 매일 방문하셨다. 의심 없이 진실 된 믿음으로 일관되게 찾아오신 그분의 마음을 읽은 일우선인은 정성껏 지압과 침술로 치료했다. 3일째 되던 날부터 형님의 왼쪽 팔뚝에 검은 반점이 생기더니 날이 갈수록 부풀어 오르고 급기야는 곪기 시작했다. 보름이 될 무렵 고름이 중간중간 터져서 흘러내렸고 검은색을 띠던 피부는 팔뚝에서 팔목으로 내려갔다. 치료가 한 달이 되었을 즈음 팔목에 검은빛을 띠던 것이 손등으로 옮겨가더니 마지막엔 손가락 끝으로 서서히 빠져나갔다. 말기 암이었던 환자는 100% 완치되었고 기적 같은 일에 감격의 눈물을 흘렸다. 형님에 대한 믿음을 가지고 한 치의 의심도 없이 정성으로 방문하신 그분의 정신을 높이 사서 형님은 정성껏 치료해 주셨는데 암세포를 본인 외부의 몸으로 전이시켜 그 고통을 형님이 떠안고 몸소 겪은 것이다. 질병이 팔뚝에서 손가락 끝으로 빠져나가는 과정은 형님의 특이한 치료 방법의 하나이다. 이렇게 누군가가 상대방의 고통을 대신 겪어 줘야만 완치시킬 수 있는 것이다.

매년 겨울이 오면 일우선인은 종종 콧구멍에 휴지를 끼워 넣고 있는 일이 많았다. 겨울인지라 특히 오전에 오시는 분 중 감기 걸린 분이 많았는데 환자의 감기 기운을 당신 몸으로 전이시켜 대신 감기를 앓던 것이다. 그리고 점심때가 되면 콧구멍에서 휴지를 빼서 당신 몸에 감기 바이러스를 다 퇴치하고 중화시켜서 정상적인 몸 상태로 만들었다. 이러한 이적은 무수하게 많아서 작정하고 이야기를 쓰면 1,000쪽을 써도 부족할 정도다. 형님의 행적을 통해 곁에서 자연스레 치료 공식을 습득했고 때가 되면 미련 없이 버리고 갈 몸뚱이기에 언제라도 타인을 위해 내 몸 하나 희생할 수 있는 정신을 다져나갔다.

2,000년대에 접어들면서 음도설(陰道說)이 도래했다. 음의 기운이 승(昇)하게 되니 여성의 사회적 활동이 활발해지면서 신분과 기세도 많이 높아졌는데 이런 현상은 전 세계에 걸쳐서 나타나고 있다.

한국의 문화도 많이 변해서 예전의 남존여비 사상은 무너지고 있는 실태인데 이러한 문화적 고질병은 없어지는 게 마땅하다. 그러나 현실을 직시하면 여성들의 사회활동이 활발해지면서 사건, 사고가 점점 기승을 부리는 것도 사실이다. 이에 따라 여러 가지 인상을 찌푸릴 만한 일도 많은데 여성이 사회생활을 한다는 이유로 남성이 일정 부분 집안 살림을 맡는 일이 다반사다. 한술 더 떠서 아예 사회생활을 접고 전업주부로 사는 남자도 증가하고 있으며 남성의 기세는 점점 낮아지는 추세이다. 지금은 음도설이 도래했으니 순응할 수밖에 없지만, 아무리 음도설이라 할지라도 음(陰)과 양(陽)에는 제 역할이 있다. 세상이 어찌 이리 뒤죽박죽인지 도저히 궁금증이 해소되지 않아 형님께 여쭤보았다.

"형님, 음도설이 도래했으면 여성들의 기세가 지속되는 건가요?"

"그거 길어야 30년이야."

"30년이요?"

"조선시대 핍박받던 여성의 한(恨)이 지금 인과응보의 법칙에 따라 진행되는 중이야."

이런 대화가 오고 간 것은 2,000년대 초반이었다. 조선이 한국사의 마지막 군주국 대한제국으로 1897년 개정돼서 1910년까지 존재했다. 일제 강점기로 나라를 잃었다가 1945년 광복을 맞았으며 1950년 6, 25사변을 겪을 때까지 조선시대와 다를 바 없는 남존여비의 폐단 속에서 많은 여성이 차별과 정신적 고충을 겪었다.

아들을 못 낳는다는 이유로 시어머니가 다른 여자를 들여와서 본부인이 안방을 내주는 일이 부지기수였다. 심하면 집안에서 아예 내쫓는 일도 다반사였으며 남자들이 여러 여자를 집안에 들이는 일도 허다했다. 대략 1,950년에서 2,000년대 사이 조선시대에 남존여비의 폐단을 겪었던 사람들이 이 기간에 환생하여 현재 음도설 시대를 살아가고 있는 중이다. 전생의 기억은 없겠지만, 인과응보의 법칙내에서 수난당했던 한을 고스란히 보답하는 중이다. 여성들의 외도 비율이 증가하고 이혼율도 전 세계에서 상위권이며 가정생활에서 부부의 역할도 주객전도된 현상을 많이 볼 수 있다. 아들을 못 낳는 이유로 핍박받고 급기야는 집안에서 쫓겨나기도 했던 여성들이 현시대에 환생하면서 결혼과 출산을 거부하고 자유분방하게 삶을 즐기면서 사는 추세다. 30년 전과 지금을 비교하면 결혼 적령기를 훌쩍 뛰어넘은 나이에 결혼하고 저조한 출산율 또한 전 세계에서 상위권에 속해 있는데 이 모든 것이 인과응보의 결실이다. 그러나 2,035년에서 2,040년 정도가 되면 조선시대의 마지막 한풀이가 끝나며 인과응보 법칙은 막을 내리면서 한국은 서서히 안정을 찾고 성장을 위한 기반을 다질 것이다. '뒤에 계신 분'들이 대한민국은 전 세계에서 최고의 복지국가가 된다고 자주 말씀하셨고 전 세계인들이 한국에서 살고 싶을 만큼 높은 수준으로 변화된다는 말씀도 덧붙이셨다. 예전에 비하면 국가적으로 보건, 복지가 급속도로 향상되었고 지금도 계속 복지와 관련된 제도개선이 진행 중이다.

  현재 겪고 있는 조선시대의 마지막 인과응보의 법칙이 모든 여성은 아니지만 그렇다고 소수도 아닌 여성들에게 작용하고 있다. 조금 이해를 돕자면 현재 며느리에게 구박받고 시부모 대접을 못 받는 사람은 전생에 자식을 못 낳는다고 며느리를 핍박했던 시어머니 역할을 했던 자인 셈이다. 현재 시부모를 구박하는 며느리는 전생에 자식을 못 낳은 죄로 핍박받거나 가문에서 쫓겨났던 며느리의 삶을 살았던 사람이다.

  외도하는 여성들이 남성과 비교해서 1:5의 비율이라는 사회적 통계조사 결과가 있다. 여전히 여성보다 남성이 5배 많은 외도를 하지만 그 남성의 외도 상대도 결국 여성이다. 돈이 오고 가는 접대부도 외도 대상에 포함

되겠지만 실태조사의 오차를 고려하지 않더라도, 예전에 비해 여성들의 성(性)문화가 많이 개방된 것은 분명한 사실이다.

사람이 많이 모여드는 인터넷 사이트에서 무료로 사주팔자 풀이를 해 준 적이 있는데 상담 중 십중팔구는 여성이었다. 주로 궁합을 궁금해했는데 대다수가 남편이 아닌 애인과의 궁합 상담이었다. 상담 의뢰인들은 유부녀가 과반수였고 나머지는 돌싱이었으며 주로 애인과 잘 지낼 수 있는지 오래갈 수 있는 인연인지를 물어봤다. 하산해서 고향에 머무는 중에 20여 년간 공부만 하느라 잘 몰랐던 세상 물정을 알기 위해 했던 경험에서 천인공노할 기가 막힌 사연을 많이 접했다. 그러나 전생의 인과응보 법칙이기에 누구를 탓할 수 있는 건 아니었다.

수원사무실에 자주 오던 영태 엄마라는 손님의 일이다. 신용불량까지 된 어려운 상태에서 휴대전화도 없이 다니는 것이 측은해서 오지랖이 발동한 나는 내 명의로 휴대전화기를 할부 개통해서 영태 엄마를 주었다.

그런데 그 후로 영태 엄마는 사무실 오는 횟수가 점점 줄어들더니 발길이 아예 끊어졌다. 몇 달이 지났을 무렵 한 통의 전화를 받았는데 생각지도 못한 어처구니없는 일이 벌어졌다. 영태 엄마가 내 명의로 개통해 준 단말기 할부금과 전화 요금을 한 번도 내지 않아서 무려 60만 원이 연체돼 있었고 보증보험 업체로 이관되어 나에게 전화했던 거였다. 영태 엄마가 어디에서 뭘 하는지 전혀 알 수 없던 터라 결국은 내가 해결해야 할 문제였는데 참 난감했다. 당시만 해도 아르바이트하며 근근이 지내오던 터라 당장 연체금을 해결할 수 있는 형편이 아니었다. 그래서 여유가 되면 갚아야겠다고 마음먹고 업체에 양해를 구했다. 그러나 보증보험 업체에서 한 달에 한두 번 오던 독촉 전화가 매일 오다시피 하면서 연체금 독촉 압박이 강해

지니 슬슬 감정 변화가 생겼다. 자초지종을 설명했지만, 법적으로는 내 명의로 발생한 일이었기에 소용없었고 내가 사용한 것도 아닌데 단지 내 명의라는 이유로 빚쟁이 취급을 받으니 순간 나도 모르게 보증보험 상담원에게 소리치며 화를 냈는데, 순간 수년 전 행적이 새록새록 기억나기 시작했다. 회사 다니던 시절 길에서 휴대전화기를 주웠고 정상적으로 작동되길래 가끔 해외에 전화할 일이 있을 때면 그 전화기로 통화를 했다. 죄책감도 없이 한동안 사용했는데 이때 당시만 해도 해외 통화 요금은 폭탄 수준이었다. 혹시나 전화기 주인에게 연락이 오면 전해줄 생각이었지만 연락도 없다 보니 계속 사용하게 되었고 사용한 지 한 달이 지났을 무렵 전화기는 정지됐다. 혹시 몰라서 잘 알고 지내던 통신업체에 전화 요금을 물어보니 미납요금이 60만 원 정도 된다는 말을 들었다. 이때 당시 60만 원이면 웬만한 회사원 월급보다 많은 금액이었는데 죄의식도 없이 도둑놈 심보로 무시하며 살아왔다. 기억 속에서 잊힌 듯했으나 이렇게 영태 엄마 덕분에 지나간 죄업을 씻어낼 수 있는 상황이 생긴 것이다. 이후 보증보험에서 연락이 오면 정중하게 응대했고 아르바이트하는 시간을 조금 더 늘려서 연체된 요금을 해결했다. 이전에 남의 휴대전화기를 허락도 없이 사용해서 전화 요금을 떠안게 만든, 누군지도 모르는 그분께 죄송할 따름이다. 그분 역시 본인이 사용하지 않은 금전에 대해 얼마나 억울하고 한이 맺혔을까? 이러한 연출은 결국 '뒤에 계신 분'들께서 조화를 부리신 것이다. 금액의 많고 적음이 문제가 아니라 나로 인하여 타인에게 한(恨) 맺히게 만들고 정신적, 물질적으로 피해를 주면 결코 도 닦는 수행은 원활하지 않다는 것을 일깨워 주신 것이며 이러한 결과가 바로 인과응보의 법칙이다.

저승, 천국과 지옥

•

나는 어디에서 왔을까. 왜 사람으로 태어났고 언제 죽는지 죽으면 어디로 가는지 이러한 정보를 아는 인간은 단 한 명도 없을 것이다. 오로지 득도한 자만이 알 수 있고 '또 다른 세상'에서 활동하고 계신 '뒤에 계신 분'들만 아는 정보다.

동서고금을 막론하고 천국과 지옥이라는 단어는 전 세계에서 공통으로 사용되는 단어다. 정확한 존재 여부는 몰라도 인간이라면 누구나, 한 번 이상 대화 중에 언급했을 것이다. 천국 또는 천당, 극락 이 세 단어는 글자만 다를 뿐 똑같은 이치를 함의했다. 모든 종교에서 공통된 설법 중에 선행을 많이 하고 신을 잘 숭상하면 갈 수 있는 곳이라고 사람들은 믿고 있다. 반대로 악행을 많이 저지르면 죽은 후 저승에서 신에게 심판받고 지옥을 간다고 믿는다.

사람이 죽으면 육신과 영혼이 분리되는데 사고사든 자연사든 육신에서 분리된 혼은 한동안 멍하니 어찌할 바를 모른 채 죽은 그 자리에 머문다. 때맞춰 일명 '저승사자'가 영혼을 수거하러 오는데 저승사자가 오면 먼저 그 사람의 고향과 이름을 함께 불러서 서류상의 신분을 대조한 후 데려간다. 혹 개명했어도 개명 전 본명을 부르고 확인 절차를 할 뿐 개명에 큰 의미는 두지 않는다.

자연사의 경우, 운명이 다 되었을 시에 저승사자가 와서 수면 중이든 활동 중이든 개의치 않고 그냥 혼을 빼낸다. 육신에서 혼을 분리하면 마치 격투기에서 선수가 급소를 맞고 그대로 주저앉듯이 또는 도끼질에 나무가 넘어가듯이 육신이 고꾸라진다. 고꾸라진 육신이 쓰러지면서 바닥이나 다른 물건에 머리가 충격받아 뇌출혈이 생긴 것을 뇌출혈로 죽었다고 표현하며 외관상 큰 충격 없이 죽으면 인간들은 심장마비로 죽었다고 의학적으로 판단한다. 그러나 사실 때가 되어 저승사자가 영혼을 빼서 죽는 것이지 사망의 원인은 심장마비나 뇌출혈이 아니다. 이러한 정보를 잘 숙지했다가 주위에서 이런 일이 생기면 숙연하게 '또 다른 세상'의 법칙에 순응하면 된다.

아무리 값비싼 건강식품을 챙겨 먹고 건강관리를 해도 때가 되면 빈부귀천을 막론하고 다 죽는다. 현시대에는 지나칠 정도로 껍데기에 불과한 육신에 별짓을 다 하는 것을 볼 수 있다. 물론 육신을 함부로 대하면 안 되겠지만 내 말의 의미는 굳이 하지 않아도 되는 행위를 많이 한다는 것이다. 건강상 수술이나 시술로 육신을 찢고 꿰매는 행위는 괜찮지만, 미용을 목적으로 한 성형수술 및 문신 등 이기적인 행위는 모두 자해(自害)로 취급해서 죽어서 저승에 가면 감점 요인이 된다. 그리고 다음 생으로의 환생에도 감점이 되어, 질이 떨어지는 곳으로 환생하니 참고하길 바란다.

하루 사망자 수가 한국은 1,000여 명이며 전 세계의 하루 사망자 수는 70,000여 명이다. 저승사자는 매일 변함없이 인간의 영혼을 수거하는 업무를 보신다. 거기에 축생의 업보로 살다가 죽는 영혼까지 합하면 100,000개가 훌쩍 넘는 영혼을 매일 수거하시는 셈이다. 저승사자는 검은색 도포나 코트를 걸친 모습이며 항상 옷깃이 반듯하게 서 있었고 모자가 달린 로브 같은 의복을 착용한 예도 보았다. 딱히 정해진 것이 아니거나 서열에 따른 복장일 수도 있겠으나 어쨌든 내가 본 저승사자의 복장은 이러했다. 그리고 작은 우주선을 타고 다녔는데 조금 큰 모형도 있었고 배 같은 형상의 물체로 인간의 영혼을 운반하기도 하고 지하의 어느 공간에도 영혼을 실어 나르는 것을 보면 저승으로 가는 통로는 아주 많아 보인다. 이분들 모두 야구공보다 작은 검은 구체를 가지고 있는데 약 100m 거리에서 이제 막 객사해서 육신과 분리된 영혼이 웅크리고 있는 곳으로 구체를 손에 쥔 채 낚싯대 던지듯이 행동을 취하면 구체에서 포물선을 그리듯 빛이 발사되어 웅크리고 있는 영혼을 낚아채서 끌어온다. 또 이 구체는 인간들이 사용하는 내비게이션 역할도 하는데 보고 싶은 것을 생각하며 그 구체를 바라보면 영상이 보이는데 나는 10여 년 전에 이 구체를 취득했다. 물질세계에 실존하는 물건이 아니라 비몽사몽 중에 '또 다른 세상'에 돌입해야만 볼 수 있고 사용할 수 있는 물건이다. 얼마 전 내가 있던 토굴에 신장님 한 분이 오셔서 '일우선인을 뵙고자 하면 그 구체로 연락하면 됩니다.'라고 말씀하셔서 참선 중에 구체를 손에 쥐고 일우선인을 생각했는데 정말 그날 일우 형님을 보았다. 생각만 하고 구체를 쳐다보면 당사자와 통신할 수 있다는 것도 이때 알게 됐다.

이러한 정보는 하루아침에 알게 된 것이 아니며, 오랜 기간을 걸쳐서 참선 중 교육받는 과정에서 하나씩 알고 습득하게 된 것들이다.

공부 초창기 때에 1년여에 걸쳐서 화장실과 관련한 꿈을 매일 꾸었다. 발판도 없는 재래식 화장실에 지름 1.5m 정도의 똥이 담겨 있는 웅덩이가 있었고 수시로 그 웅덩이 속으로 대수롭지 않게 들어가는 내 모습을 보게 됐는데 어쩔 땐 내 손으로 화장실을 만들기도 했다. 이후로 화장실에서 어떤 사람들과 만나서 은밀하고 비밀스러운 행동을 했는데 너무 오랫동안 화장실에 관한 것만 보여서 왜 그런지 궁금했다. 깊이 사색해 보았지만, 별다른 소득이 없던 중 얼마 후 궁금증이 해소되었다. 화장실 문을 열고 들어가면 '또 다른 세상'으로 변하는 것을 보았는데 바로 저승이었다. 수거한 영혼들이 대기하는 공간인데 인간 세상에서 표현하자면 교도소에 가기 전에 가둬두는 경찰서 유치장이나 구치소라고 말할 수 있다. 나는 이런 정보를 확고히 정립하고자 일우선인께 여쭤보았다.

"형님, 기도 중이나 꿈에서 화장실 형상을 자주 보는데 이게 저승에 들어가는 통로인가요?"

일우선인은 아무 말씀 없이 미소를 띠시며 고개를 끄덕이셨다. 시간이 흐르면서 저승의 활동 반경은 점점 넓어졌고 영혼들이 대기하는 건물에도 수십 번을 들락날락하다가 어느 날 그 건물의 감독관으로 보이는 분과 만남이 이뤄졌다. 그분은 나에게 악수를 청했는데 꼭 안면을 트는 느낌이었다. 얼마 후 배 같이 생긴 영혼 운반용 모형들과 기차처럼 기다란 모형 여러 대가 정차된 지하 공간에서 그곳을 관리하는 어느 존재로부터 출입 카드로 보이는 물건을 받았는데 관리자 통행증 같은 출입 카드인 모양이다.

현재 이 글을 쓰고 있는 와중에도 매일 저승과 이승을 왕래하면서 교육받는 중이며 때론 저승사자와 함께 업무를 본다. 내가 만약 지금, 이 시점에서 죽으면 다시 인간으로 환생하지 않고 신(神)의 세계인 저승에서 소임을 맡아 활동할 것임을 인지했다. 그러나 아직 육신을 가지고 있기에 조금 더 수행해서 신(神)의 세계가 아닌 령(靈)의 세계로 가고 싶다. 그래서 오늘도 나는 득도를 향한 수행을 멈추지 않는다.

저승은 지구 땅속에 있는 엄청나게 넓은 공간이다. 이곳에 천국 또는 극락이라고 알고 있는 공간도 있고 저승사자가 수거한 영혼을 집행하는 공간도 있다. 이곳에 귀속된 존재들은 인간보다 고차원적인 지능을 가지고 있고 들어보지도 못한 고차원적인 시설물도 가득하다. 인간 세상에서 겪는 병이나 빈부귀천이 전혀 없는 곳이며 온 사방이 온화하고 근심·걱정이 없는 곳이다. 보통 사람들은 천국을 지구 바깥 어딘가에 있다면서 막연하게 하늘나라라고 말하지만 득도하지 않은 영혼들은 절대로 지구 밖의 다른 행성을 갈 수 없다.

저승에선 영혼을 집행하는 공간에서 48일간 대기하다가 49일째가 되는 날, 살아생전에 선행과 악행을 대조하여 다음 생에 어느 나라, 어느 집안, 또는 축생, 또는 지옥으로 가는 갈림길에 서게 된다. 이승에서 어떤 지위나 부를 누렸다 해도 빈부귀천을 막론하고 똑같은 처우를 받는다.

저승에서 수거해 온 영혼을 재판하고 판결하는 분이 바로 십전대왕(十全大王)이다.

1	진광대왕(秦廣大王)	6	변성대왕(變成大王)
2	초강대왕(初江大王)	7	태산대왕(泰山大王)
3	송제대왕(宋帝大王)	8	평등대왕(平等大王)
4	오관대왕(五官大王)	9	도시대왕(都市大王)
5	염라대왕(閻羅大王)	10	전륜대왕(轉輪大王)

십전대왕은 육십갑자의 60개를 여섯 개씩 담당한다. 사람은 각자 태어난 해의 천간(天干), 지지(地支)에 따라 둘을 조합해서 갑자생, 을축생 등으로 나뉜다. 천간과 지지의 줄임말을 간지(干支)라고 하는데 십전대왕은 여섯 간지씩 맡아서 심판하는 업무를 보신다.

한국에서는 저승, 지옥은 염라대왕이 관장한다고 알고 있지만 염라대왕은 십전대왕 중에 한 분일 뿐이다. 인간이 죽으면 자신을 담당하는 대왕 앞에서 심판받는데 육경신에서 설명한 바와 같이 살아생전의 기록이 이미 저승에 전송돼서 저장되어 있기에 변명이나 말대꾸할 여지가 없다. 반강제적인 집행으로 보이지만 한 치의 오차 없이 공정하고 정확한 판결이 내려진다.

선행을 밥 먹듯이 했던 사람과 내 몸을 헌신해서 가족 또는 타인에게 유익을 준 자는 그 공로를 인정받아 다음 생에 원하는 나라, 집안, 직업 등을 선택할 수 있다. 반대로 악행을 많이 저지르고 이기적인 삶을 산 자는 여지없이 축생이나 지옥고를 면하기 어렵다. 선행을 많이 해서 다음 생에 대해 선택권을 부여받는 자들은 본인이 원하는 인물로 태어날 수 있다. 종교인들은 천국이나 극락에 가고 싶다고 하는데 그곳을 갈 수 있는 만큼의 선행과 공덕을 쌓았다면 보내주고 공덕이 조금 미달하면 다시 인간 세상으로 보낸다. 그러나 천국이나 극락으로 가는 것이 영원한 것은 아니다. 형량을 받고 지옥에 가는 것처럼 천국 또한 기간이 정해져 있다. 선행과 공덕 수치에 따라 30년, 50년, 100년 등 기간이 정해지며 그 기간을 다 마치면 여지없이 인간 세상으로 환생한다. 다시 말하지만, 인간이 생각하는 천국이나 극락은 모두 저승 공간의 한 부분을 차지하고 있을 뿐이며 상상을 초월한 지상 낙원이긴 하지만 득도하지 않은 이상 영원히 머무는 곳이 아니다.

불교에서 여러 지옥 중에 무간지옥(無間地獄)이라는 형벌이 있다. 현실 세계로 말하면 무기징역 또는 종신형 제도다. 무간지옥을 가는 행위는 다음과 같다.
1. 아버지 죽인 자
2. 어머니 죽인 자
3. 화합을 깬 자
4. 불(佛), 법(法), 승(僧)을 비방한 자
5. 불(佛), 법(法), 승(僧)을 훼손한 자

다섯 가지 중 하나라도 범하면 무간지옥 행인데 말 그대로 없을 무(無)에 사이 간(間)으로 상하좌우의 공간이 없고 주위는 컴컴하다. 여기에서 공중에 떠 있는 새장 같은 철장 안에 갇히게 되는데 서 있을 수도 없고 편히 앉아 있을 수도 없다. 사람 한 명 간신히 들어갈 수 있는 공간에 쪼그려 앉아서, 신체에 오는 고통을 계속 느끼게 된다. 시간 개념도 없고 사방팔방 아무도 없는 캄캄한 공간에서 공포심을 안고 지내는 곳이 바로 무간지옥이다.

무간지옥을 가는 죄업에서 1번과 2번은 천륜을 어긴 자이기에 벌을 받는 것은 당연하다. 3번은 화합을 깬 자인데 이 부분이 좀 포괄적이다. 첫째로 부부간 이혼에 관련된 부분인데 이기심과 책임감 없이 자식을 내팽개치고 가정을 깨는 행위를 말한다. 이유야 어떻든 부부가 이혼하더라도 빈부귀천을 막론하고 가족을 위해 헌신하고 죽는 그 순간까지 이번 생에 유종의 미를 거둬야만 지옥고를 면할 수 있다. 이혼의 갈등을 겪는 부부 중 주위의 가족이나 지인들이 부추겨서 이혼하게 되는 경우가 종종 있다. 불화로 갈등하고 있는 사람이 있으면 되도록 이혼하지 않고 화합할 수 있도록 조언하시길 바란다. 당신의 말 한마디로 당사자가 이혼하게 된다면 이혼을 부추겨서 화합이 깨지게 만든 자도 무간지옥을 면하기 어려울 것이니 말 한마디에 신중하길 바란다. 또는 정상적인 좋은 마음으로 결성된 단체를 비방하고 해코지하여 화합을 깨는 행위도 이 3번에 속한다.

4, 5번은 불(佛), 법(法), 승(僧)에 관한 내용이다. 불(佛)은 성현이고 법(法)은 성현의 말씀이며 승(僧)은 성현과 성현의 말씀을 받들고 지키는 자를 말한다. 불, 법, 승을 비방하고 폭력적인 행동으로 훼손시킨 자도 무간지옥을 면치 못한다. 출가한 승려뿐만 아니라 모든 도(道) 닦는 수행자를 비방하고 폭력적으로 대해도 똑같은 결과를 초래하니 유념하길 바란다. 저승에 들어가서 백번 천번 후회하고 반성해 봤자 무용지물이니, 육신을 가지고 있을 때 죄짓지 말고 선업의 점수를 많이 따놓길 바란다.

몇 년 전 참선 중 새벽녘에 내 앞에 타조알 같은 것이 놓였고 알 가운데

가 금이 가며 갈라지고 그 안에는 진갈색의 강아지 한 마리가 있었다. 알에서 강아지가 나오다니 참 해괴하구먼, 대수롭지 않게 생각했는데 날이 새고 오전 무렵 다른 종단에서 출가했을 때 잠시 인연이 됐던 노(老)스님이 입적(스님의 죽음)했다는 소식을 들었다. 순간 새벽에 참선 중에 보았던 타조알 속 강아지가 생각났고 입적하신 그 노스님이 강아지로 환생한다는 것을 직감했다. 법랍이 50년은 넘은 것으로 알고 있는데 어찌해서 강아지로 환생할까. 사색해 보니 사지가 멀쩡한 분이 자신이 해야 할 일을 행자나 비구, 비구니 스님에게 일일이 뒤치다꺼리하게 만들고 사찰 내 목욕탕에서 출가한 지 얼마 안 된 스님에게 몸 전체 때를 밀게 하는 등 지극히 개인적인 일을 남의 손을 빌려서 살았다. 타조알에서 강아지가 나온 것으로 보아 그나마 중노릇한 게 있어서 지옥고는 면하고 축생의 업보로 환생한 것이다. 요즘 세상은 개(犬)들 대우가 상전이 아닌가. 주인이 끼니마다 밥 챙겨주지, 아프면 병원 데려가 주지, 목욕에, 간식에, 영양제까지 챙겨주고 온갖 장난감에 애견 미용실까지 딱 살아생전에 중노릇하면서 했던 행동에 걸맞게 개로 태어난 거였다.

그 후 1년이 지나서 새벽녘 동이 틀 무렵 비몽사몽간 저승인 듯했는데 이번에도 강아지 한 마리를 보게 됐다. 털이 복슬복슬한 회색빛 강아지였는데 무슨 연유인지 내가 그 강아지를 데리고 이리저리 바쁘게 움직이고 있었다. 위에 대문이 보이길래 강아지를 데리고 그리로 갔는데 문을 지키는 문지기 두 명이 그 문을 통과하려는 나를 막아서며 '이놈은 이리로 갈 수 없습니다.'라는 것이다. 아래를 보니 열려 있는 문이 있길래 그 문을 통과하면서 현상은 사라졌다. 그날 오전에 또 다른 스님이 입적했다는 소식을 접했는데 새벽녘에 본 회색빛 그 강아지가 바로 오늘 입적한 스님의 다음 환생할 모습이었다. 이번에도 미리 보게 된 것이며 중들이 입는 옷이 회색이니 그 강아지도 회색빛을 띤 것이다. 두 번이나 이런 현상을 겪게 되니 참 당혹스러운 생각이 들었다. 수십 년을 중노릇했는데 왜 축생인 개로 태어날까? 오늘 입적한 스님은 수도권에서 나름대로 업적도 많이 쌓은 분인데 왜 그럴까? 업적은 많으나 돈에 대한 실수가 잦았다는 이야기를 들었는데 그것이 원인이었다. 중노릇하면서 돈이 생긴다는 것은 신도나 국가의 지원을 받는 혈세다. 공적을 세우겠다는 빌미로 걷은 돈이나 지원받은 돈은 쓰고 남으면 다시 환원하거나 공공이익을 위해 사용해야 한다. 그런데 공금을 뒷주머니로 착복하고 개인 재산을 축적했으니 그 업보로 인한 형벌을 벗어나지 못한 것이다. 결국은 빌어먹기 좋아하니 개로 환생한 것인데 개(犬)의 평균 수명이 약 10년이니 10년간 실컷 받아먹으면서 사는 수밖에 없다. 그나마 중노릇한 덕분에 지옥고를 면했다는 것을 천만다행으로 여기고 감사해야 할 것이다. 하여간 종교인, 성직자들치고 축생이나 지옥고를 면하는 자를 보지 못했다.

 출가해서 중노릇하는 자를 지켜본 결과, 십중팔구 거저 받는 것을 당연시하며 살아가는 자들이 많았다. 성직자는 신도들이 주는 모든 것에 항시 감사하는 마음부터 가져야 한다. 그들을 위해 매일 기도하면서 공덕을 기리고 열심히 수행 정진하는 것으로 보답해야 한다.

 지구에서 활동하는 많은 성직자는 혹세무민으로 이런저런 구실 거리를 만들어 돈을 축적하고 있는데 돈독이 올라도 아주 제대로 올랐다. 돈을 많이 벌면 신이 도와줘서 그런다고 착각하는데 천만의 말씀이다. 마구니는 돈 벌게 하는 재주가 타고난 존재다. 성직자들이 사익으로 많은 돈을 축적했다면 장담하건대 마구니(사탄) 집단의 덕을 보는 것이다. 마구니의 속셈은 인간을 유혹해서 타락시키고 죄를 짓게 만드는 것이다. 결국 죽어서 축생이나 지옥고를 거치게 하려는 목적이며 세상을 혼탁하게 만드는 무리다.

강아지로 환생하는 것을 본 지 얼마 안 돼서 참선 중에 기이한 현상을 보았다. 통통하게 살이 찐 몸에 후덕한 관상이었다. 중처럼 머리는 빡빡 깎은 상태였고 양쪽 눈 주위의 살이 녹아내리듯 흘러내리면서 피눈물을 흘리고 있었다. 순간 '어, 이 사람 뭐에 홀렸는데……,'라는 생각이 들었다. 점심 무렵에 아는 스님과 통화 중에 어느 스님이 불에 타 죽었다는 이야기를 듣게 됐는데 뉴스를 검색해 보니 참선 중에 봤던 그 양반의 인상착의와 똑같았다. 표정에 후회와 억울함이 역력했고 무언가에 홀려서 제정신이 아닌 눈빛을 가지고 있었다. 뉴스 보도를 보니 자살인지 타살인지 의문을 제기하는 자막이 보였는데 자살이면 다시 사람으로 태어날 일이 없을 것이고 타살이면 그나마 다행이다.

자살도 명분만 있으면 다시 환생할 수 있다. 한 예로 역사 기록에 전해지는 논개라는 여인이 나라를 침략한 일본 적장의 몸을 부둥켜안고 절벽 아래로 떨어졌던 행위는 자살 행위지만 나라를 위한 명분이 명확하기에 저승에서 자살로 처분받지 않는다. 불에 타죽은 그 스님은 아무리 찾아봐도 명분이 없었으며 승려 신분을 잃은 지 오래였고 권력과 금전 놀이에 빠져서 살았던 성직자이기에 자살이든 타살이든 모든 것은 '뒤에 계신 분'들이 엄벌할 것이다.

일우선인이나 '뒤에 계신 분'께서 이구동성으로 했던 말씀이 돈은 마(魔)이니 늘 경계하라고 하셨다. 수원사무실에서 지낼 때의 일이다. 오후 아르바이트 때문에, 숙소에 옷을 갈아입으러 갔다가 오만 원권 지폐 한 장을 놓고 그냥 주머니에 넣어 둔 채로 가면 될 것을 누가 가져간다고 책 사이에 넣었다 뺐다 두어 번 반복할 때쯤 일우 형님에게 전화가 왔다.

"뭐해?"

"네, 아르바이트 가기 전 잠깐 숙소에 들렀어요."

"으응, 나 오만 원만 빌려줘라."

"네? 형님, 오만 원이 없으세요?"

"응, 없어!"

오만 원짜리가 뭐라고 왜 그런 행동을 했는지, 돈이 많든 적든 그깟 돈을 들고 어디에다 둘지 망설였던 나의 행동을 깊이 반성하게 됐다. 형님은 나를 관(觀) 하신 후 못난 제자 깨닫게 하시려고 바로 전화하신 것이다. 책 속에 넣었던 오만 원 지폐를 빼서 사무실에 들렀다.

"형님 오만 원, 여기 있습니다."

"응, 내일 갚을게."

더 이상 말씀은 없으셨지만, 익살 섞인 얼굴로 그러나 안광은 번쩍거리면서 '앞으로 그러지 마!'라는 듯했다. 이후 급여를 받으면 우선 방세를 계산하고 남은 돈으로 한 달 사용할 기본적인 물품에 부족하든 부족하지 않든 전부 소비해서 전 재산을 항상 0원으로 유지하며 지냈다.

이렇듯 '뒤에 계신 분'들은 돈에 대해 아주 예민하시다. 특히 성직자라면 돈 알기를 돌같이 생각해야 한다. 어떠한 경로로 돈이 생겼든지 공익을 위해 사용해야 하며 목숨이 다할 때까지 돈에 넘어지지 않도록 경계해야 할 것이다.

지옥 가는 1순위가 종교인, 성직자들이며 순위를 매기자면 공동 1위가 바로 부자(富者)다. 전생에 선업을 많이 쌓아서 이번 생에 부자로 사는 건데, 부자의 기준은 어마어마한 재벌뿐만 아니라 몇십억 이상을 소유하고 있어도 부자에 속한다.

저승에서 심판받을 때 선행을 많이 했으니 원하는 곳으로 보내준다고 하면 부잣집이나 정치인, 사업가, 연예인, 스포츠인 등으로 선택할 수 있다.

십전대왕은 많은 돈을 벌면 전생 때와 같이 다음 생에도 어려운 자를 도울 것을 당부하는데, 다들 '네, 알겠습니다.'라고 해놓고 막상 약속을 지키지 못하는 이가 대부분이다. 물론 전생의 기억은 없겠지만 살면서 선행에 관한 생각은 이따금 했을 것이다. 아예 하지 않은 자들도 있겠지만 대부분 한 번 이상 주저했던 경험이 있을 것인데 이놈의 욕심이라는 놈 때문인데 선행의 문턱을 넘지 못하고 이번 생에 죽으면 결국 지옥고를 면하지 못하는 것이다.

일우선인 살아생전에 '불의와 타협하지 마라.'라고 말씀하신 적이 있다. 고향에서 사무실을 운영하고 있을 때 한 사업가가 세 번 정도 사무실을 방문한 적이 있었다. 그 사업가가 삼백만 원 드릴 테니까 육천만 원짜리 기부영수증을 발급해 달라고 요청했다. 오지랖이 발동해서 부탁을 수락하려 하다가 형님의 말씀이 생각나서 단호하게 거절했다. 육천만 원 기부영수증을 써주면 삼백만 원가량 환급받는 것을 알게 됐고 그 사업가는 선심 쓰듯 했으나 나를 상대로 거래하려는 저급한 장사치에 불과했다. 대기업 하도급업체의 사장으로 욕심이 하늘을 찌르는 행위였는데 이러한 행위는 비단 이놈만 하는 짓이 아닐 것이다. 불우이웃 성금이나 종교 단체 기부로 세금 면제받는 행위는 하지 않느니만 못한 짓이니 명심하길 바란다.

빈자일등(貧者一燈)이란 고사성어는 부자가 켠 백 개의 초보다 가난한 자가 켠 한 개의 초가 공덕(功德)이 더 높다는 말이다. 뜻을 잘 새겨보고 언제 죽을지도 모르는 유한한 생에서 오른손이 한 짓을 왼손이 모르게, 왼손이 한 짓을 오른손이 모르게 선행하길 바란다. 또한 사업가는 노동자에게 어떻게 하면 급료를 덜 줄까, 지옥고를 재촉하는 잔머리 굴리지 말고 세상의 인연으로 이익을 얻었으면 세상을 위해 베풀어야 할 것이다.

인간들이 엉뚱한 곳에는 투자를 많이 하면서도 언제 닥칠지 모르는 자신의 다음 생에 대해선 투자하지 않는 것을 보며 매우 어리석고 한편으론 안타깝고 불쌍하다는 생각이 든다. 지옥행 1순위가 왜 부자와 종교인인지 잘 새기길 바라고 지혜로운 행동으로 다음 생에 지옥 또는 축생의 업보를 면하길 바란다. 축생이나 지옥고를 다 치르고 나면 다음은 가장 척박하고 하루하루 끼니 때우기 바쁜 환경에서 태어난다. 한마디로 밑바닥에서 다시 시작하는 인격체로 살아갈 터이니 속된 말로 '있을 때 잘해!'라고 말해주고 싶다.

07_ 꿈

꿈

꿈이란 무의식 속에서 보는 현상을 말한다. 즉 수면 중 의식이 없을 때 보이는 현상인데 사람들은 '헛것'이라 치부하고 큰 의미를 두지 않는 것이 보통이다.

사람은 누구나 꿈을 꾼다. 기억력이 좋은 이는 꿈을 기억하는 것이고 기억력이 좋지 않은 이는 꿈을 꿔도 기억을 못 해서 꿈을 안 꾸는 것으로 생각한다는 설도 있는데 아예 틀린 말은 아니다. 인간은 전생의 기억을 모두 삭제당한 후에 태어나지만, 사람들의 뇌(腦) 속에 전생의 기억 잔재가 현생의 주위환경과 상황, 인연 등과 마주하면 데자뷔 현상이 생기면서 꿈으로 나타나는 것이 대부분이다.

꿈의 분류는 정몽(正夢), 역몽(逆夢), 잡몽(雜夢), 심리몽(心理夢), 영몽(靈夢) 등 보통 다섯 가지로 분류한다.

정몽은 비가 내리는 꿈을 꿨을 때 현실에서 진짜로 비가 내리는 것을 말하며 역몽은 날씨가 맑은 꿈을 꿨는데 현실은 비가 내리는 반대의 경우를 말한다. 잡몽은 해몽하기 어려운, 이것저것 잡스럽게 섞여 있는 현상을 말하며 심리몽은 실생활에서 겪고 있는 심리적 상태가 그대로 반영되어 현재 상황과 비슷해 보이는 현상을 말한다. 마지막으로 영몽은 신을 보거나 계시성 발언 등을 보게 되는데 사익보다는 공익에 관련된 뜻이 많으며 미래에 이뤄질 일을 암시해 주는 경우가 많다.

어려서부터 꿈은 거의 매일 꿨는데 주로 정몽과 영몽이다. 꿈에서 가방의 상표가 지워진 것을 보면 그날 현실에서 가방을 잊어버렸고 사고를 보게 되면 그와 비슷한 일이 실제 발생했다. 타인의 꿈을 꾸었을 때도 꿈속의 내용이 그대로 반영되는 걸 보았다. 물속에 들어가는 꿈도 많이 꿨는데 처음 보는 동식물이 다채로운 색깔과 형상을 하고 있었고 궁궐 같은 집도 보고 숨 쉬는 것에 구애받지 않아서 자유롭게 노닐던 적도 있었다. 용(龍)은 신비의 동물이라고 하는데 특히 어린 시절 꿈에 용(龍)을 많이 접했고 백룡에 올라타서 용머리 뒤를 움켜잡고 날아다니며 같이 물속에 들어가서 유영하기도 했다. 흰색 바탕에 금실로 장식된 면류관을 쓰고 임금만 입는 곤룡포 같은 의복을 한 어느 할아버지께서 거대한 적룡의 머리 뒤 안장에 가부좌를 틀고 계신 모습도 봤는데 고개를 살짝 들면 시선이 마주치는 가까운 거리였다. 용(龍) 머리는 황소 머리만 했는데 손가락 굵기의 기다란 수염이 S자 모양으로 내 얼굴에 닿을 듯 말 듯 움직였고 할아버지는 나를 유심히 쳐다만 보고 계셨다.

20대 초반 사회생활 할 때 회사에서 건축한 빌라를 숙소로 사용했다. 그런데 동료들이 그 집에서 한번 자고 나면 다시는 오려고 하지 않았다. 다들 똑같은 꿈을 꾸며 가위에 눌렸는데 시커먼 그림자가 무릎으로 가슴을 짓누르고 목을 조른다는 것이다. 아무리 소리치고 움직이려 해도 움직이지 않았다고 했고 또 한 동료는 가위에 눌린 후 안방에서 혼자 자는 내 옆에 와서 잠들었는데 또다시 가위에 눌렸다. 몸부림치다가 깨어보니 안방이 아닌 원래 자던 그 방에 혼자 있는 자신을 보고 매우 놀랐다고 한다. 그 공포를 다시는 느끼기 싫다고 할 정도였는데 나는 한 번도 겪어보지 않은 현상이라서 정확하게 어떤 느낌인지 몰랐다. 그 바람에 나는 숙소를 독채로 사용하게 됐다.

어느 날 여느 때와 같이 12시 자정쯤 잠을 막 청하려고 눈을 감았는데 누군가가 내 코를 살짝 쥐어뜯어서 순간 번쩍 눈을 떴는데 검은 그림자가 방문을 통해서 스르륵 나가는 게 보였다.

"이런 건방진 자식이, 귀신 주제에 어디 사람 몸에 손을 대!"

나는 씩씩하게 말하고 다시 눈을 감았다. 잠시 후 얼굴에 바람결이 느껴졌는데 아마도 내가 잠을 자는지 안 자는지 확인하는 모양이었다. 눈을 뜨면 그 귀신과 눈이 마주칠 거 같아서 그대로 잠을 청했고 이윽고 꿈속 여행이 시작됐다.

차를 운전하며 카폰으로 회사 동료와 통화를 하고 있었다.

"애들 왔어?"

"응, 두 명인데 점심밥 준비 중이야. 어디야?"

"거의 다 왔어."

도착해서 안방에 들어가니 아이들 3명이 있었다.

"세 명이네. 왜 두 명이라고 해?"

동료는 어이없는 표정을 지었다.

"두 명이지, 뭐가 세 명이야?"

"무슨 소리야, 세 명 있구먼."

거실에 있던 동료가 안방으로 들어오더니 말했다.

"이 애랑 저 애랑 두 명이잖아."

"그럼, 쟤는 누군데?"

"얘가 낮술을 마시고 왔나, 저기에 뭐가 있다고 그래."

순간 내 눈에만 보였던 그 아이는 얼굴에 파란빛을 띠기 시작했고 나는 귀신이라는 걸 직감하고서 그 아이를 안심시켜야겠다는 생각이 들었다.

"괜찮아, 괜찮아! 밥 먹어. 근데 너 여기엔 누구랑 왔어?"

"할아버지랑 엄마랑 형이랑 있어요."

"어디에 있는데?"

"저기요."

아이가 손가락으로 가리킨 곳은 주방 옆 보일러실 겸 베란다였다. 나중에 알게 된 것은 숙소가 제일 끝에 있는 건물인데 그 자리가 산소가 몇 개 있었던 곳이었고 산소를 철거하며 뒤처리를 정성껏 못했던 사유로 귀신들이 활개를 쳤던 모양이다. 숙소 라인은 제일 꼭대기 층에 신축 분양 중인 관계로 나만 살고 있었는데 그 이후로 옥상에서 쿵쿵거리는 소리가 나고 싱크대나 문짝에 노크하는 소리도 종종 들렸다. 그럴 때마다,

"얘들아, 시끄러워서 잠을 못 자겠어! 좀 조용히 해주면 안 되냐?"

부탁하는 목소리로 말하면 순간 고요해졌다. 형상을 볼 수는 없었지만, 예전에 그 귀신들이 살던 묘지 터에 내가 굴러온 돌인 셈이니 귀신들 입장도 생각해 줘야 한다는 마음이었다. 그렇게 그 귀신들과 동거생활이 시작됐다.

예전부터 꿈을 연구할 목적으로 해몽 책을 구해서 머리맡에 노트와 볼펜을 두고 매일 꾸는 꿈을 기록했다. 처음엔 생각나는 대로 적다가 눈을 떴을 때 빛이 들어오면 꿈 일부분의 기억이 사라진다는 것을 알아냈다. 눈을 감은 상태에서 머리맡에 노트와 볼펜을 손으로 더듬어서 찾아 적었더니 효과가 아주 좋았다. 또는 한쪽 눈만 뜨고 적어도 기억이 사라지지 않았으며 자다가 중간에 깼을 때는 급하게 주요 단어들만 적고 다시 잠이 들었다. 아침에 일어났을 때 꿈을 생각하다가 기억이 가물가물할 때 노트 기록을 보면

기억이 되살아나는 현상이 묘하면서 재미있었다.

　건설회사 입찰업무를 보면서 여러 지역을 다녔는데 나만의 해몽 방식으로 평생 한 번 당첨될까 말까 하는 거액의 입찰 수주에 여러 번 당첨되어 회사에 이익을 주었는데 입지를 다지는 데 있어서 해몽은 좋은 쓰임새로 사용됐다. 그리고 또 하나, 꿈꾸는 중에 전화벨이 울리는 소리도 들리고 현실 세계와 꿈속, 두 경계를 동시에 넘나드는 경험도 했는데 항상 그런 것은 아니지만 긴장 상태로 잠을 청하면 거의 그랬다. 그리고 어제의 꿈이 오늘 다시 이어져 영화 같은 줄거리로 전개되기도 했는데 다른 이도 간혹 경험해 보았을 것이다.

　일우선인과 태백에 갔을 때였다. 기존 숙소가 철거된 후로 민박집에서 숙박했는데 인시에 기도해야 하기에 새벽 2시에 알람을 맞추고 잠이 들었다.

　얼마쯤 잤을까? 알람이 안 울린 것을 보니 2시는 안 된 것 같고 형님이 화장실을 다녀오면서 문을 여닫는 인기척에 잠이 깼던 모양이다. 화장실을 다녀오셔서 이부자리 위에 가부좌를 틀고 앉으시더니 합장하고 중얼중얼하셨는데 합장하고 있는 가슴팍에서 파란색의 야광 불빛이 발광하고 있었다. 형님의 그런 모습은 처음이라서 유심히 보게 됐고 뭐라고 말씀하시는데 당최 알아듣지 못하는 언어였다. 영어도, 중국어도, 일본어도 아니고 한국말도 아닌 도대체 뭔 말일까? '앗!' 그러고 보니 예전에 서암, 해암스님과 태백산에 오르다가 어느 바위에 앉아 있던 할아버지가 중얼거리던 소리와 똑같았다.

　잠깐 생각에 잠기다가 피곤해서인지 그대로 잠이 들었고 2시 알람 소리에 일어나 태백 장산에 올라가서 기도하고 동이 트면서 하산하여 숙소에 들어오니 형님은 화투패를 떼고 계셨다.

"형님, 제가 자다가 깨서 형님이 앉으셔서 뭐라 말씀하고 계신 걸 봤는데 그게 뭐예요?"

"아, 너 밤 줍고 있을 때?"

그렇다! 깨기 전 나는 꿈에서 밤을 줍고 있었다. 어찌나 크고 때깔이 좋은지 한쪽 팔로 밤을 주워서 품에 안고 있다가 꿈에서 깬 것이다.

"밤을 주웠으면 일단 주머니에 넣고 또 주워야지, 가슴에 안으니까 자꾸 떨어뜨리잖아."

"신나서 허겁지겁 막 줍다 보니까 그렇게 됐어요, 근데 형님, 아무도 없었는데 누구랑 이야기했던 거예요?"

"'뒤에 계신 분'들하고 문답 중이었어."

"근데 무슨 말인지 전혀 못 알아듣겠던데요?"

"영계 언어라서 그래."

"영계 언어요? 영계에서 쓰는 언어는 사람들이 못 알아듣는 건가요? 소리는 들리는데 당최 무슨 말인지 알아듣지 못하겠더라고요."

"당연하지, 득도해야만 알 수 있는 거야."

"그럼, 글씨도 있는 건가요?"

"있지."

나는 냉큼 메모지와 볼펜을 드렸고 형님께서 쓰시는 영계에서 사용하는 글씨를 보게 됐다. 지렁이가 꼬불거리는 형태로 끊기는 곳 없이 총 5줄을 쓰셨다. 보통 사람의 능력으로는 절대 풀이할 수 없는 그런 글씨였다. 그 글씨를 보면서 학창 시절에 꿨던 꿈이 생각났다. 어느 스님과 산행하는데 산 중턱 평평한 곳에 비석 모양의 큰 바위가 서 있었는데 스님이 손가락으로 가리키니까 비석에 글씨가 세로로 새겨졌고 일우 형님이 쓴 글씨와 모양새가 똑같았다. 그때는 알아볼 수 없는 글씨라서 유념하지 않았는데 이제야 영계의 글씨 형태를 알게 됐다.

산에서 참선 수행 중일 때 깎아지른 절벽 앞, 시야는 광활하게 펼쳐져 있었고 석양이 비추고 있었다. 소리도 없이 살포시 은빛을 띤 비행물체가 내려앉았는데 20평 정도 되는 크기였다. 마치 밀짚모자처럼 생겼는데 각진 부분 없이 바람의 저항을 받지 않는, 유선형으로 매끄럽게 빠진 모양새였고 내려앉자마자 문이 열리더니 사람하고 똑같이 생긴 분들이 내렸다. 앞모습은 미처 못 봤고 옆모습과 뒷모습만 봤는데 키는 180cm 정도에 바바리코트 같은 옷을 입고 있었다. 4명은 검은색 옷, 가운데 분은 황색 옷을 입고 있었으며 모두 제복인 듯 똑같은 형상의 옷을 입었는데 옷깃이 모두 꼿꼿하게 세워져 있는 게 특징이었다. 전부 남성이었으며 총 다섯 명이 내렸는데 가운데 계신 분이 우두머리로 보였다. 숱이 많은 곱슬머리에 어깨 너머까지 길게 늘어뜨렸으며 나머지는 단발의 깔끔한 머리 스타일이었다. 가운데 곱슬머리를 한 분을 따라 전부 절벽 쪽으로 가더니 석양을 바라보고 있었다. 이것이 내가 첫 번째 UFO를 본 경험이었다. 이후 얼마 안 돼서 비몽사몽간에 먼저 보았던 UFO와 비슷해 보이는 비행체를 보았는데 이번에는 그 비행체 안으로 들어갈 수 있었다. 비행체 아래쪽에 열린 문과 발판이 있길래 발판을 따라 들어갔는데 들어가자마자 포근하고 아늑함이 느껴졌다. 비행체 안에서는 바깥을 볼 수 있었는데 바깥에서는 안이 보이지 않는 구조였고 비행체를 조정하는 시스템으로 보이는 넓은 테이블이 있었으나 따로 정해진 조정석은 없었다. 붉은빛과 노란빛을 띤 버튼이 여기저기 눈에 들어왔고 매우 단순해 보였으며 나 외에 다른 생명체는 없었고 어려서부터 궁금해했던 UFO에 대해 경험시킬 목적으로 '뒤에 계신 분'들께서 조화를 부린듯했다.

  UFO에 대해서 일우 형님께 여쭤본 적이 있는데 형님은 '뒤에 계신 분'들이 외계인이라고 말씀하셨다. 출판 준비 기간에 참선하던 중 위 비행물체에서 내린 5명 중 황색 옷에 곱슬머리를 하신 분을 다시 뵐 수 있었는데 수행하는 비서로 보이는 분이 내게 오더니 "상제님이시다. 인사드려."라고 말씀하셨는데 드디어 그분의 존재를 알게 되는 순간이었다. 키는 185cm 정도의 큰 풍채에 얼굴에는 인자한 기운이 넘쳤고 눈동자는 흰자가 안 보일 만큼 검은색으로 꽉 차 있는 모습이었다.

08_ 수행

수행

경문

•

경(經)은 각 종교에서 숭상하는 존재 즉 신(神)의 말씀을 기록해 놓은 것이 대부분이다. 경전의 목적은 인간을 교화하고 교육하기 위한 말씀이다. 신(神)과 제자, 단월(檀越: 옛날 불교에서 신도를 일컫는 말)과 문답 형식의 내용으로 크게 분류하면 선한 행동을 권하고 악한 행동은 하지 말라는 내용이다. 즉 경(經)은 행(行)을 부추기기 위한 근본이며 암기해서 남들 앞에 자랑스럽게 내세우거나 치장해서 타인에게 좋게 보이기 위한 기록이 아니다.

불교에서는 알기 쉽게 염불이라고 하는데 경문에 내포된 것을 알려고 하지 않고 설령 안다고 해도 그 내용을 수지하고 자신을 교화시키고자 노력하지 않는다면 아무런 의미가 없다.

단월님들도 단순한 암기보다는 경을 수지하고 언행을 지키는 걸 최우선으로 여겨야 하며 비단 단월님 뿐만 아니라 성직자는 더욱더 명심해야 한다.

경문 공부 계기는 단혁스님을 만나고부터다. 스님을 만났을 당시에 경문 책 몇 권을 받았는데 천수경과 반야심경, 관세음보살보문품이었으며 경문을 읽는 방법도 알려주셨다. 천수경은 3부로, 신묘장구대다라니(神妙章句大

陀羅尼)가 2부, 다라니 앞 구절이 1부이며 다라니 뒤 구절이 3부다. 1부와 3부는 옛 선지식들께서 좋은 내용들을 발췌해서 기록해 놓은 것이고 본래 천수경은 신묘장구대다라니가 원문이다.

신묘장구대다라니는 한 단어 한 단어가 신의 명호이며 범어로 기록해 놓은 것이고 한국어로 번역한다면 옥추경(玉樞經)에 기록된 경문과 대동소이하다. 천수경은 불보살님을 찬탄하고 신심을 불러일으키게 하는 말씀이며 반야심경은 금강경을 압축해 놓은 것이고 불보살님들께서 수행하면서 깨달은 내용을 기록해 놓은 것이다. 윤회하는 이유가 설명돼 있고 번뇌와 윤회고를 벗어나는 이론과 방법이 적혀있다. 난 안이비설신의(眼耳鼻舌身意)와 색성향미촉법(色聲香味觸法)의 글자를 보고 반야심경의 참뜻을 이해하게 됐다. 눈, 귀, 코, 입, 육신, 생각으로 짓는 여섯 행위와 색깔, 소리, 냄새, 맛, 촉감과 이러면 안 돼 저러면 안 돼, 이러면 좋고 저러면 나쁘다는 경계의 '법(法)'에 빠져서 인간이 업(業)을 짓고 번뇌에 들면서 윤회고를 벗어나지 못함을 알게 되었다. 안이비설신의의 6가지와 색성향미촉법 6가지를 하나씩 교차하면 6×6=36이 나오고 전생, 현생, 미래생이 같을 것이기에 36×3(전생, 현재, 미래)=108이라는 숫자가 나온다. 원래는 36 번뇌인데 전생 36, 현재 36, 미래 36을 합쳐서 108번뇌라고 하는 것이다.

기도하는 행위를 '비나이다' 또는 '빌다'라는 표현을 쓰는데 다 같은 말이며 사람들은 '빌다', '비나이다'라는 말을 사용하면 이상하게 생각하는데 잘 알지 못해서 그렇다.

기도(祈禱)의 기(祈)와 도(禱)는 그 뜻이 빌 기(祈), 빌 도(禱)다. 즉 '빌고 또 빈다.'라는 뜻이다. 음(陰)을 상징하는 왼손과 양(陽)을 상징하는 오른손을 합장하면 태극의 기운인 음양이 발생하고 온 마음을 집중하면 '뒤에 계신 분'들과 소통할 수 있는 기운이 발생한다. 내가 소망하고 있는 내용을 마음에 담아 간절히 빌게 되면 '뒤에 계신 분'께 전달되는데 허황한 소망이 아닌 이상 소원을 이룰 수 있다.

  경문 책은 한자 음역으로 읽지만, 그 아래나 옆에 한글로 경문의 뜻이 풀이되어 있다. 한글 해설이 된 부분을 보면서 경문의 뜻을 이해하는 공부도 함께해야 한다. 경문을 읽을 때는 정신을 집중해서 정성껏 읽어야 하고 경문을 읽기 시작하면 하늘이 무너져도 다 읽을 때까지 중간에 끊기지 않게 읽어야 한다. 알몸으로 읽어도 되고 씻지 않은 몸으로 읽어도, 속옷만 입고 읽어도 무방하다. 단지 정성스러운 신심만 있으면 형식과 격식은 필요 없다. 다만 날짜를 정하거나 아니면 매일 시간을 정하고 읽든가 해서 최대한 시간약속을 지켜서 읽어야만 효험이 생긴다. '뒤에 계신 분'은 시간, 날짜, 약속 관념에 매우 민감하기에 명심해야 할 부분이다. 고기를 먹든지 술을 마시고 읽든지 전혀 관계가 없다. 부정을 탄다, 불결하다 하는데 다 인간들이 그럴싸하게 만들어 낸 허상의 경계일 뿐이다. 그리고 기도 기간에 성관계도 자중해야 한다고 하는데 그것 또한 헛된 경계의 법(法)일 뿐이다. 인간의 몸뚱이로 서로 좋아서 하는 자연의 섭리일 뿐인데 뭐가 문제란 말인가. 모든 게 무상인 것을…….

  경문을 주야로 읽은 지 1년쯤 되었을까. 아침에 경문을 읽는데 아무도 없는 방에서 사람이 걸어 다니는 듯한 인기척을 느꼈다. 옷깃 스치는 소리도 났는데 경문을 읽는 중에 '아, 뭐지. 뒤돌아봐야 하나? 어쩌지? 에이, 경문 읽는 게 먼저지. 일단 다 읽고 보자.' 이런저런 생각이 다 들었다. 오만가지 생각이 섞인 가운데 경문을 다 읽고 앉은 자리에서 세 번 합장 인사하는 중에 노인의 목소리가 들려왔다. "다 끝났네요. 갑시다." 옷깃 스치는 인기척이 명확하게 들렸고 합장 인사를 마치고 뒤를 돌아보았지만, 아무것도 보이지 않았다. 신심을 갖고 경문을 읽게 되면 내가 사는 지역을 담당하는 '뒤에 계신 분'들이 지켜보고 신심을 더 돋울 수 있도록 이적(異蹟)을 보여주신다고 하는데 바로 그런 현상이라 확신했다. 당시는 여름이었고 경문 책장이 흩날릴 거 같아 선풍기도 켜지 않은 상태로 속옷 차림으로 경문을 읽고 있었다.

태백장산 토굴에서 수행 중에 일우선인이 이제 사무실에서 수업받으라는 명을 받고 수원에 도착해서 수원과 용인의 경계에 자리 잡은 광교산에 인사차 자시에 산행했다. 물이 흐르는 골짜기를 따라 한참을 올라가니 큰 바위가 보여서 자리를 잡고 경문 책을 꺼내서 목탁을 치면서 천수경을 읽기 시작한 지 얼마 되지 않을 때였다. 벼락 치는 소리와 함께 바위가 쪼개지는 소린지 우지직하며 엄청난 굉음이 들리더니 바위가 데굴데굴 굴러 내려오는 소리가 들렸다. 일어나서 피해야 하는지 바위에 깔려 죽든지 말든지 경문을 계속 읽어야 하는지 머릿속이 매우 복잡해졌다. 바위가 굴러떨어지는 소리는 점점 가까워졌지만, 깨달은 분들의 말씀에 따라 목숨을 걸고 집중해서 경문을 계속 읽었다. 경문을 다 읽을 때쯤 주변은 고요해졌고 굉음을 내며 굴러 내려오던 소리도 없어졌다. 무사히 천수경과 반야심경을 다 읽고 명상에 잠겨 사색해 보니 광교산 '뒤에 계신 분'들이 나를 시험한 것 같다는 결론을 내렸다. '또 다른 세상'의 누군가가 그 믿음을 알아주고 지켜주신다는 생각에 가슴이 뿌듯해졌다. 순간 얼마나 위급하고 절실했던가. 나를 죽이고 모든 걸 버려라! '뒤에 계신 분'들의 말씀을 다시 한번 되새겼다.

모든 종교의 경문 책은 나약한 인간에게 신심이 생기게끔 하기 위한 옛 성현들의 작품이며 수천 년에 걸쳐서 내려오고 있다. 물론 사람의 손을 거치면서 약간씩 변질이 된 것도 사실이나 경문에 의지하며 신앙생활 하는 사람들은 여전히 많다. 의심하지 말고 절실하게 믿는 마음으로 경문, 경전에 기록된 내용을 굳건히 수지(受持)하고 행하다 보면 정확한 진리를 습득하게 되고 '뒤에 계신 분'들도 감응할 것이다. 부디 올바르고 선(善)하고 순(淳)하게 종교 생활하길 바란다.

100일 기도

•

　천수경과 반야심경을 주야로 100일간 시간을 잘 지켜서 기도를 마쳤다. 기도에 재미가 붙고 성취욕도 생기면서 또다시 100일 기도할 것을 계획하다가 천수경과 반야심경 사경(寫經)을 결심했다. 경문 책을 보고 쓰기를 대여섯 번 하니 보지 않고 쓸 수 있었고 쓰면서 자연스레 경문을 읽게 되고 또 심오한 뜻도 되새기면서 한자 공부도 하니 1석 3조의 혜택을 누렸다. 사경도 매일 약속한 시각에 3시간씩 하루도 예외 없이 100일을 잘 채워서 회향(기도 마지막 날에 기도의 공덕을 비는 행위) 했다. 기도 마무리로 항상 '이 기도로 제게 공덕이 생기거든 제 주위의 모든 사람에게 돌려주십시오.'라고 빌고 공부도 잘되게 해달라고 빈다. 다른 서원은 없었고 가족을 위해 기도한 적은 단 한 번도 없었는데 고집일지는 몰라도 내 것을 위해 비는 것이 이기적이라 생각했기 때문이다. 한편으로 내가 열심히 공부하면 가족들의 안위는 '뒤에 계신 분'들께서 자연스레 살펴주실 거라는 믿음이 있었기 때문일 것이다.

　100일 기도는 기도의 효험을 얻고자 하는 것이 우선이며 그다음은 근기(根氣: 수행하는 인내력)를 키우기 위함이다. 근기가 키워지면 어떠한 난관이 생겨도 포기하지 않고 꿋꿋하게 버틸 수 있기에 사회생활에도 많은 도움이 된다. 시간약속을 잘 지켜서 100일 기도를 마치면 신심과 성취욕이 배가(倍加)되고 기도 중간중간에 선몽(先夢)을 꾸는 것도 제맛이다.

　이후 지장경을 정독하면서 지장경에 딸린 츰부다라니와 광명진언을 하루 3시간씩 읽으며 100일을 잘 마쳤다. 지장경의 역사 기록을 보면 통일신라의 왕자 출신인 김교각 스님이 중국에 가서 도(道)를 이뤄 많은 이적을 남겼다. 중국 안후이성 구화산에 있는 절에 모셔져 있는데 지장보살의 화신이라는 설로 전해지고 있다. 지장보살은 저승에서 죽은 영가가 지옥고를 면하도록 활동하는 보살님이라고 보통 알고 있다. 하지만 지장보살님이 출현 전부터 이미 저승이라는 세계는 존재했고 이승에서 죽은 영혼을 심판하는 십전대왕이 존재하고 있었는데 지장보살이 저승을 관장한다는 것은 낭설이며 잘못 기록된 내용이다. 지장보살에 대해 일우선인께 질문했을 때 지장보살은 땅을 관장하는 신이며 영혼을 심판하고 관장하는 자격은 없는 분이라고 했다. 다시 이야기하지만, 지장보살이 있기 전부터 이미 저승을 관장하는 분들이 있었다.

지장경 100일 기도할 때 속가(俗家: 속세의 가족이 사는 집)의 조부(祖父) 얼굴이 떠올랐는데 자꾸 생각이 나는 것이 아무래도 얼마 살지 못할 거 같다는 생각이 들었다. 지장경 100일 기도의 공덕을 속가의 조부에게 바치겠다는 신념으로 정성껏 기도했고 무사히 100일 기도를 마치고 하산(下山)하자마자 속가를 방문했다. 조부가 좋아했던 소고기 육회와 부친과의 통화에서 조부께서 빵과 요구르트를 좋아하신다고 들어서 한가득 준비했다. 조부는 다리를 쓰지 못해서 일어나지 못했고 시각장애로 앞을 보지 못했으며 치매까지 걸린 상태였다. 치매에 걸린 조부가 손자가 왔다는 말에 제정신이 드셨나 보다.

"누가 왔다고? 아이고, 내 손주가 다 왔네."

부모님은 깜짝 놀라셨다. 치매가 온 조부는 부모님을 '아저씨, 아줌마'로 부른다고 했다.

"참, 손주 왔다고 정신이 드시나 보네."

"기막힐 노릇이다. 내가 이렇게 될 줄 누가 알았겠냐?"

"할아버지, 걱정하지 마시고 얼른 쾌차하세요."

"난 이제 죽어도 여한 없다. 그냥 빨리 죽었으면 하는 마음뿐이다."

"에고, 할아버지. 그런 말씀 마시고 건강하셔야 해요."

"근데 밖에 검정 봉지에 든 빵하고 요구르트 좀 줄래?"

부모님은 본인들도 깜짝깜짝 놀랄 때가 한두 번이 아니라고 하셨다. 빵만 사 오면 어찌 아시는지 정신이 드셔서 얼른 달라고 보채셨다고 한다. 나는 사 온 빵을 조부께 드리고 거실로 나와서 부모님께 지난 일에 관해 이야기를 들었다. 1년 전부터 치매가 시작됐고 한동안 누가(저승사자) 데리러 왔다고 하면서 툭하면 도망치듯 창문을 넘어 다녔다고 한다. 3개월 전부터는 아예 다리를 못 쓰시더니 지난달부터는 앞을 보지 못했다. 내가 태백산에서 지장 기도했던 기간이었다.

"아버지, 어머니. 할아버지 얼마 못 사실 거예요. 얼마 안 되지만 이 돈으로 좋아하시는 음식 많이 사 드리세요. 돌아가시면 제가 전화가 안 되더라도 음성 남겨 주시면 바로 찾아뵐게요."

"얼마 못 사실 거 같아?"

"네, 아마도."

3개월이 조금 못 되어 부친의 음성 메시지를 듣고서 속가로 가서 조부의 초상을 치렀고 시내 외곽에 있는 마을인지라 장례식장을 이용하지 않고 집에서 상(喪)을 치르면서 나는 발인 날까지 잠을 자지 않고 조부의 시신을 지켰다. 생전의 유언을 받들어 화장했고 산에 뿌려 달라는 유지를 받들어 집 뒤편 산에 유골을 뿌려드렸다.

"아버지, 어머니. 49재 기도는 제가 알아서 할게요. 걱정하지 마시고 잘 지내고 계셔요."

이때가 선영 씨와 경기도 용인에서 지낼 때였다. 낮에는 일을 보고 밤이 되면 건물 옥상에 조부의 위패를 모셔 놓고 하루도 빠지지 않고 2시간씩 기도했다. 기도드린 지 일주일 됐을 즈음 꿈에서 팔과 다리가 쇠사슬에 묶인 채 저승사자에게 끌려가는 조부의 모습을 보았다. 조부는 살아생전에 사냥과 투망을 던져서 물고기를 잡으셨고 개를 살생해서 잡아먹는 일도 종종 있었다. 큰돈이 오가는 판은 아니었지만, 매일 마을에서 화투 놀이로 하루하루를 보내며 의미 없는 삶을 살았는데 옛말로 한량이었다. 이런 이력을 알기에 지장경 100일 기도할 때 조부가 자꾸 생각났던 것이다. 얼마 살지 못할 것을 직감했고 죄업을 많이 쌓아서 분명 지옥고를 면치 못할 것을 알았기에 조부의 안위를 걱정하며 일심을 다해 기도한 것이다.

기도를 시작한 지 보름쯤 되었을까? 얇은 헝겊 조각을 두르고 사방이 철창인 공간에서 벌벌 떨면서 공포에 질린 조부가 보였다. '살아생전에 악업을 많이 지었으니 좋은 결과는 없겠지.' 더욱더 정신을 집중해서 기도했고 마지막에 합장하고 손에 뭉친 기운을 위패에 뿌리면서 '다시 사람으로 태어나게 빌어 볼 테니 살아생전의 모든 행동에 대해 반성하세요.'라고 꿈속에서 뵌 조부를 생각하며 텔레파시를 보냈다. 30일이 지났을 무렵 꿈속에서 조부가 철창 안에서 일어나더니 두 손으로 철창을 부여잡고 나를 보면서 막 울기 시작했다.

"고맙다, 손주야. 정말 고마워, 흑흑."

고맙다는 말을 되풀이하며 하염없이 눈물을 흘리셨다. 기도의 원력이 저승에 미쳤다는 것을 알아채고 '뒤에 계신 분'들께 감사하는 마음을 잊지 않았다.

40여 일 후 긴 여정의 꿈을 꿨는데 내 몸이 공중에서 유영하고 있었고 어느 공간으로 유입되는 걸 보았다. 깎아지른 절벽 사이마다 사람 하나 겨우 들어갈 만한 여러 개의 구멍 속으로 눈매가 매서운 분들이 차렷 자세로 슝~슝 소리를 내면서 공간 이동하는 모습이 보였다. 산 중턱에 도로가 있는지 사람들을 가득 태운 버스 같은 물체가 공중에 붕 뜬 상태로 우측 건물로 들어가고 있었다. 신장님으로 보이는 분이 건물 입구에서 보초를 서고 있었고 건물 주변의 산 곳곳에도 신장님이 배치되어 있었다. 건물로 들어가려고 하는데 입구를 지키는 문지기가 제지했다.

"그 상태로는 이곳을 들어갈 수 없습니다."

"네? 그럼 들어가는 방법이 없나요?"

"자, 이걸 입으세요. 그래야 통과할 수 있습니다."

위아래 한 벌로 된 검은색 제복이었다. 옷을 걸쳐 입자 보초를 섰던 분들에게 이끌려 이동했다. 조금 걷다 보니 산등성이가 하나 보였는데 나무는 없었고 큰 산소처럼 잔디 같은 풀이 깔려있었다. 그런데 산등성이 너머 어떤 형상이 조금씩 보이더니 사람 한 명이 올라오는 게 보였다. 위아래 파란 옷을 입고 상의 단추를 하나씩 풀어 제치며 산등성이를 오르더니 정상에 서서 죽었다가 살아난 표정을 하면서 긴 한숨을 토해내고 있었다. 가만히 쳐다보니 바로 나의 조부였다. 상의에 속세의 교도소에서 죄수들 가슴에 붙어있는 번호표 같은 걸 조부는 10개 정도 붙이고 계셨는데 '아, 저게 죄를 지은 크기구나.'라고 직감할 수 있었다. 상의 단추를 다 풀어 헤친 것은 지옥고를 면한 것인데 분명 좋은 결과가 있을 거라는 걸 느꼈다. 처음으로 저승의 일부분만 구경했지만, 저승의 분위기를 알 수 있는 좋은 경험이었다. 기도한 지 47일이 되던 날 환한 표정의 조부를 꿈속에서 마주하게 됐다. 빵을 드시고 싶다길래 48일이 되는 날 빵을 한 보따리 사서 위패 앞에 올려드렸다. 분명 조부가 사람으로 태어날 거라 확신했고 49일 기도는 잘 마무리되었다.

사람이 죽으면 49일째 되는 날에 살아생전의 선행과 악행으로 심판받는다. 선행이 더 많으면 죽기 전 삶보다 더 나은 환경에 태어나고 악행이 더 많으면 살아생전의 삶보다 더 혹독한 환경에 보내진다. 또는 축생으로 태어나거나 지옥고를 거치는데 이러한 심판은 죽은 지 49일 되는 날에 한다. 어려서부터 말로만 들었고 책이나 방송매체에서만 봤는데 이렇게 직접 경험해보니 긴가민가했던 말이 모두 사실이었다. 조부의 49재 후 며칠이 지났을 무렵 경남 남해의 어느 마을에 조부의 영가가 들어가는 것이 보였다.

6개월 후에 정확한 장소를 계시받아서 확인차 그 집을 찾아갔다. 작은 울타리가 쳐져 있고 마당에는 잔디가 깔린 전원주택에 아담하고 편안한 느낌이 드는 집이었다. 잠시 차에서 지켜보는 중에 30대 중반쯤 보이는 여인이 마당으로 나왔는데 배가 좀 부른 상태로 임부복을 입고 있었는데 누가 봐도 임신한 여인임을 알 수 있었다. 조부가 저 여인 뱃속으로 환생했다고 믿고서 안도하며 발길을 돌렸고 몇 년이 지난 후에 문득 생각이 나서 확인차 다시 그 집에 가보았다.

두세 살 되어 보이는 여자아이가 집 마당에서 놀고 있었는데 조금 더 가까이 가서 아이의 얼굴을 보는 순간 놀라지 않을 수 없었다. 여자아이였지만 살아생전의 조부 이미지를 그대로 가지고 있던 것이다. 동그랗게 생긴 눈동자와 곱슬머리였던 머리카락, 이국적으로 생겼던 살아생전의 조부 모습이었다. 그런데 이번 생에는 여자의 몸을 가지고 태어난 것이다. 불교에서는 인간의 탄생설에 관한 이야기가 이같이 전해지고 있다.

첫째 사람으로 태어나기 힘들고,

둘째 남자의 몸으로 태어나기 힘들고,

셋째 불법(佛法), 즉 도(道)에 관한 인연을 만나기 어렵다는 설인데 조부께서는 그나마 사람으로 태어났고 죄업의 경중이 있었기에 여자의 몸으로 태어난 것이다.

며칠 후 일우선인을 찾아뵙고 그간 있었던 일을 말씀드렸다.

"형님, 앞으로도 죽은 망자들한테 49일 동안 이런 식으로 기도하면 되나요?"

"그냥 한 번만 해!"

"매일 하지 말고요? 절에서는 49재라고 해서 일주일에 한 번씩 7번 하잖아요. 그렇게까지 안 해도 괜찮은 건가요?"

"그냥 한 번만 하면 돼."

"그리고 남해 쪽으로 조부의 영가가 가신 것을 보고 확인차 가보니 살아생전의 저희 조부와 똑같이 생겼던데요. 그 아이가 조부와 관련된 건가요?"

일우선인은 살짝 미소를 띠시고 고개를 끄덕하셨다.

불교에서는 7일×7번=49일이라는 말을 한다. 즉 일주일에 한 번씩 7번 저승에서 죽은 망자를 위해서 그 망자의 가족이 선행이나 기도하고 있는지 감찰하러 온다는 말이 있는데 그건 인간이 만들어 낸 상술에 지나지 않다는 것을 일우선인과의 대화 중에 알게 되었다. 그냥 한 번만 저승에 보고(報告)하면 알아서 체계를 거쳐 전달되는데, 일주일에 한 번씩 매번 기도하는 것은 마치 아이들이 뭐 사달라고 떼를 쓰고 보채는 행위와 같다. 혹 기도의 원력이 없으면 매일 해도 무관하고 또는 일반 사람들 경우 이 체계를 잘 모르기에 49일 되는 날까지 매일 정성껏 기도하는 행위는 괜찮다. 이왕이면 죽은 지 얼마 안 되었을 때 미리 해 둬야 더 좋을 것이며 49일이 다 돼서 기도하면 날짜가 촉박해서 기도의 힘이 미치지 못할 수도 있기 때문이다.

나와 조부가 현생(現生)에서는 손자와 조부의 관계였지만 이렇게 윤회를 한 후 남의 집에 태어난 걸 보면 현생의 혈연이고 가족일 뿐 죽으면 각자의 인연에 맞게 사는 별개가 된다. 다른 나라, 다른 환경의 가정에서 다시 태어나니 죽은 자에게 집착하는 행위는 정말로 무의미하다.

  이후에 100일 기도를 몇 번 더 수행하다가 어느 순간 100일 기도에 너무 집착하는 건 아닌가 하는 생각이 들었고 근기(根氣)는 이 정도면 됐다 싶은 마음에 중단하기로 했다.

묵언수행

•

　산행하며 공부 중일 때는 특별한 일이 아니면 일우선인은 절대 호출하지 않았다. 공부 초반 때 이런저런 경험을 많이 하라는 뜻이었고 나 역시 이 시기엔 혼자 이리저리 떠돌면서 새로운 곳에서 홀로서기 하며 수행에 열의를 높이는 중이었다. 토굴에서 지내다가 식량이 떨어지면서 경상남도 양산의 어느 절에서 마음이 맞는 도반 스님을 만날지도 모른다는 기대감과 식량 조달에 필요한 돈도 벌 겸 허드렛일하며 지냈다. 삼 개월쯤 되던 때 갑자기 묵언수행을 해보자는 충동이 생겼다. 그 절에서 도반으로 지낼만한 스님과의 인연은 만나지 못했고 삼 개월 만에 나오게 됐는데 주지 스님은 그동안 수고했다며 150만 원을 주셨다. 이런저런 생각을 해보니 변두리에 작은방을 하나 구해서 100일 정도는 충분히 지낼 수 있겠다는 생각이 들었다. 올라가는 길목에 포항시 구룡포라는 마을에서 묵언수행 100일을 하겠다는 계획을 세웠고 구룡포에 도착하자마자 일절 말을 하지 않았다. 준비해 놓은 수첩과 볼펜을 들고 약간 변두리 쪽 한적한 어촌 마을을 배회하는 중에 어느 집 문에 '월세 있음'이라는 푯말이 보였다. 반쯤 열린 대문을 똑똑 두들기고는 문을 슬며시 열었는데 중년의 남성이 마당에서 생선을 손질하고 있었다. 바다에서 일하는 어부인지 검게 탄 얼굴과 굳은살 박인 손은 매우 크고 우락부락했다. 고개를 숙여 인사하고 주머니에서 수첩과 볼펜을 꺼내어 '월세방 있나요?'라고 써서 보여주었다.
　"뺑구?"
　뺑구는 벙어리의 경상도 사투리다. 지금은 언어장애인이라 하지만 이때만 해도 언어장애인이라는 말을 사용하지 않았다. 나는 고개를 끄덕이며 굳이 부인하지 않았다. 어차피 100일 동안 묵언수행을 할 것이기에 구구절절 설명할 필요성을 못 느껴서 대충 인정하고 방을 구경했다.

작은 부엌에 아담한 방이었는데 그전에 살던 사람이 두고 간 냉장고, 가스레인지 등 기본 집기가 있어서 안성맞춤이었다. 보증금 100만 원에 월 10만 원짜리 방이었다. 사정이 있어서 100일만 거주 가능한지 말씀드렸고 그 대신 4개월 치 방세를 주겠다고 하니까 흔쾌히 수락해 주셨다. 집주인은 일찍 부인과 사별하고 자식으로 아들 한 명이 있는데 결혼해서 서울에서 생활하고 있었고 집주인은 작은 고깃배를 가지고 있는 유달선 선장님이었다. 유 선장님은 생긴 외모와는 다르게 인정이 많았고 말수가 적었는데 꼭 도인 같았다. 부식 거리를 장만하고자 마트에 가서 장을 봐왔고 입에서 아무 소리도 내지 않기 위해 기침도, 침도 뱉지 않았으며 코를 푸는 행위조차 하지 않았고 양치질도 소리 내지 않고 했다. 일절 입과 코로 어떠한 소리도 내지 않으며 생활했다. 묵언수행은 쓸데없는 말을 줄이고 여과된 말만 하기 위한 수행이라는 글귀를 어느 서적에서 보게 된 후로 나중에 나도 한번 해 봐야겠다는 마음을 가졌었는데 이제야 경험해 보니 감회가 새로웠다. 아침저녁으로는 눈(眼)으로 경문을 읽었고 그 외에 특별하게 할 게 없으니 남는 시간을 무엇으로 보낼지 생각하다 성명학 공부하면서 한자에 미흡했던 것이 문득 생각이 나서 옥편을 외우기로 마음먹고 하루에 한 장, 두 장씩 외웠고 고사성어 책도 구해서 하루에 한 개씩 외웠다. 옥편 맨 앞장에 있는 부수(部首)부터 달달 외웠고, 한자는 그 한자가 사용되는 한자 단어까지 외우면서 공부했다. 수행하면서 큰 힘을 쓰지 않는 이상 하루 식사는 무조건 두 끼이며 소식(小食)으로 해결했다. 식사 후에는 운동 삼아 바닷가 대로변을 산책했는데 시간이 흐르면서 마을에선 나에 대한 소문이 퍼져서 내가 지나가면 '저기 유 선장네 뺑구 온다.'라고 수군거렸다. 사실 말을 못 하고 수첩에 글씨를 써서 대했으니 '뺑구'라는 소리가 이상할 리 없

없기에 별 신경 쓰지 않고 지냈다. 유 선장님은 바닷가에 나갔다가 오시면 항상 내 방문을 똑똑 두드리고 비닐봉지에 각종 생선을 갖다주셨다. 이때 이름도 모르는 생선을 원 없이 먹어봤다. 식사 후에는 운동 삼아 집 앞길 청소와 마당 청소도 하면서 생선 얻어먹은 값을 했다. 묵언하니까 구구절절 대화할 필요가 없어서 여간 편한 게 아니었는데 체질에 딱 맞았다. 인시(03시~05시)에 일어나서 20분가량 눈으로 경문을 읽고서 옥편의 한자를 써 내려갔고 오전 10시에 식사, 1시간가량 걷기운동과 허드렛일, 또다시 한자를 쓰면서 연습장에 빈틈없이 써 내려갔다. 오후 5시에 저녁 식사, 1시간 운동과 허드렛일, 20분가량 눈으로 경문을 읽은 후에 밤 11시까지 한자를 쓰다 보면 볼펜에서 더 이상 잉크가 나오지 않았다. 새벽에 새 볼펜을 사용해서 밤이 되면 볼펜의 수명이 다 되면서 하루의 일과가 끝난다. 하루하루 지나면서 한자 외우는 수가 늘어나서 처음엔 하루에 대여섯 자 더디게 외우던 게 어느덧 하루에 100자씩 외우게 됐다. 100일이 다 됐을 무렵엔 3,000자가 수록된 옥편의 맨 뒷장을 외우고 있었다. 드디어 내일이면 101일째 되는 날이면서 말을 할 수 있다. 100일 기도하면서 항상 마지막 날엔 무언가를 성취했다는 말로 표현할 수 없는 기분이었는데 이번 경우에는 더 특별한 기분이 들었고 마음이 설레기까지 했다. 다음 날 아침 모처럼 숙면했고 상쾌한 기분으로 떠날 준비를 마쳤다. 유 선장님을 마주하고서 "저 오늘부터 말할 수 있습니다."라고 말하려는데 이게 어찌 된 일인가! 입에서 말이 나오지 않았다. 100일밖에 말하지 않았는데 왜 말이 나오지 않을까. 다시 말하려는데 또 나오지를 않고 입만 붕어처럼 뻐끔거렸다. 유 선장님은 '이 사람이 할 말 있으면 수첩에 써서 할 것이지, 왜 이래?' 의아한 표정을 내비치고 나를 뚫어지게 쳐다봤다. 다시 힘을 주어 말했는데 아랫배에서 꼬르륵 소리가 나더니만 드디어 말이 나왔다.

"유, 유 선장님. 저 오늘부터 말할 수 있어요."

"어? 뭐야?"

잠시 정적이 흘렀다. 유 선장님은 나를 뚫어지게 쳐다보며 눈이 충혈되더니 눈물을 흘렸다.

"사실은 묵언수행 하느라 처음 여기 온 날부터 말하지 않았던 거예요."

"흑흑. 아니, 살면서 이런 경우는 처음이네! 꼭 심청이 아버지가 눈을 뜬 것 같네. 아, 이것 참 너무 신기하구먼."

"그동안 친절하게 대해 주셔서 너무 감사드려요."

"아니야. 자네 보면서 꼭 내 아들 같아서 잠시나마 나도 마음에 위안으로 삼았던 거였지."

유 선장님은 대문 밖까지 나오셔서 내가 보이지 않을 때까지 눈물을 흘리며 손을 흔드셨다. 유익한 경험이었지만 묵언수행을 1년 넘게 했다간 진짜 언어장애를 가질 수도 있겠다는 생각이 들었다. 직접 묵언수행을 해보니 마음도 차분해지고 해야 할 일들 외에는 잡생각이 생기지 않을뿐더러 공부에 집중도 잘 됐다. 묵언수행 덕에 어부지리로 한자, 고사성어까지 공부하면서 조상님들과 옛 성인들의 말씀도 깊이 새기는 계기가 되었다.

주력(呪力)

•

주력(呪力)이란 주문을 읽어서 힘을 발생시키는 것이다. 불교는 '다라니'라는 주문을 외우는데, 그중에 신묘장구대다라니를 10만 독(讀)하면 신통력 하나를 얻는다는 설이 있다. 보통 1년의 기간을 잡고 하는데 조금 서두르면 10개월 정도면 마칠 수 있겠다고 생각하면서 언젠가는 꼭 한번 시도해 봐야겠다는 마음을 가졌다.

전생의 인연이었던 홍선영과 지내던 시절 잠시 긴장의 끈이 풀렸는지 화창한 어느 날 하늘을 바라보며 '아, 이렇게 사는 것도 괜찮겠네.'라고 중얼거렸는데 바로 귓가에 '이 집안 망하게 만든다!'라는 음성이 들렸다. '아차!' 싶은 생각이 들었고 '내가 잠시 멍청한 생각을 했구나!' 하고선 반성했다. 잠시라도 편안한 삶에 젖어 긴장의 끈을 놓고 있었다는 생각을 뉘우치고 선영 씨와 깊은 대화를 나눴다.

"선영 씨, 나 산에 다녀와야 할 거 같은데."

"얼마나 다녀오려고요?"

"1년 정도 걸릴 거 같아."

"그동안 저는 어떻게 하라고요? 부모님께는 뭐라고 말씀드려요? 인연을 맺었으면 제 입장도 생각해 주셔야죠."

"그래서 처음부터 내가 수행하느라 가정에 충실할 수 없다고 말했는데 다 이해해 줄 수 있다고 했잖아."

"한두 달도 아니고 1년은 너무하잖아요."

내가 여기에 젖어 살다가는 당신 집안을 망하게 할 수 있다는 말을 차마 하지 못했다. 어차피 나쁜 놈 될 거, 그냥 나쁜 놈으로 남겠다는 생각으로 오로지 수행하고 싶다는 말만 했다.

"딱 1년이면 되는 거예요? 또 시간 연장하고 그러는 건 아닌가요?"

"아니야. 길게 잡아서 1년이고 더 빨리 마칠 수도 있어."

"그럼, 당신 산에 갔다고 하지 않고 당신과 해외여행 다녀온다고 부모님께 말씀드릴게요. 그리고 나는 외국에 다녀올게요, 괜히 집에 있다가 부모님 오셔서 알게 되면 저 감당하기 힘들어요."

"그래, 알았어."

"혹시 중간에 연락은 되나요?"

"전화기 정지시키고 가려고 해."

"에이, 말하면 뭐 하나, 알았어요. 혹시라도 중간에 내려오면 바로 전화하세요. 무리하지 마시고 건강하게 잘 다녀오세요"

선영 씨는 소리 없이 눈물만 주르륵 흘렸다.

다음 날 강원도 영월로 가는 첫차를 타는데 터미널까지 선영 씨가 데려다주었고 우리는 1년 후에 만날 것을 기약하며 작별을 고했다.

"도착하시면 산에 오르기 전에 전화 한 번만 해주세요. 목소리 듣고 싶어요."

"알았어. 마을에 있는 공중전화로 전화할게."

영월에서 태백 넘어가는 버스를 갈아타고서 태백산 고개 넘어가기 전 상동이라는 마을에서 하차했다. 30분 정도 걸어서 구래리 마을 내의 공중전화 부스로 갔다.

"이제 산 밑에 마을 공중전화야. 잘 도착했고 이제 올라가려고 해."

"네, 알겠어요. 나도 잘 지내고 있을 테니까 이번엔 뭐라도 한가지 꼭 이루고 오세요."

"응, 알았어. 열심히 해볼게. 잘 지내고 있어. 정말 고마워!"

수화기를 내려놓는 순간 두 다리에 힘이 풀리면서 눈을 뜬 상태로 전화기 부스 안에서 쓰러져 버렸다. 다리가 풀려서 힘을 쓸 수가 없었고 몸은 흐느적거리면서 한동안 부스 안에 주저앉아 있다가 한참 뒤 꾸역꾸역 힘을 내서 일어났다. 선영 씨에게 미안한 마음을 뒤로한 채 태백장산 산길로 접어들자 또다시 현기증이 나면서 두 다리에 힘이 풀려 버렸다. '내가 지금 시험을 당하는 건가?' 꼭 올라오나 못 올라오나 시험하는 것 같았다. 거의 기다시피 하며 꾸역꾸역 발걸음을 옮겼는데 온몸은 천근만근, 뒤에서 잡아당기고 앞에서 미는 그런 느낌이었다. 그럴수록 '죽으러 왔으니까 죽이든지 말든지 한 번 해보세요.' 속으로 울부짖으며 손바닥으로 나의 두 뺨을 있는 힘껏 후려갈겼다. '왜 빌빌거리는 거야! 이런 것도 하나 못 이겨서 어떻게 공부하겠다는 거야, 응? 힘내!' 마음속으로 응원의 주문을 걸었다. 보통 때보다 훨씬 오랜 시간이 흐른 후 토굴에 무사히 올라왔고 바로 다음 날부터 주력 수행에 돌입했다. 아침에 눈을 뜨자마자 신묘장구대다라니를 읊기 시작했고 한 번 마칠 때마다 계수기를 줄에 매달아서 목에 걸고 숫자를 세며 눌렀다. 하루 두 끼 육신 보존용으로 최소한의 밥을 직접 해서 고추장과 된장을 약간 푼 물에 말아서 먹었다. 식사할 때나 똥오줌을 싸는 시간에도 주력을 쉬지 않았으며 잠이 들기 전까지 읊어댔다. '신묘장구대다라니'라는 주문은 정석으로 차근차근 읊으면 5분 정도가 걸린다. 속도가 붙으면 30초 만에 읊을 수도 있고 15초에 한 번을 읊는 분도 본 적이 있다. 예전에 단혁스님이 주력 수행했던 경험을 듣고 또 직접 읊는 것도 봤는데 단 10초 정도에 마쳤었다. 정석으로 5분 걸리는 주문을 10초에 마친다는 것은 상상을 초월할 정도인데 그 읊는 소리가 마치 호루라기를 부는 소리 같았다. 그 경지까지는 아니었지만, 주력 수행 시작한 첫날 300번 정도 읽었던 것을 하루하루 속도가 붙으니까 500번, 600번 이상 읽을 수 있었는데 잘하면 6~7개월 만에 마칠 수 있다는 생각이 들었다. 주력 수행한 지 일주일 됐을 무렵 토굴을 등지고 먼 하늘을 보면서 읊고 있었는데 먼발치에서 뚜껑이 없는 이상하게 생긴 둥그런 틀에 3명이 타고 있는 형상이 보였다. 옛날 장수(將帥)처럼 보였고 공중에서 나를 향해 날아왔다. 눈알이 크고 부리부리하면서 아주 매섭게 생긴 얼굴이었는데 내 시야에서 약 30도 높이에 10m 거리에서 멈추더니 "오랜만이다. 고생이 많구나!"라고 말하고선 순식간에 없어졌다.

일념으로 수행할 때면 항상 어디선가 '뒤에 계신 분'들이 수행자를 격려하고자 출현하는 현상이 자주 발생하는데 이런 현상은 수행자의 신심을 돋게 만드는 수행자와 '뒤에 계신 분'들과의 무언의 약속 같은 것이다.

신묘장구대다라니 주문은 그 단어 한 마디 한 마디가 신장의 명호다. 예를 들자면 국방부 장관, 경찰서장, 교도소장 등 그런 명칭이다. 다라니 주문에 있는 단어 하나하나가 신장님의 각 부서 명호를 불러서 신장님과 통신하는 힘을 키우는 행위다. 그분들의 답신에, 내가 수행을 잘하고 있다는 생각이 들어서 계속 정진해나갔다. 어느 날 밤 잠들기 전까지 계속 읊어대다가 잠이 쏟아질 무렵 주문을 멈췄는데 누군가의 음성이 들렸다.

"야! 너 여기서 뭐 하고 있어. 네 아버지 지금 병원에 입원해 있는데."

일우선인을 만나기 전부터 나는 환상, 환청에 관한 경험이 많았다. 그때는 신기하기도 하면서 진짜라고 믿었기에 문답도 했었는데 예전에 일우선인이 경고했던 말이 생각났다.

"앞으로 어떤 말소리가 나면 절대 대꾸하지 마! 기도나 수행할 때 처음에는 마구니들이 장난치는데 자꾸 말대꾸하면 그놈들이 재미가 생겨서 계속 장난치거든, 아무 반응 없으면 지쳐서 그냥 가는데 대답 한 번 하면 내 말을 알아듣는구나 하고 끈질기게 방해 공작하니까 절대 말대답하지 마!"

나는 다시 잠을 청하면서 주력을 계속 읊어댔고 마구니는 더 큰 목소리로 내 귓가에 계속 반복해서 말했다. 해발 1,000m 산중, 고요하고 적막함 속에서 말소리가 얼마나 컸던지……. 어쨌든 그날 무사히 잠이 들었다.

인간은 보통 하루에 몇 시간 분량을 잡념으로 소비한다. 온종일 주력만 읊어대면서 잡생각 할 틈이 없으니까 막 잠드는 그 짧은 순간 주력이 멈출 때 그 틈을 파고들어 온갖 잡생각이 밀려왔다. 하루에 겪어야 하는 잡념이 계속 주문만 읊는 바람에 머릿속의 잡념을 소화하지 못하니까 머리에서 과부하가 걸리는 것이다. 항상 수행할 때는 마장이 발생해서 시험을 많이 겪게 되는데 지극히 당연한 현상이며 이런 단계를 겪지 않고는 절대 도(道)를 이룰 수 없기에 항상 마음속에 경계의 끈을 놓지 않고 있었다. 수행한 지 10일 정도가 지날 무렵 마장은 또다시 밤에 찾아들었다.

"네 아버지 돌아가셨다. 지금 ○○병원에 계셔. 얼른 가봐. 그깟 수행 한다고 부모 임종도 못 보고 이게 뭐 하는 짓이냐. 너도 참 한심하다, 한심해!"

말대꾸는 하지 않았지만, 설령 진짜 아버지가 돌아가셨다 해도 이 밤중에 갈 수도 없었다. 하루에 4번 다니는 마을버스를 타려면 아침에 내려가야 하고 아침에 출발해도 서너 번의 버스를 갈아타고 가면 저녁이나 도착하는 그런 길고 긴 여정이었다. '어차피 불효자인데 내가 날아갈 수도 없고, 에이! 그냥 공부나 마치자.'라고 생각을 정리했으나 다음 날 저녁엔 또 다른 장난으로 마구니가 덤벼들었다.

"야! 선영이, 네 여자 지금 바람피우고 있어."

'하, 이놈들이 이젠 이름까지 알고 덤벼드네.'

"야, 지금 ○○호텔에서 다른 남자랑 붙어먹고 있는데 그놈의 수행을 한답시고 이게 뭐 하는 짓이냐. 에라! 한심한 놈! 한심하다, 한심해! 정말 언제까지 이러고 있을 거야, 응!"

이런 농간을 계속 반복했다. 끝까지 대꾸는 안 했지만, 설령 선영 씨가 외도한다고 해도 어쩔 수 없다고 생각했기에 마음을 가다듬고 잠들 때까지 주력을 읊었다. 다음날 마구니의 장난 수위는 점점 높아졌고 급기야는 회사 생활을 정리하면서 발생했던 직원들의 모함과 배신으로 수모를 당했던 이야기를 아주 세밀하게 했다. 나도 소리를 더욱 높여서 주문을 계속 읊어대며 정신을 집중하려 했지만, 이놈들이 귓구멍에 바람까지 불면서 머리카락도 살짝살짝 잡아 당기는 바람에 그걸 못 참고서 "아, 참! 알았다고! 알았으니까 다 꺼져버려. 자식들아!"

순간 주위에서 낄낄낄 웃는 소리가 났고 나는 아차! 하는 마음에 다시 집중해서 정진을 이어갔다. 마구니는 이후로도 계속 와서 훼방을 놓았지만, 뻔한 레퍼토리에 다시는 당하지 않았다.

수행을 시작한 지 한 달이 지나자, 밤에도 고요함이 찾아왔고 순탄하게 수행의 시간을 보냈다. 어느 날 여느 때와 같이 오전 10시에 밥을 먹기 위해 선반에서 솥을 꺼내려고 앉은 자세에서 엉덩이를 살짝 들었는데 휙 딱! 눈에 보이지 않는 무언가가 내 허리를 강타했다. 순간 엄청난 고통이 찾아왔고 허리가 고장이 났는지 도저히 일어날 수가 없었다. 하지만 나는 주력을 계속 읊어댔고 또 다른 시험이라고 생각했다. "난 지금이라도 죽어도 미련 없고 다시 태어나서 또 수행할 겁니다. 이번 생이 여기까지라면 죽어 드릴 테니까 마음대로 해보세요. 네? 마음대로 하시라고요!" 소리쳐 말하고 의지를 굽히지 않았다. 대소변 볼 때면 엄청난 고통을 감내해야 했고 힘을 줄 수가 없으니 이틀, 사흘이 걸려 거의 선 상태로 대변을 봤다. 소변 역시 힘이 아예 안 들어가니 그냥 흘러내리는 중력의 힘을 빌려서 해결했다. 한 번 앉았다가 일어나려면 여기저기에 손을 짚어야 했지만, 며칠 지나고 나니까 그런대로 적응되길래 계속 수행 정진했다.

얼마나 지났을까? 오전에 주력을 이어가는데 내 의지와 상관없는 말이 나왔다.

"나모라 다나다라 야야 나막알약……. 그런다고 득도할 수 있을 거 같냐!"

'어! 뭐지.' 입에서 나의 의지와 다른 말이 튀어나왔다.

"나모라 다나다라 야야 나막알약 바로기제……. 그런다고 득도할 수 있는지 아냐고!"

'헉, 뭐야. 이거? 수행하라는 거야, 말라는 거야.' 그때까지만 해도 방해공작이라 생각했다.

이런 경우를 어떻게 해석해야 할지 망설이고 있는데 갑자기 아랫배가 엄청나게 진동하면서 명치를 지나서 울분이 솟구쳤다. 내 의지와 무관하게 두 눈에서 수돗물을 틀어 놓은 것처럼 눈물이 쏟아졌다. 또 의지와 상관없이 내 입에서 저절로 말이 나왔다.

"도(道)가 산에만 있는 것이 아니란다. 이 세상천지 모든 곳이 도(道) 닦는 장소이거늘 아직 속세 인연의 끈도 못 끊고 무슨 도(道)를 닦으려고 한단 말이냐!"

눈물은 계속 흘러내렸고 왜 그리 서글프고 나 자신이 불쌍하던지 많은 회한이 밀려왔다.

"나중에 인연 정리가 끝나면 그때 다시 올라오너라!"

의지와 상관없이 내 입에서 나온 마지막 말에 정신이 바짝 들었다. 아, 도(道)라는 것이 마음만 다져서 되는 게 아니라는 것을 깨달았다. 일우선인의 말씀처럼 '나를 죽이고 모든 것을 버려야 한다.'라는 것을 다시 한번 각성하게 됐다. 또 한편으로 공부의 종목이 틀린 것일까? 하는 의문이 들었다. 부랴부랴 짐을 꾸리는데 그렇게 고통스럽던 허리는 약간의 통증 외에는 움직이는 데 있어서 방해되지 않았다. 오전에 구래리 마을로 내려와 버스를 타기 전 형님을 뵙고 싶은 마음에, 오랜만에 연락을 취했다.

"형님, 저예요. 별일 없으셨어요?"

"응, 나 지금 사무실 가는 중이야."

몇 달 만에 전화한 건데 '사무실 가는 중이야.'라는 말은 '오늘 바쁜 일 없으니까 와도 괜찮아.'라는, 제자가 올 줄 아시고 대처하는 말씀이었다.

마침, 버스 시간을 잘 맞춰서 오후에 수원사무실에 도착했다.

"너도 참 대단하다. 그 허리로 그걸 메고 온 거야?"

허리도 안 좋은 녀석이 쌀과 남은 부식 거리 등 무게가 무려 30~40kg 되는 배낭을 메고 온 모습이 무척이나 미련해 보였나 보다. 혈기 왕성할 때라 나에겐 크게 문제 될 것은 아니었는데……. 나를 보고 바닥에 누우라고 말씀하시고 기(氣) 치료를 해주셨고 접골도 받았다. 우두둑 소리가 나면서 시원함이 느껴지고 내내 가시지 않던 통증이 싹 사라졌다.

버스를 타고 오면서 그동안 토굴에서 주력 수행한 것에 대해서 뭐가 잘못된 건지 사색했는데 결국 공부의 종목을 잘못 선택한 것으로 결론을 내렸다.

"형님, 제가 산에서 주력(呪力) 공부한 것이 문제가 된 거죠?"

형님은 아주 날카로운 눈빛을 발산하시며 "그럼!" 이미 모든 걸 알아차리고 있었기에 그 짧은 말 한마디에 각성하게 됐다. 그깟 신통 하나 얻겠다는 욕망에 큰 공부를 해야 할 놈이 주력이나 하고 있으니, 형님이나 '뒤에 계신 분'들께서 얼마나 한심하게 보셨을까? 대학생이 초등학생이나 하는 공부에 시간을 보내고 있었으니 정말 한심하게 봤을 것이다. 애초에 못하게 하려고 '뒤에 계신 분'들이 산에 올라갈 때부터 힘들게 만들었던 거였고 허리를 때려서 아프게 만들어서 포기하고 내려가게끔 했던 건데 요놈이 목숨을 내놓고 버티니까 최종적으로 내 정신과 입을 조종해서 깨닫게 하신 것이다.

오전에 형님과 통화하고 바로 선영 씨에게 오늘 하산한다고 전화했는데 마침 여행 갔다가 잠시 한국에 들어왔다고 했다. 형님과 저녁 식사를 마치고 바로 선영 씨에게 갔다.

"아직 1년이 안 됐는데 계획한 걸 얻은 거예요?"

"아니. 일우 형님을 뵙고 말씀드릴 게 있어서 내려왔는데, 이제 안 가도 괜찮아."

나는 차마 모든 인연을 정리하고 다시 올라가야 한다고 말하지 못했다. 그것은 이별을 암시하는 내용이었기에 나 역시 어떻게 될지 정확히 알지 못해서 현재 상황에 최선을 다하자는 생각이었다.

그래도 이번 수행에서 주력은 초심자 때 신심을 돋우기 위한 것이고 득도를 위한 수행은 아니라는 걸 알게 되었다. 주력 수행 시 찾아오는 마구니의 행태나 어느 경계에 존재하는 '뒤에 계신 분'의 정찰도 알았기에 큰 수확인 셈이다. 비록 공부 종목을 잘못 선택했지만, 하루하루 변함없이 마구니들의 시험 속에서 꿋꿋하게 버티고 수행을 이어갔던 나의 근기를 다시 한번 확인할 수 있는 좋은 경험이었다.

토굴수행

　수행의 열의가 한 참 오를 때 대구의 외곽에 있는 어느 암자에 기거하며 주경야독했다. 그 암자에 객으로 왔던 서암스님을 알게 됐는데 서암스님도 수행에 뜻을 두고 있었으나 어디에서 어떻게 공부를 시작해야 할지 갈피를 못 잡고 이 절 저 절을 기웃거릴 때 나와 도반의 인연이 맺어졌다. 서암은 2000년 초 당시 출가한 지 10년이 됐는데 중간에 잠시 환속해서 사회생활을 하다가 다시 중 생활하기를 여러 번 반복했다. 서암과 이런저런 이야기를 나누다가 태백산에 괜찮은 기도 터가 있다고 알려주었고 내가 경험했던 이야기를 해주니 깊은 관심을 보이며 한 번 다녀오자고 해서 그 길로 태백산 기도 터로 향했다. 태백산 기도 터는 정확하게 말하자면 주소지가 강원도 영월군 상동읍 구래리다. 태백산에서 서쪽 방면으로 이어진 산맥인데 산 이름은 장산(壯山)이며 장산 남쪽 방면은 태백시, 북쪽 방면은 영월이다. 일우선인께서 처음에 기도하는 방법을 알려준다고 해서 올라갔던 산이 바로 장산이다. 서암은 출발 전에 자기 사형에 대해 말하며 가능하면 동행하길 원해서 우린 서암스님 사형이 거처하는 암자로 갔다. 암자는 대구 변두리 작은 마을 내에 보통의 시골집 분위기가 풍기는 곳이었다. 법명은 해암이며 동진 출가(어린 나이에 출가)했고 나이는 나와 비슷했으며 출가한 지 어언 20년 정도 됐다고 한다. 큰 절에서 살다가 혼자 나와서 이곳에 터를 잡은 후 상담과 뜸, 침술 치료 등을 하면서 지내고 있었다. 법당 위 제단에 부적을 써서 올려놓은 걸 보니 나름대로 공부도 하신 듯 보였다. 얼마나 입담이 좋은지 청산유수였고 맛깔나게 욕도 아주 잘했는데 전혀 귀에 거슬리지 않았으며 속세의 때가 묻지 않은 천진난만한 스님이었다. 반면 서암은 40대 후반의 나이에 연륜이 있어서 그런지 속세 사람 같은 사고방식을 종종 드러냈다. 그러나 서암은 나이가 더 많다고 해서 30대 초반인 해암과 나에게 함부로 행동하지는 않았고 사형인 해암스님 말이라면 순순히 잘 따랐다. 그렇게 인연이 되어 태백에 가기 전 해암스님 암자에서 며칠 묵게 되었다. 시내 고깃집에 가서 술도 시켜서 먹길래 승복을 입고 어떻게 이리 떳떳하게 행동할까? 나는 주변 손님들 시선에 괜히 창피하고 민망하기까지 했다. 몇 달 후 일우선인을 만나 스님들이 승복 차림으로 사람들 많은 식당에 가서 고기를 먹고 술까지 마신다고 말했더니.

"먹으면 어때."

"사람들 많은 곳에서 담배도 피우고 완전 땡중 같던데요. 그래도 괜찮은 건가요?"

"수행에 있어서 술을 먹든지 고기를 먹든지 담배를 피우든지 아무 상관없어. 어떤 인성과 마음 자세로 공부에 임하는지가 관건이야. 그래도 그놈이 의리는 아주 좋은 놈이야."

해암을 가리키며 말씀하신 거였다.

그렇게 서암, 해암스님과 인연이 되어 함께 태백 장산을 등반했다. 두 스님 모두 터가 좋다며 흡족해했고 우리는 계획을 세워서 망치와 못 등 여러 자재를 해발 1,000m 고지의 토굴 터로 계속 날라댔다. 무려 40kg 되는 시멘트를 들고 갈 때는 거의 기다시피 4~5시간이 걸려서 올려놓기도 했다. 마침내 두 스님과 작업할 자재들을 다 올려놓고 네 기둥 대들보를 먼저 세워서 뚝딱뚝딱 작업을 시작했다. 거의 완성 단계에 다다랐을 때쯤 부족한 자재도 있고 앞으로의 수행에 필요한 식량도 마련할 겸 휴식도 가질 겸 잠시 하산했다. 해암은 일단 100일 기도를 준비했고 서암과 나는 3년을 공부하기로 계획을 세웠다. 내려온 김에 해암은 암자에 들러서 짐을 꾸렸고, 그에 비해 서암은 떠돌이 생활을 하던 차라 짐보따리가 많지 않았다. 채비를 마친 후 잠시 쉬며 예전에 태백산 천제단에서 석가여래를 친견했었다는 이야기를 들려주니 해암이 천제단에 가본 적이 없다며 토굴수행 전에 한번 갔다 오자고 해서 우리는 태백산에 올랐다. 8부 능선쯤 올라갔을 때 등산로 우측에 조성된 의자에 앉아 잠시 쉬고 있는데 건너편 바위에 어떤 할아버지가 혼자 앉아서 옆에 누가 있는 것처럼 대화하듯이 중얼거리고 있었다. 뭔가 있다는 직감이 왔는데 서암은 "이런 깊은 산속에도 미친 사람이 다 있네."라며 투덜거렸다.

"해암스님, 서암스님! 좀 이상한 거 같아요. 얼굴에 저렇게 광채가 나고 행색도 깔끔한데 미친 건 아닌 거 같고 무슨 느낌 안 오나요?"

"뭐, 미친 거지."

"정신 이상한 사람이야, 신경 쓰지 말고 얼른 올라가자고."

서암과 해암은 별 볼 일 없다고 여기며 발걸음을 옮겼다.

중국말도, 일본말도, 영어도 아니고 한국어는 더욱 아닌데 도대체 무슨 말인지, 소리는 나는데 그 소리가 무슨 소린지 해석할 수 없었다. 궁금증을 뒤로한 채 우리는 태백산 정상 천제단에 도달해서 맑은 기운을 한껏 가슴에 품고 장산 토굴로 돌아왔다. 서암은 손기술이 좋아서 뚝딱뚝딱하더니 작지만 나름대로 튼튼하게 토굴을 만들었다. 토굴의 형상이 그럴싸하게 완성되자 우리는 처음으로 토굴에서 하룻밤을 잤다. 3월 말경의 강원도는 겨울 수준이라 얼마나 추웠는지 새벽녘에 자다 깨기를 반복했는데 어느 순간 인기척이 들렸다. 누운 상태에서 눈을 떠보니 누워있는 내 다리 위로 하얀색 옷을 입은 노인이 공중에 떠 있었는데 그림에서 많이 보던 신선의 모습이었다. 작은 체형에 가부좌를 틀고 계셨으며 등 뒤로 길게 늘어뜨린 올백의 백발 머리, 아랫배까지 길게 늘어져 있는 수염, 눈을 마주치는 순간 할아버지의 눈에서 오색 찬란한 영롱한 빛이 번쩍번쩍했다.

"단전호흡할 때 양쪽 무릎과 단전에 역삼각형을 그리면서 호흡하면 한결 수월할 거야."

대뜸 그렇게 말씀하시더니 이내 사라졌다.

98년 태백 숙소에 왔다가 이 터에 혼자 들른 적이 있었다. 우측에는 '산재당(山齋堂)'이라는 두 평 남짓한 작은 건물이 있었고 좌측으로 20여 미터 떨어진 곳에는 네 개의 대들보 같은 나무에 비만 겨우 피할 수 있도록 비닐로 천장과 사방에만 빙 둘러놓은 허름한 공간이 있었다. 그나마 그 공간 안에 과거 수행한 사람이 있었는지 구식텐트가 하나 설치되어 있었고 이불도 있었다. 두 건물 사이 큰 바위 밑에서 많은 양의 물이 솟아 흐르고 있었고 산재당은 마을 사람들이 기도하기 위해 만든 곳으로 보였다. 그 안에는 목탁과 경문 책, 제단에는 물을 떠 놓을 수 있는 그릇과 촛대, 제단 벽에는 한자로 태백산신지위(太白山神之位)라고 쓰여있는 나무로 된 명패가 있었다. 주위엔 여러 주방 집기와 부탄가스버너도 있었는데 작동해 보니 가스불도 켜졌다. 옆을 보니 라면이 한 봉지 보였는데 유통기한이 지났지만, 한 끼 해결은 될 것 같아서 하룻밤 묵기로 했다. 주위를 둘러보는 와중에 피곤함이 밀려왔고 비닐로 두른 곳의 텐트 안에서 잠깐 누웠는데 금세 잠이 들었다. 얼마나 잤을까? 손바닥으로 비닐을 두드리는 듯한 소리가 들려서 눈을 떠보니 "아저씨! 아저씨!" 하며 어린 여자아이의 목소리가 들렸다. 고개를 돌려보니 비닐 바깥쪽에 80cm 정도의 자그마한 키에 분홍색 바탕에 꽃무늬가 그려진 옷을 입은 여자아이가 있었다. 가운데 가르마를 한 양쪽 머리에 작은 만두를 올려놓은 듯한 머리 스타일을 하고 있었다. 오후 5시가 지났고 강원도 산골은 높은 산 때문에 해가 금세 가려 날이 빨리 저무는데 아마도 캄캄해지기 전에 얼른 내려가라고 나를 깨워 준 것인데 고마운 마음에 바로 응답했다.

"나 오늘 자고 갈 거야. 걱정해 줘서 고마워."

그러자 그 아이는 스멀스멀 희미해지더니 형체를 감췄다.

산재당에 아궁이가 있기에 군불을 때고 저녁 식사로 유통기한이 지난 라면을 끓여 먹은 후 일찍 잠이 들었다. 이번엔 산재당 지붕에 도토리가 떨어지는지 양철지붕 위로 텅! 텅! 하며 20초 간격으로 일정하게 소리가 났다. 밖에 나가서 쳐다보면 소리가 안 나다가 방안에 들어와서 누우면 다시 소리가 났는데 직감 상 겁주려고 하는 행동으로 보였다. 잠자는 데 방해가 되길래 밖으로 나가서 지붕 쪽을 쳐다보며 "하나도 겁 안 나니까 그만 좀 해."라고 하니 신기하게도 소리는 그치고 고요해졌다. 얼마나 잠이 들었을까? 아궁이에 불을 얼마나 지폈는지 등짝이 뜨거워지고 너무 덥길래 문을 활짝 열어 놓고 다시 잠들었다. 얼마 후 가슴 쪽에서 뭔가 꿈틀거리기에 눈을 떴는데 연두색을 띤 큰 애벌레가 꿈틀꿈틀 아랫배에서 얼굴 쪽으로 다가왔다. 손으로 잡으니 한 움큼이었고 녹색 진물이 손에 물컹거렸는데 비몽사몽간이라 애벌레를 문밖으로 휙 던지고 다시 잠이 들었다. 눈을 떠보니 날이 밝아져 있었고 밤사이에 녹색 진물이 흐르던 애벌레를 만진 기억이 나서 가슴팍을 쳐다보니 말끔했고 애벌레를 만졌던 손바닥도 흔적 없이 깨끗했다.

드디어 토굴이 완성되었다. 소박하게 제물을 마련하여 토굴에 있는 바위에 차려 놓고 해암, 서암과 함께 오늘부터 수행하겠다고 '태백 장산(壯山)'에 기도했다. 천수경과 반야심경을 읽고 잠시 명상의 시간을 가졌다. 그간 짐을 지고 오르락내리락하며 토굴 짓느라 고생했는데 모든 준비를 마치고 드디어 기도 수행할 수 있다는 생각에 긴장이 풀리면서 일찍 잠들어 버렸다. 얼마나 잤을까. 나는 산재당과 토굴 사이에 서서 고개를 들어 하늘을 쳐다보고 있었는데 저 먼 하늘에서 어떤 물체가 산재당 쪽으로 날아오고 있었다. 그 물체는 점점 다가올수록 커졌는데 가만히 보니 사람의 형체였고 총 5명이었다. 천 원짜리 지폐의 인물인 퇴계 이황이 쓰고 있는 모자를 세 분이 쓰고 있는 것이 보였다. 다른 한 분은 너비 10cm 정도의 하얀 띠를 이마에 두르고 있었고 또 한 분은 귀 위에만 검은 머리가 난 대머리였는데 정수리 부분이 특이하게 구부정해서 2층으로 굴곡이 진 상태로 솟아올라 있었고 길게 늘어뜨린 수염도 검은색이었다. 나머지 분들은 수염과 머리카락이 백발이었고 하얀색 적삼과 바지만 입으신 분도 있었고 두루마기를 걸친 분도 있었다. 하늘에서 내려오는 모습이 바람결에 옷자락이 펄럭거리며 슬로모션 영상처럼 보였는데 이런 광경은 태어나서 처음 봤으며 뭐라고 설명할 수 없는 장관이었는데 바로 천상계의 신선들을 본 것이다. 공중에서 토굴 방향으로 날아와서 살포시 안착하신 후 발이 땅에 닿지 않고 살짝 공중에 뜬 상태에서 미끄러지듯 이동하셨다. 토굴 문을 열기 전에 기품 있는 할아버지들의 음성이 부드럽게 들려왔다.

"여기 누가 공부하러 왔다며."
"어디 얼굴이나 한번 봅시다."
"그럽시다."

다들 한마디씩 하시고 토굴 문을 열었다. 서암, 해암과 내가 누워서 잠을 자는 모습이 보였다. 내가 '유체 이탈'한 건가! 너무나 생생했기에 주위를 살펴봤다. 산재당 우측 큰 바위 앞에 빨간색에 금실로 여러 문양이 새겨진 도포를 입은 분과 검은색 도포를 입은 두 분이 삿갓을 쓰고 살짝 조아리고 계셨다. 빨간색은 산신을 뜻하고 검은색은 용왕을 뜻하니 그 두 분이 산신과 용왕이라는 것을 알아차렸다. 천상계의 계급이 높은 분들이 오시니까 이 터를 관장하는 산신과 용왕님이 배알했던 것이다. 그리고 신선들이 내려왔던 하늘 쪽에 공중에 떠 있는 한옥이 한 채 보였다. 활짝 열린 동그란 대문 안엔 마당이 보이고 마당 바닥은 흙이었던 것 같은데 어떻게 저런 건물이 공중에 떠 있을까. 생각하던 중에 100여 미터 되는 거리의 한옥 대문에서 산재당 쪽으로 너비 1m가 채 되지 않는 무지갯빛 구름다리가 내 바로 앞까지 연결되었다. 신기함과 더불어 공중에 떠 있는 집을 구경하고 싶은 마음에 구름다리에 올라서서 그 집을 향해 걸어갔다. 구름다리 중간에 다다랐을 때 검은 머리와 흰머리가 반반씩 섞여서 길게 늘어뜨린 할아버지가 동그란 대문에서 나와 길을 막더니 "여긴 함부로 들어오면 안 돼. 어서 내려가, 어서!" 하며 큰소리치셨다. 아쉬움을 뒤로한 채 구름다리를 따라 토굴로 내려왔고 정신을 차려보니 어느새 날이 밝고 있었다. 마을 주민한테 들은 내용인데 50년 전에, 이 터에서 한 할아버지가 도(道) 닦는 공부를 하시다가 이 터에서 생을 마감했다고 했는데 인상착의를 들어보니 바로 구름다리에서 마주쳤던 그 할아버지였다. 득도했는지는 모르겠지만 속세의 모든 것을 버리고 생을 마감할 때까지 도(道) 닦는 수행에 정진했으니 아마도 신(神)의 세계까지는 돌입하신 듯했다.

각자 공부할 자리를 선정하고 해암과 나는 참선을, 서암은 하루에 1,000배 절을 하면서 경문 공부를 병행했다. 안타깝게도 얼마 후 해암은 하산하고 말았다. 속세에 있던 여자 친구가 토굴에 두 번 다녀갔는데 이후 해암은 토굴 생활의 인연은 아닌 듯하다며 미안해하면서 자기 암자로 돌아갔다.

이곳은 한여름에도 모기가 없고 아랫마을은 연탄까지 땐다. 토굴은 해발이 높고 깊은 산속이라 더 추웠는데 최대한 추위를 버틴다고 해도 불을 때

지 않고선 한겨울을 나기 힘들다. 3년의 기한을 잡고 올라온 나로서는 장작을 때기 위한 나무를 하는 게 급선무라는 것을 깨달았다. 하루 장작 소비 물량을 체크하고 나무가 마르는 시간을 계산해 보니 한가하게 있을 때가 아니라서 정말 온종일 나무만 했다. 전기나 기름이 없었기에 30cm 정도 되는 손톱과 도끼만 가지고 작업해야 하는 열악한 환경이었다. 물론 중간중간에 참선하고 경문도 읽었지만, 나무하는 시간에 비하면 수행하는 시간은 매우 짧은 시간이었다.

한 번은 토굴 방안에서 벽을 마주하고 참선하는데 여러 명의 연예인 얼굴이 비치면서 음성이 들렸다. '이 얼굴은 이래저래서 이 사람은 이런 걸 겪어야 하고 저렇게 생겨서 이 사람은 이런 일이 생길 것이다.' 내가 알아볼 직한 인물들이 TV 화면처럼 보였고 관상에 대한 설명을 해주셨다. 잠깐의 경험으로 달마 상법이라는 관상책이 생각났다. 달마대사가 동굴에서 9년 동안 면벽참선(바위 벽면을 쳐다보고 하는 참선 수행)으로 관상을 통달하여 쓴 책이 달마 상법이다. 직접 이런 경험을 해보니 당연히 그럴 수 있겠다 싶었다. 매일 장작만 하고 공부는 짬을 내서 했는데도 여러 가지 공부될만한 현상을 겪으면서 참선할 때마다 기대심은 더욱 커져만 갔다. 참선은 명상으로 시작해서 단전호흡으로 이어간다. 하루는 기(氣)가 도는 것을 알려주겠다는 음성이 들렸고 호흡하는 순간 배꼽 아래 단전에서 툭툭거리며 좌측으로 뭔가 막혀있는 것을 뚫고 움직이려는 것을 느꼈다. 기운이 단전 좌측에서 허리 명문혈을 지나 우측 옆구리로 돌아 다시 단전으로 한 바퀴 도는 것을 소주천(小周天)이라고 한다. 내가 아직 그럴만한 자격을 갖추지 못했지만 '뒤에 계신 분'께서 예습 차원으로 알려주셨는데 매 순간 감사함을 잊지 않았다.

바람이 심하게 부는 어느 날 나무하는 일을 잠시 멈추고 앞 능선을 바라보고 있는데 바람이 불 때마다 나무들이 한쪽으로 휙 흔들거렸는데 그중 유난히 나무 한 그루가 심하게 흔들리고 있었다. 누가 일부러 흔드는 건가 싶어서 나무 기둥을 유심히 쳐다보는데, 귓가에 음성이 들렸다.

"쟤는 저렇게 흔들어야 깨어나."

'아하! '뒤에 계신 분'들이 산을 가꾸는 일도 한다고 했지!'

그때가 4월경이었다. 강원도 기온은 다른 지역보다 한 달가량 늦게 풀리기 때문에 4월에서 5월 초까지는 바람이 많이 분다. 바람은 식물을 깨우는 행위고 그래야 온전히 싹을 틔울 수 있으며 인간들이 운동해서 근력을 키우듯이 바람에 흩날리면 나무들도 더 강직해진다.

서암과 모처럼 시내에 갔다가 고추 모종과 여러 씨앗을 샀다. 토굴 주위 3평 남짓한 밭을 만들어 씨앗을 뿌렸고 옥수수와 완두콩 등을 부지런히 심었다. 그런데 일조량이 하루에 서너 시간밖에 안 되니 작물이 제대로 생장하지 못했고 고추 모종도 꽃이 피면 오그라들면서 시들시들해졌다. 병에 걸린 건가, 아니면 기후가 안 맞아서 그런가……. 농사를 지어 본 경험이 없으니, 답을 찾기 힘들었다. 서암이 농약을 구해서 처음에는 고추에 뿌리다가 나중에는 밭에까지 뿌렸는데 갑자기 먹구름이 드리워지고 비가 쏟아졌다. '아니, 기껏 약을 쳤더니만 비가 와버리네.' 투덜거리다가 그다음 날 다시 농약을 뿌렸는데 이번엔 먹구름도 없이 약을 친지 5분도 안 돼서 비가 쏟아졌다. '허허, 묘하구먼.' 다음 날 설마 하는 마음에 다시 농약을 쳤더니 이번엔 농약을 뿌리는 와중에 비가 쏟아졌다. '아! 자연이 주는 대로 감사하며 받아먹으면 되는데 얼마나 많이 먹겠다고 욕심을 부리며 약을 치나.' 그제야 깨달았다. '뒤에 계신 분'들이 땅을 오염시키는 화학약품을 중화하기 위해 비를 내리셨고 무지한 수행자들이 깨달으라고 조화를 부려 주신 것을 믿어 의심치 않았다.

토굴 우측으로 100m 거리에 큰 비석 같은 바위가 있고 그 밑으로 작은 옹달샘이 있는데 나의 기도 터다. 새벽 3시 경문을 읽고 참선 수행을 동이 틀 때까지 했는데 한 번은 참선 중에 '아으읔' 소리가 메아리치듯 들려왔다. 내 생전 처음 듣는 소리였는데 아무르표범이라는 맹수가 아직 한국에 있다는 둥 멸종이 됐다는 둥 이야깃거리가 생각이 났다. 정말 표범이 있는 걸까. 소리는 점점 가까워졌고 급기야는 참선 중인 나의 등 뒤에 와서 조심스럽게 킁킁 냄새를 맡는 인기척이 느껴졌다. 등과 우측 팔 겨드랑이 쪽으로 냄새를 맡으며 접촉을 해와서 나의 심장박동은 빨라졌고 소름이 확 돋기도 했다. 하지만 '어차피 목숨 내놓고 수행하는데 죽어도 그만이다.' 꼼짝하지 않고 무상의 경지를 갖기 위해 마음을 계속 다스리며 앉아 있었다. 얼마나 지났을까? 등 뒤 골짜기 아래에서 아으읔 소리가 들렸다. 지금도 이때 그 짐승이 어떤 짐승이었는지 알아채지 못했다.

며칠 후 새벽 참선 중 낙엽 밟는 소리가 저만치에서 들려왔고 소리의 경중을 봤을 때 덩치가 좀 있는 짐승이라는 것을 알 수 있었다. 나의 모든 오감은 본능적으로 들려오는 소리에 집중됐는데 낙엽 밟는 소리는 점점 내가 앉은 쪽으로 다가왔다. 이번에는 앉아 있는 나의 엉덩이에 무언가가 훅 쑤셔대더니 킁킁 냄새를 맡았다. 그럴 때마다 내 몸이 들썩거렸는데 힘이 얼마나 좋길래 내 몸이 이렇게까지 들릴까? 소름이 등줄기를 타고 위아래로 왔다 갔다 하며 멈추지 않았다. 벌떡 일어서서 뒤를 돌아보고 싶었지만, 나는 정신을 놓지 않고 수행자의 법칙인 '목숨을 내놔야 한다.'를 상기했다. 끝까지 요동하지 않고 정체도 모르는 그놈한테 내 몸을 맡겨버린 셈이다. 한동안 들썩거리던 내 몸은 멈춰졌고 바스락거리는 발소리가 등 뒤에서 점점 멀어져 갔다.

또 얼마 후에는 참선할 때마다 새로운 소리가 들리기 시작했다. 옷자락이 펄럭거리는 소리가 내 등 뒤에서 들리다가 내 앞에 있는 바위 위에 안착하는 인기척이 선명하게 느껴졌다. 거의 2~3일에 한 번은 들렸는데 '뒤에 계신 분'들이 수행하는 자를 관찰하고 교육하기 위한 행동이었다. 그 이후 참선할 때마다 잡념에 빠져서 헤어 나오지 못하면 '어허' 하는 소리가 들리면서 나의 어깨나 허벅지를 살짝 두드려 주셔서 다시 정신을 집중할 수 있었다. '뒤에 계신 분'께서 지켜보신다는 걸 알아차리며 솟아오르는 희열감을 잊을 수가 없었다. 참고로 산령(山靈 산신)은 인시(03시~05시)에 발동한다. 산령이 관장하는 구역 범위를 직접 훑어보고 감시, 감찰하는 시간대가 바로 인시다. 그래서 모든 사찰에서는 새벽 03시, 즉 인시에 예불을 시작한다. 그리고 모든 사찰에는 산신각이나 삼성각이라는 전각(한옥으로 지은 건물)이 있는데 불교가 생기기 이전부터 이미 산신의 존재가 산을 경계로 구역을 나눠서 관장해 왔다. 이후에 한국에 불교가 유입되면서 사찰에 산신을 모셨던 건데 이는 산신의 허락 없이는 그 산에 사찰이 들어올 수 없기 때문이다. 예전에 경남 통도사 내에 어느 암자에서 산신 기도에 열의를 갖고 정성스레 기도하는 노스님이 있었다. 산신 기도 후 법회(신도들 모인 자리에서 설법하는 행위)에서 역사적 뿌리와 근거를 바탕으로 산신의 중대함을 신도들에게 설법했는데 불교계에도 산신에 관한 역사를 제대로 알고 있는 스님이 있다는 걸 알게 되었다.

토굴 생활한 지 한 3개월쯤 지났을까? 사람 구경을 도통 못해서인지 외로움을 느낄 때쯤 10여 명의 사람이 토굴을 찾아왔다. 주로 부산에 사는 무속인이었는데 예전에 두 번 정도 산재당에 와서 기도했었다고 한다. 짐꾼과 식모 역할을 하는 분을 제외하면 무속인은 여섯 명 정도였다. 오랜만에 사람 구경하니까 기분 전환이 되면서 반가운 마음에 기도하는 동안 토굴 방을 기꺼이 내줬고 여러모로 귀한 손님 맞이하듯이 최선을 다했다. 그들은 1박을 하고 하산했고 보름 후에 기도차 다시 왔을 때는 3일간 기도하고 갔다. 하산하면서 그들은 "저기 음식 놔두고 가니까 챙겨 드세요.", "저기 봉지에 주전부리하실 거 두고 갑니다." 또 한 분은 "저기 냄비 안에 먹을 거 있으니 챙겨 드세요." 큰 선심 쓰듯 떠벌리며 말하고 내려갔는데 배웅 후 여기저기 놓여 있는 비닐봉지 안을 보니 날짜가 지난 상한 음식, 곰팡이가 핀 음식에 먹다 남은 흔적이 가득했다. 한술 더 떠서 냄비 뚜껑을 열어보니 먹다가 남은 음식과 썩은 과일, 한입 베어 먹고 남은 음식 쪼가리들이 가득 담겨 있는 쓰레기였다. 여기저기 마구 버려진 쓰레기들에 땅바닥에 꽂아 놓은 수백 개가 넘는 담배꽁초를 보면서 나도 모르게 울화가 치밀었다. '이런 죽일 것들!' 순간 입에서 나도 모르게 욕이 나왔고 당장 쫓아 내려가서 요절을 내버릴까 하는 마음이 솟구치며 분이 삭혀지지 않았다. 흐르는 계곡물에 그 사람들이 남겨두고 간 1리터 소주병이 담가져 있는 걸 보고 마음을 가라앉혀 볼 심산으로 소주병을 움켜잡고 벌컥벌컥 마셨다. 한 반쯤 마셨을까? 술기운은 급속히 온몸으로 퍼졌고 나른해지는 몸뚱이를 주체하지 못하고 토굴 안에서 대자로 뻗어버렸다. 얼마쯤 잠이 들었을까. 밖에서 내 이름을 부르는 소리가 들려왔다.

"○○○씨! ○○○씨!"

벌떡 몸을 일으켜 토굴 밖으로 나가보니 검정 제복을 입은 남자가 헐떡거리며 다가왔다.

"합, 합격이에요, 합격!"

"네? 그, 그게 무슨 말이에요?"

"빨리 나오세요. 자, 이거 입으시고 빨리 저를 따라오세요."

그 남자는 자기와 똑같은 위아래 검정 제복을 내게 건네주고 빨리 따라

오라고 재촉했다. 그 옷을 입자마자 토굴 앞 골짜기였던 공간에 흙이 메워지면서 평평한 큰 운동장으로 변했다. 그 가운데에 놓인 사열대 앞으로 다가가니 여자 한 명과 남자 한 명이 검정 제복을 입고 서 있었다. 나를 포함한 총 3명이 가로로 줄을 맞춰서 서자마자 중년의 남성이 다가오더니 상장을 주셨다. 그것은 합격 증서로 보였는데 두 손으로 공손히 받아 들고 토굴 안으로 들어오니 그제야 잠에서 깨어났다. 꿈속에서 또 다른 꿈을 꾼 거였다. 어떠한 대가도 바라지 않고 남을 위해 자리를 내주고 장작불도 지펴서 따뜻하게 지낼 수 있게 해주고 왔다 간 자리도 깨끗하게 청소하고 부패한 음식을 보고도 감정을 잘 다스린 것에 대한 보상인 것을 깨달았다. 모두 '뒤에 계신 분'들의 테스트 과정이었다.

토굴 생활한 지 5개월 동안 이런저런 경험을 겪으면서 더 이상 진척을 못 느낄 때쯤 일우선인이 생각났다. 서암에게 스승님을 뵙고 오겠다고 하고 수원으로 향했다.

"형님, 나름대로 공부 중인데 나무하느라 바빠서 공부를 제대로 못 하고 있어요, 뭘 어떻게 해야 할지 갈피가 잡히지 않아서 잠시 내려왔어요."

"도(道)가 산에만 있는 게 아니야, 수행은 어디에서나 다 가능해, 하지만 한 번쯤은 산에 가서 경험 쌓는 것도 괜찮지, 태백장산 '뒤에 계신 분'들이 너를 많이 봐주고 있다는 것만 알면 돼!"

"네, 그러지 않아도 그런 생각을 많이 했어요."

"그 산 '뒤에 계신 분'이 얼마나 유머가 많으신 줄 아냐? 되게 재밌으신 분이야."

태백장산 '뒤에 계신 분'들께서 수시로 일우선인과 염력으로 연락을 주고 받는다는 걸 알았다. 형님이 지켜보고 계시는 거야 뭐, 당연한 일이고……. 어쨌든 형님을 잠시 뵙고 토굴로 돌아왔지만, 6개월이 지날 무렵 혼란과 회한 속에 뭘 어떻게 공부해야 하는지 갈피를 잡지 못해 다시 일우 선인을 찾아갔다.

"이제 하산해! 사무실에 와서 수업 좀 받아."

이때가 2002년이었다. 현재의 상태에선 산에서 공부할 때가 아님을 깨닫고 부랴부랴 토굴로 돌아와서 서암에게 하산해야겠다고 말하고 서둘러 짐을 다 꾸려놓고 잠이 들었다. 그동안 토굴 생활하면서 하루에 잠자는 시간이 3~4시간 정도였는데 하산 전 무려 이틀 동안 잠이 들었다. 토굴 생활 마지막 날 오전에 기도 자리에서 경문을 읽고 '뒤에 계신 분'들께 감사의 인사를 드린 후 참선에 막 들었는데 누군가가 손바닥으로 내 머리를 감쌌고 귓가에서 윙윙 소리가 한동안 지속해서 들렸다. 가만히 앉아서 포근한 그 느낌을 만끽하면서 그동안 수행 생활을 잘해서 태백장산 '뒤에 계신 분'이 머리를 쓰다듬어 주신다고만 여겼는데 나중에 정수리 부분인 백회(百會)가 열렸다는 것을 알았다. 백회는 오랜 참선으로만 열리는 줄 알았는데 자력(自力)이 아닌 타력(他力) 즉, '뒤에 계신 분'이 열어 준 것이다.

백회가 열린 후 여러 현상이 나타났는데 수시로 머리통 꼭대기로 숨을 쉬는 느낌과 무언가가 백회를 통해 들락날락하는 것을 감지했다. 그리고 '또 다른 세상'을 유영하며 체계와 시스템 및 어떠한 업무에 관해 수업받기 시작했다. 백회가 열리면 수신 좋은 안테나가 생기는 것과 같다. 전에 수신 못 했던 질 좋은 현상을 보고 들을 수 있으며 우주 삼라만상의 여러 현상을 감지하고 볼 수 있는 것이다. 나를 죽이고 모든 것을 버리기 위해 목숨을 걸고 수행하면서 여러 테스트를 잘 통과하면 '뒤에 계신 분'들께서 꼭 보답해 주신다는 것을 알아야 한다. 신분의 높고 낮음과 물질의 많고 적음은 다 부질없는 것이다. 빈부귀천을 막론하고 누구라도 경험할 수 있다는 것을 장담한다. 이로써 토굴 생활을 마치고 일우선인 사무실에서 '문하생'으로 생활했으며 서암도 내가 내려온 후 겨울이 오기 전 하산했다.

2010년 일우선인 손에서 벗어나 고향에서 지낼 때 가끔 태백장산 토굴에 길면 한 달, 짧으면 2~3일간 기도를 다녔다. 장대비가 쏟아지던 늦여름 경 태백장산 토굴에 도착해서 기도를 마치고 동이 틀 때까지 참선하다가 조반을 준비하던 중 인기척이 들렸다. 비가 엄청나게 쏟아지는데 중년의 남성과 여성이 홀딱 젖은 채로 토굴 앞까지 올라온 것이다. 등산복 차림이 아니고 평상시 입는 일상복에 배낭도 없이 맨몸뚱이었다. 남자야 그렇다 쳐도 여자분은 홀쭉하니 마른 몸에 옷은 다 젖은 상태였다. 그런데 두 분 다 힘든 기색은 없었고 되레 얼굴에서 광채가 흐르고 있었다.
"아니, 비가 이렇게 많이 쏟아지는데 등산하세요?"
"그냥 올라와 봤어요."
"그나저나 식사는 하셨나요? 식사 준비 중인데 같이 드실까요?"
"아니요, 괜찮아요."
"그럼, 봉지 커피가 있는데 몸도 녹일 겸 타드릴까요?"
"네, 고맙습니다."
"산 정상에 올라가시나요?"
"아니요, 저기 위에서 누구 만나기로 했어요."
"네? 이렇게 폭우가 쏟아지는데 누굴 만난다는 거예요?"
두 번을 반복해서 여쭤봤는데 명확하게 누구를 만난다고 말하지 않았다. 그런데 가만히 두 분의 행동을 보니 부부관계는 아닌 듯 보였다. 이 날씨에 산에 올라온 것부터 여러 가지가 의문이지만 단도직입적으로 꼬치꼬치 물어보기도 그랬다.

"오셨네, 갑시다. 커피 잘 마셨어요."

"그런데 통화하신 것도 아니고 누가 부르는 소리도 안 나는데 누가 온 줄 어떻게 아세요?"

"네. 지금 저기 위에 와 계셔요."

보이지도 않는데 누가 와 계신다는 건지 당최 이해되질 않았다. 뒤늦게 나는 그분들이 장산(壯山) 산신(山神)과 부산신(副山神)이라는 것을 알게 됐다. 한때 일우선인이 장산을 주재하는 '뒤에 계신 분' 중에 할머니도 계신다는 말을 한 적이 있기 때문이다. 어찌 됐든 '뒤에 계신 분'들은 수행자를 공부시키기 위해서 사람의 모습을 하고 자주 나타나신다. 이런 경험을 많이 하면서 우연히 마주치는 사람들을 유심히 보게 되는 버릇이 생겼다. 수행자는 언제 어느 때에 어디에서 '뒤에 계신 분'들이 인간의 형상으로 나타날지 모르니 평상시에 늘 준비된 자세와 좋은 마음 좋은 행동으로 지내야 할 것이다.

명상, 참선

•

참선(參禪)의 선(禪) 자(字)는 입 구(口) 자(字)가 2개다. 하나는 들이마시는 숨이고 또 하나는 내쉬는 숨을 뜻한다. 형상을 본떠서 만든 상형문자로 콧구멍을 본뜬 것인데 코로 들이마시고 내쉬라는 뜻을 담았다. 그 아래에는 배꼽 즉 단전을 뜻하는 밭 전(田) 자(字)가 있다. 단전 호흡을 하다 보면 배꼽 아래에 장기(臟器)처럼 분명한 형상이 있는 건 아니지만, 그곳에 기운이 모이게 된다. 그리고 단전에서 좌측 옆구리를 돌아 허리 부분인 명문혈을 지나서 우측 옆구리로 돌아서 다시 배꼽 단전으로 돌아오면서 빙글빙글 가로로 돌게 되는데 이런 현상을 소주천(小周天)이라 하고 정면에서 보면 하나 일(一) 자(字)가 되는 가로 모양이다.

항문(肛門)과 생식기 사이를 회음(會陰)이라 하는데 이 회음에서 등줄기 독맥(督脈)을 타고 머리 꼭대기 백회(百會)를 지나서 신체 앞부분인 임맥(任脈)을 타고 내려오고 다시 항문 쪽 회음으로 돌아오는데 이렇게 세로 모양으로 빙글빙글 도는 것을 대주천(大周天)이라 한다. 정면에서 보면 뚫을 곤(丨) 자(字)처럼 이런 '丨' 모양이다.

참선(參禪)의 선(禪) 자(字)에서 좌측 한자 부수(部首)를 보면 보일 시(示) 자가 있다. 코로 들이마시고 내쉬면서 단전에 기운을 모아서 소주천과 대주천을 하게 되면 '보이기 시작한다.'라는 뜻이다. 이런 상형문자를 합성하여 '선(禪)'이라는 한자가 만들어진 것이다. 석가여래를 태백산 천제단에서 친견했을 때도 기(氣)를 흡수하라고 말씀하셨고 득도하신 분들도 모두 이러한 수행을 통해서 도(道)를 이룬 것이다.

선(禪) 수행을 하기 전에, 처음에는 명상 수련하는 것이 좋다. 반가부좌(한쪽 다리를 반대쪽 허벅지 위에 올리는 자세)를 하고 자연스럽게 앉은 후 온

몸에 힘을 빼고 의식을 놓치지 않으면서 계속 온몸에 힘이 들어간 곳이 있는지 없는지 둘러보고 어깨, 손, 팔, 다리 등 힘이 들어간 곳이 있으면 다시 힘을 쭉 빼고 정신을 집중해야 한다. 턱을 살짝 당긴 상태에서 눈의 시야는 코끝을 쳐다본다는 의식을 가지고 앉은 자리에서 바닥으로 30cm 위치를 쳐다보면 되는데 처음엔 눈을 반개(눈을 반만 감는 것)하는 것이 쉽다. 처음부터 눈을 감고 수행하면 기본기가 되지 않은 상태이기 때문에 마장이 많이 발생한다. 초반부터 마장에 부딪히면 금방 싫증이 나거나 쉽게 포기하는 결과를 초래하기 때문에 초반엔 반개로 시작해야 마장이 생기지 않는다. 눈을 반개하고 30cm 앞 시선을 둔 곳에 시계를 놓고 10분, 20분 시간을 늘려가면서 수련한다. 처음엔 다리에 쥐가 나는 게 당연하지만 이럴 땐 최대한 참아 보다가 다리를 바꿔서 반대 자세로 고쳐 잡으면 된다. 명상을 시작한 지 30분을 지나서 1시간 동안 움직이지 않고 명상하면 그 이후부터는 다리에 쥐가 나는 일이 절대 생기지 않는다. 다른 핑계나 용무가 있어서 일어나는 것이지 몸이 힘들어서 일어나진 않는다. 단련이 어느 정도 되면 이젠 결가부좌 연습도 해야 하는데 신체 조건상 너무 힘이 들면 굳이 안 해도 되지만 이왕이면 하는 게 좋다. 결가부좌로 1시간을 앉을 수 있는 단계에 들면 이제 무상에 대해서 수행할 차례다. 가만히 앉아 있다가 보면 별의별 생각이 다 나는데 절대 막으려 하지 말고 강물이 흘러가듯이 가만히 흘려보내고 붙잡지 않는 연습을 해야 한다. 지금까지 살아오면서 잊고 지내던 것들이 이때 무지막지하게 쏟아지는데 이런 생각이 내 생각인지 다른 무언가가 나를 조정하는 건지 알 수 없을 정도로 혼란스럽다. 어찌 됐든 내 몸뚱이에서 발생하는 것이니 절대 그런 생각들을 붙잡지 말고 계속 흘러가게 놔두며 관망하는 자세를 유지한다. 수십 년 동안 참선 수행하는 수행자들도 매번 겪는 현상이고 아직 득도하지 못한 나 역시도 늘 겪는 자연스러운 현상이니 초심자들은 포기하지 마시고 매일 30분 만이라도 꾸준히 해보길 바란다. 명상 중에 집중이 잘될 때는 무아지경에 빠질 때가 있는데 숨을 쉬는지 안 쉬는지 모를 때도 있고 반개한 상태에서 눈이 깜빡거리지 않을 때도 있고 머리통의 양쪽 귀 위가 숨을 쉬듯이 두근거릴 때도 있는데 이게 바로 뇌 호흡 단계다.

불교에서는 마음을 소(牛)로 비유한다. 선(禪) 수행할 때 내가 앉은 자리 앞에 고삐에 줄을 매단 소를 앉혀 뒀다고 생각하는데 망상에 빠지게 되면 고삐가 풀려서 이리저리 길을 헤맨다. 이럴 땐 고삐 줄을 단단히 잡고 집 나간 소를 제자리에 앉혀 둔다고 생각하고서 다시 정신 집중하며 선(禪) 수행을 한다.

명상이 2시간 정도 될 때쯤 어떤 영상이 보였는데 아침에 일어나기 전 꾸었던 꿈이 재현되는 것을 보며 희한하다고 생각했다. 보이는 영상의 화질이 흐려지기도 하고 선명하기도 한 것이 정신 집중 문제인지 뭔지는 모르겠으나 무심하게 가만히 흘려보내면 아침에 일어나기 전에 꾸었던 꿈이 다시 이어지면서 영상이 재현되었다.

뇌 호흡을 경험할 때가 되면 이제 서서히 호흡을 시작하면 된다. 호흡의 포인트는 혓바닥을 입천장에 자연스럽게 붙이고 살짝 하품하듯이 부드럽게 콧구멍으로 서서히 호흡을 들이마시고 내쉬면 된다. 아마 코끝이 살짝 시큰하다는 느낌이 올 것이며 시간을 재려고 애쓰지 말고 내 신체 리듬에 맞춰서 자연스럽게 하면 된다. 열심히 하다 보면 시간은 자연히 늘어나는데 단전호흡은 득도를 위한 행위이기도 하지만 건강에도 매우 좋다. 신진대사는 물론이고 맑은 정신과 기억력 등 여러모로 유익해진다.

어느 정도 호흡이 부드럽게 진행되면 숨을 들이마신 후 항문을 1~5번씩 쪼였다 폈다 반복하고 내쉰 후에도 1~5번씩 반복하면서 내 신체 리듬에 맞게 하면 된다. 그리고 눈을 감고 하면 마장이 심하게 오는 대신 공부에 진척은 매우 빨라진다. '뒤에 계신 분'들은 처음부터 나에게 눈을 감고 하라고 주문하셨다. 마장이 너무 심해서 호흡이 무너지면 다시 반개하고 본인 체질에 맞게 수련하면 된다.

처음부터 호흡한다는 것은 절대로 쉽지 않을뿐더러 거저 발전되지도 않는다. 기본기를 다듬지 않고 단전호흡부터 하다가는 중도에 포기하는 사태가 분명 발생한다. 나는 공부 초반에 단전호흡을 나름대로 열심히 해보려고 온몸에 힘이 들어간 상태를 자각하지 못하고 억지로 해보았지만, 결국 단전호흡이 의욕만 가지고 되는 것이 아니라는 것을 깨달았다. 첫째 나를 죽이고 모든 것을 버려야 하고 전생과 이번 생에 쌓은 악업을 어느 정도 닦아야 호흡 수련이 순조로워진다. 사람마다, 성정에 따라 차이가 있겠지만 지금까지 경험해 본 결과 나의 경우는 그러했다. 지금에 와서야 호흡하는 것이 아주 순해졌고 원활하게 잘되고 있지만 필자가 우둔하고 게으른 관계로 열심히 수행하지 못해서인지 아직도 득도하지 못한 것은 반성하고 각성해야 할 일이다.

한국은 참선 수행 중 간화선(화두 참선)이라는 수행법을 지향하고 있다. 화두 참선이라고도 하는데 이 수행법은 중국에서 들어왔고 한국은 그리 역사가 길지 않다. 바로 이 화두 참선을 하게 되면서 한국은 망하게 됐다고 '뒤에 계신 분'들은 이구동성으로 말씀하셨다. 그 이유가 궁금해서 필자도 전생이라는 화두로 참선을 해봤지만, 어느 정도의 진척만 있었을 뿐 더 이상 진척이 없는 걸 경험해 보니 '뒤에 계신 분'들이 왜 망했다고 했는지 조금이나마 알게 됐다. 간화선을 하기 전 한국에선 '호흡 참선'을 했으며 절간에 불보살님이 앉아 있는 형상이 바로 단전호흡하는 자세다. 옛날에 우리나라 절간에서 깨달은 자들이 얼마나 많이 나왔던가! 그런데 100여 년 전부터 불교계에는 깨달은 자가 전혀 나오지 않고 있다. 간혹 한 소식 한 분이 소수로 나오긴 했지만 모두 은둔해서 지냈고 요새는 제대로 수행하는 자가 없다고 해도 과언이 아니다. 근래의 불교계는 방송매체에서 드러난 몇몇 인물이 있는데 학식이나 지식을 많이 쌓아서 유식한 것일 뿐 깨닫지 못한 인물들이며 주위 사람들의 추앙 속에서 깨달은 자인 척하며 살다 간 자가 대부분이다.

옛날부터 '뒤에 계신 분'들은 인간 세상의 학식 쌓는 공부를 금했다. 득도하고 나면 무불통지할 텐데 자잘한 지식을 쌓느라고 에너지와 시간을 낭비한다고 보았기 때문이다. 그 시간에 도(道)를 이루기 위해 수행을 하라는 것이다.

불교에는 하안거(음력 4월 15일-7월 15일)와 동안거(음력 10월 15일-1월 15일)라는 수행이 있다. 주로 총림의 큰 절이나 비록 총림은 아니어도 참선 수행을 전문으로 하는 절에서 여러 스님을 모집해서 수행한다. 또 봄철과 가을철에 보통 30일에서 60일 사이 기간을 정해놓고 하안거와 동안거 수행 그사이에 남는 3개월가량의 기간에 참선 수행을 끊이지 않게 하려고 여러 절에서 '산철' 안거를 운영하고 있다. 처음 출가하면 강원이라는 전통 불교대학이나 여러 불교에 관한 대학교에서 4년간 수업받게 된다. 100여 년 전만 해도 이런 교육은 전혀 없었다. 선(禪) 수행을 주로 했으며 어느 정도 근기가 있다 싶으면 은사 스님이 선(禪) 수행의 조예가 깊은 스님을 추천하여 수행할 수 있게 인연을 맺어 주던 게 불교계의 관행이자 미덕이었다. 그리고 어느 정도 선(禪) 수행의 기본기가 갖춰지면 당사자들이 알아서 깊은 산속으로 들어가서 혼자서 수행했던 게 관례였다. 일우 선인이나 '뒤에 계신 분'들도 이구동성으로 말씀하신 게 도(道)는 혼자 닦는 거라고 하셨다.

그런데 현실의 선(禪) 수행은 안거를 몇십 번 했다고 말하며 우르르 몰려다니면서 큰 공부를 하는 양 아까운 시간을 낭비하고 있다. 나는 안거 수행하는 방식을 온실 속의 화초라고 표현한다. 온실 속의 화초는 지붕이 날아가는 순간 모두 죽는다. 그 이유는 여럿이 모여있는 공간에서는 절대 '뒤에 계신 분'의 테스트를 받을 수 없을뿐더러 '한 소식'은 더더욱 이룰 수 없기 때문이다. 자잘한 경험은 하겠지만 그 이상의 발전은 기대하기 힘들다. 어느 정도 기본기가 갖춰지고 '또 다른 세상'을 경험하게 되면 본인 스스로 수행의 뜻을 갖게 되는데 이러한 자는 그나마 성공할 수 있는 희망이 있는 자다. 어린이집에서 사회성을 배웠으면 초등학교에 다니듯이, 한 단계 진보된 공부를 해야 하는데 무슨 생각으로 온실 속에서 지낼 생각만 하는가.

요새 절간은 여름엔 시원하고 겨울엔 따뜻하고, 삼시 세끼 다 주는데 호텔이 따로 없다. 거기다 동안거나 하안거 기간이 끝나면 해제비(3개월간 참선 수행 마칠 때 절에서 주는 소정의 금액)를 주는데 절마다 비용이 천차만별이다. 어느 절에서는 300만 원도 주고 500만 원도 주고, 한때는 1,000만 원 주는 절도 있었다고 한다. 지금은 잘 모르겠으나 이러한 행태가 있다 보니 스님들이 돈을 따라다니는 기이한 현상이 속출한다. 예전에 수행 중에 잠시 도반으로 지내던 스님이 있었는데 이 스님은 주로 안거 수행만 다니면서 어느 절에서는 해제비를 얼마 준다느니 하며 돈을 많이 주는 절에 가려고 애쓰는 모습을 봤는데 참 안타까울 따름이었다. 안거 수행처만 찾아 돌아다니면서 수행은 제대로 하지 않고 날라리처럼 생활했던 스님이었는데 지금은 어찌 지내는지 모르겠으나 제 버릇 남 못줄 게 분명하다. 조금이라도 나와 뜻이 맞지 않으면 바로 인연을 끊기 때문에 그 스님과의 인연도 잠시 흘러 지나가는 인연으로 끝을 맺었다.

　불교에는 참선의 최고봉으로 치는 '무문관(無門關)'이 있다. 말 그대로 문(門)이 없는, 수행의 끝인 관문이다. 옛날 스님들이 마지막으로 목숨을 내놓고 득도 아니면 이 안에서 죽겠다는 각오로 하던 관습이었는데 돌과 진흙으로 쌓아서 항아리를 엎어놓은 모양으로 출입구가 전혀 없는 작은 공간을 만든 후에 요강(요항: 예전에 대소변 보는 작은 항아리)과 밥그릇만 드나들 수 있게 작은 구멍만 뚫어 놓고 수행하던 방식이다.

　우리나라에도 무문관이라고 지칭해 놓고 운영하는 절이 있다. 신청자 수가 너무 많아서 아무나 갈 수 있는 곳은 아닌데, 그 실체를 보면 밥그릇을 넣었다 뺄 수 있는 구멍은 형식적으로 만들어 놓긴 했으나 문이 있고 난방도 되며 화장실도 갖추고 있고 겨울엔 온수 물도 나온다. 거기다가 방마다 서너 평의 마당도 있는데 가끔 나와서 바깥 공기도 마시고 햇빛도 쐰다. 도대체 저게 무슨 무문관인가 하는 생각이 들었다.

　무문관은 말 그대로 문이 없는 것이다. 누울 공간은커녕, 아파도 치료받을 생각도 하지 않으며 냉난방은 꿈도 꾸지 못하고 몸을 씻는 행위 역시 있을 수 없는 수행이다. 하루에 한 번 끼닛거리와 요강을 수거하는 소임자가 무문관 바깥에 요강과 밥그릇이 나와 있으면 '아직 살아 있구나.'라고 판단했고 혹여나 며칠이 지났는데도 요강이나 밥그릇이 나오지 않으면 구멍 안을 살펴보고 죽었나 살았나 확인했는데 내가 알기로는 무문관 수행하다가 득도한 스님보다 목숨을 잃은 스님이 더 많은 것으로 알고 있다. 그 안에서 득도하면 도력으로 무문관을 부수고 나오면 되는 것이고 그렇지 않으면 그 안에서 죽는 것이다. 이것이 내가 '뒤에 계신 분'들에게 들은 이야기다.

　예나 지금이나 객기를 부리는 스님들이 꽤 많은데 제대로 된 지식 전달자가 없었기에 제대로 교육받지 못해서 그렇다. 말법 시대(석가여래께서 '내가 죽고 500년이 지나면 나를 등에 업고 도둑질하는 놈들이 판을 치는 세상이 온다.'라고 예언했는데 그 시대를 칭함) 이기에 어쩔 수 없는 노릇이다.

　반복적인 말이지만 '나를 죽이고 모든 것을 버려라!' 그러면 득도의 반은 성공한 것이며 공부에 있어서 도움이 될 만한 인연은 자연스레 생겨나며 수행도 원활하게 될 것이다.

주통(酒通)

•

 90년대에 일우선인을 처음으로 독대하고 도경 선생과 함께 식당에 갔다. 식당 주인은 우리가 자리에 앉자마자 소주 한 box(30병), 맥주 한 box(20병)를 가져왔다.
 "이게 뭐예요?"
 "술이요."
 "그건 아는데 두 box나 갖다 놓길래 여쭤보는 거예요."
 "아, 일우 선생님 오시면 항상 이렇게 갖다 드려요."
 "이걸 다 마셔요?"
 "네, 다 드실 때도 있고 조금 남길 때도 있어요."
 형님은 속된 말로 말술을 드셨는데 재밌는 건 전혀 취하질 않는다는 것이다. 걸음도 흐트러짐 없이 똑바로 걷는다. 먼저 소주를 드시고 맥주를 안주로 한 모금씩 마시는데 독특한 음주 습관이다. 음행 오행 상 소주는 불(火)에 속하고 맥주는 물(水)에 속하는데 소주를 마시고 안주로 맥주를 먹으면 소주의 불의 기운이 중화되어 갈증도 나지 않고 뒤끝도 없다. 형님은 정오와 저녁 6시가 되면 만사 제쳐놓고 식사하러 가시는데 술을 먼저 드시고 마지막에 밥을 드신다. 10번째 만남에서 형님과 점심을 먹고 사무실로 돌아오는 길에 인간의 마음으로 걱정이 돼서 조심스레 말씀을 드렸다.
 "형님, 술 너무 많이 드시는 거 아니에요?"
 형님은 내 귀에 얼굴을 바짝 들이대더니 속삭였다.
 "지금 '일우'라는 놈 아주 형편없는 놈으로 만드는 중이야."
 처음엔 도무지 이해되지 않았지만, 세월이 지나면서 차츰 알게 됐다. 한 번은 남자 2명과 여자 3명의 손님이 와서 간단히 식사하고 손님들이 2차를 가자며 가라오케를 데려간 적이 있다. 적당히 어울리다가 아무 말 없이 형님과 몰래 빠져나와 사무실로 향하는 중에,

"저 사람들 얼굴 잘 봐둬라."

"왜요?"

"나중에 '일우' 죽일 놈들이야."

"네? 왜요? 뭣 때문에요?"

"그건 그때 가서 봐."

그랬다. 얼마 후에 형님은 하루도 빠지지 않고 밤 낮으로 술을 드셨고 음주 운전도 했다. 한번은 밤중에 산에 기도하러 갔다가 산에서 내려오니 그 깊은 산속에 경찰차가 대기하고 있다가 음주 측정하는 바람에 벌금을 물었다. 이런 사건이 세 번 연속 발생하여 두 번째까지는 벌금형에 처했지만, 세 번째는 삼진아웃으로 구속 후 집행유예로 풀려났다. 또 얼마 뒤 집행유예 기간에 음주 운전 4진 아웃으로 구속됐는데 내막은 이러했다. 운전 중에, 뒤에 따라오던 차가 형님의 차를 뒤에서 접촉했고 내리자마자 대뜸 "술 드셨죠?" 하더니 바로 신고한 것이다. 이 모든 사건은 그때 '얼굴 잘 봐둬.'라고 했던 그 사람들의 작당이었고 형님은 알면서도 당해주는 쇼맨십을 발휘한 것이다. 음주 운전으로 집행유예 기간에 4진 아웃으로 구속됐지만, 같은 사건으로 쌍 집행유예라는 유래하기 힘든 판결을 받고 풀려 나셨다. 풀려나기 전 재판 기간에는 딸의 결혼식이 있었는데 형집행정지로 휴가를 내줘서 결혼식에 참석하여 행사도 무난하게 잘 치렀다. 이후 '얼굴 잘 봐둬.'라고 했던 그 사람들과 '사기'라는 법적 소송에도 휘말렸으나 원만하게 잘 해결했다. 상습음주운전에 사기 전과를 만드시고 알코올중독이라는 꼬리표를 만들어서 국가에서 버림받기를 자초한 것이다. 그럼에도 국가에서 부름이 오니까 초강수를 두었는데 바로 기공으로 시력을 망가뜨려서 앞

을 못 보는 시각장애인 행세까지 했다.

　일우 형님의 '형편없는 놈' 만드는 작전은 성공했고 서서히 국가의 부름은 없어졌다. 그것을 탈피하려는 이유가 '국가에서 항상 써먹고 나면 쓰레기 버리듯 쳐다도 보지 않는다.'라고 자주 말씀하셨는데 아마도 정치인들의 행태에 회의를 느꼈고 명분상 국가를 위한다고 하지만 결론적으로 한 정권의 이기적인 정치 운영 방식이었기 때문일 것이다.

　역학계에서는 매년 전 세계에서 역술, 역학, 역경 등에 관한 학술대회가 열린다. 별다른 일이 없으면 늘 형님을 모시고 참가했다. 주로 아시아 쪽에서 개최하는데 중화권 사람들이 거의 70~80%를 차지한다. 중화권은 풍수지리와 태극 팔괘를 중요시하는데 대한민국은 작은 나라지만 국기 자체에 태극과 팔괘(八卦) 중 사괘(四卦)가 그려져 있는 것에 대해 외국의 학자들은 대단한 나라라고 부러워했다. 또 한편으로 다른 나라의 학자들이 한국 역학자에게 시기와 질투심이 발동해서 망신을 주고자 하는 일이 발생하기도 했다. 한 번은 중화권에서 개최한 학술대회에 참가했는데 술을 좋아하는 일우 형님을 꺾어보려고 했는지 대회 첫날 개회식 후 만찬회에서 그 지역 술 좀 먹는다는 역학자들 다섯 명이 오더니 형님과 대작하기 시작했다. 그 사람들의 눈빛에는 광기가 서려 있었고 대용량 크기의 투명한 술병을 가져왔는데 상표도 붙어있지 않은 정체를 알 수 없는 술이었다. 다섯 명의 그놈들은 각기 한 잔씩 총 다섯 잔을 형님에게 몰아서 주고 자기들은 한 잔씩 마셨는데 참 얄궂다는 생각이 들었지만, 형님은 한 잔을 받으면 드시고 술을 따라 준 사람에게 바로 다시 따라 주었다. 내가 한 잔 먹으면 너도 한 잔 마셔야 해! 덤빌 테면 덤벼보라는 분위기였는데 이건 뭐, 친목 도모를 위한 술자리가 아니라 술 마시기 시합 같은 분위기였다. 참고로 한국의 소주잔 크기가 아니었고 맥주잔 크기의 잔이었다. 술 대작하던 자들은 굉장히 공격적이었고 일우 형님을 망가뜨리려는 마구니 같은 기운이 들었다. 얼마나 마셨을까. 짧은 시간에 그 많던 정체를 알 수 없는 술은 동났고 만찬회도 끝나서 해산했다. 형님은 술에 조금 취한 듯했지만, 숙소에 도착한 관광버스에서 내린 후 호텔로 들어서면서 장난기 섞인 말투로 한국 일행에게 "제 방에서 술 한잔하러 가시죠."라고 말씀하셨다. 우린 숙소에 가서 뒤풀이로 또 술을 마셨다.

다음 날 학술대회 일정에 맞춰 참석했고 점심 식사 때 형님은 또 술을 드셨는데 어제 상황을 예의 주시했던 주위의 여러 학자는 고개를 절레절레하며 어이없다는 표정으로 엄지척했다. 뭔가 했더니 어제 형님과 대작했던 사람들 모두 술병이 나서 일어나지 못했다고 한다. 내 짐작으로는 아마 술로 인해 뒤탈이 나도 아주 단단히 났을 것이다. 왜냐하면 악의를 가지고 자기 나라에 손님으로 온 사람을 그리 대했으니 일우 형님이 가만히 두지 않았을 것이다. 그 계기로 학술대회에서 술 대작했던 학자들을 만나면 기가 확 꺾인 상태로 한국 일행을 대했고 그날 이후로는 다시는 술 먹자고 덤비는 일은 없었다.

일우선인 입에서 하산하라는 말씀이 나오기 전에 나에게 주통(酒通) 하라는 숙제가 주어졌다. 주통이란 술에 대해서 통달하라는 뜻이다. 그 말을 들은 나는 술을 많이 마셔도 취하지 않고 술을 자유자재로 다스릴 수 있는 형님의 능력을 전수해 주는 줄 알았다. 일우선인의 기이한 능력도 흉내 낼 수 있을 걸 생각하니까 마음이 들떴다. 한 예로 형님이 손바닥에 담배 한 개비를 올려놓고 나에게 하나부터 열까지 숫자를 세라고 했던 적이 있다. 숫자를 다 세고 난 후에 그 담배를 피우면 담배 맛이 하나도 나질 않고 연기는 나오는데 입만 뻐끔대는 그런 느낌이었다. 또 술잔에 소주를 따라 놓고 술잔 위에 살짝 손바닥을 댄 상태로 숫자를 하나에서 열까지 센 후에 그 술을 마시면 그냥 맹물이었다. 전혀 술에 취하지 않았었기에 이러한 기술을 나에게 전수(傳受)하지 않을까 하는 기대감이 부풀기도 했다.

처음엔 술을 많이 마셔야 주통할 수 있다고 생각해서 평소보다 많이 마셨고 숙소에도 항상 소주를 비치해 놓고 잠자기 전 맥주잔으로 한 잔을 따라서 단숨에 들이켰다. 이때는 그냥 많이 마셔야만 주통하는 줄 알았다. 지금에 와서 생각하면 미련하기 짝이 없는 행동이었다.

아르바이트하면서 직장동료들과 술자리는 점점 늘었고 음주 운전도 버릇이 되어 긴장감을 상실하는 단계에서 사건이 터지고 말았다. 그날도 직원들과 동이 틀 때까지 술을 마셨고 분명 택시를 탄 것 같은데 일어나 보니 샌드위치 패널로 꾸며진 빈 사무실에서 옷을 여기저기 벗어 놓고 자고 있었다. 정신을 차리고 옷을 주워 입고 나가보니 그곳은 수원 월드컵경기장이었다. 어디서 넘어졌는지 온몸이 두들겨 맞은 것처럼 쑤셨고 전화기를 보니 형님의 부재중 전화가 몇 통 와있어서 부랴부랴 식당에 가보니 형님과 도경 선생이 함께 있었다.

"요새 주통 공부하느라 고생이 많네."

"네, 오셨어요. 요새 정신이 오락가락하는 중이에요."

도경 선생도 한때 일우선인에게 주통하라는 숙제를 받고 경험했던 기억이 나는지 살짝 미소를 지으며 안쓰러운 표정으로 바라보았다. 형님을 보고 긴장이 풀려서인지 신체 오른쪽 부분에서 통증이 오기 시작했고 팔, 다리, 골반, 옆구리에서 욱신거리며 통증이 왔는데 왜 통증이 나는지 도무지 알 수가 없었다.

"일우 형님? 저……, 오른쪽 부분에 통증이 심한데 도무지 기억나질 않아요. 왜 그럴까요?"

 형님은 예전 어떤 사람을 비유하시며 차에 치여 뺑소니 당한 말씀을 하셨다. 가만히 기억을 더듬어보니 은색 승합차에 부딪혀서 반사적으로 몸을 우측으로 틀면서 힘을 줌과 동시에 앞으로 나가떨어지는 내 모습이 보였다. 차에서 내린 운전사에게 괜찮다고 하며 꾸역꾸역 일어나서 길을 가는 만취한 내 모습도 보였다. 형님이 나를 조정했던 건지, 아니면 본능적으로 월드컵경기장 안으로 들어가게 된 건지는 모르겠지만 어쨌든 따뜻한 공간에서 잠시나마 몸을 추스를 수 있었다는 것에 감사했다. 만약에 새벽녘 인적이 드문 곳에서 사고 후유증으로 쓰러졌다면 어찌 됐겠는가. 형님은 불이익당하지 않게 정신 바짝 차리고 행동하라는 무언의 경고를 하셨다. 그러나 주통에 대한 숙제는 계속 진행 중이었기에 나는 고삐가 풀린 망아지처럼 주야로 거듭 술을 마셔댔고 급기야는 술병이 나서 아르바이트도 무단결근하는 일이 발생했다. 세 번째 무단결근을 하던 날 형님의 전화도 받지 않고 있다가 다음 날 아침에 일어나는 순간 '휙' 하는 바람 소리와 함께 회초리가 휘둘러지는 소리가 나더니 나의 오른쪽 어깨를 강타했다. 일우선인의 벌이라는 것을 단번에 알아차렸고 해이해진 나 자신을 자책하며 순순히 받아들였다. 순간 온몸이 경직되면서 조금만 움직여도 생전 처음 겪어보는 엄청난 통증이 온몸으로 퍼졌다. 더 이상 통증이 퍼지지 않게 자세를 잡고 있다가도 그 각도를 조금만 벗어나면 전기에 감전된 듯한 심한 통증이 머리 꼭대기에서 발끝까지 퍼져 갔다. 최대한 꼼짝하지 않고 옆으로 누운 자세를 유지하고 있었는데 정오가 되어도 내가 사무실로 오지 않으니 일우선인의 전화가 걸려 왔다.

 "뭐해?"

 "형님, 몸이 꼼짝할 수 없어서 쉬는 중이에요. 지금은 못 나갈 거 같아요."

"응, 그래. 그러면 좀 쉬어."

저녁이 되어 아르바이트 현장에 건강상 이유로 출근하지 못한다고 말하고서 전화를 끊자마자 형님에게 연락이 왔다.

"뭐해?"

"아직도 몸이 안 움직여서 쉬고 있어요. 아르바이트도 못 간다고 했어요."

"응, 사무실로 와."

"네? 지금 움직일 수가 없어요. 밥 생각도 안 나고 그냥 쉬고 싶어요."

"조금 힘내서 일어나봐."

"형님 그냥 쉴게요."

"내가 갈까?"

"네? 아휴, 죽겠는데……, 한 번 일어나 볼게요."

"그래, 살살 움직여서 와."

일우선인은 두 번 이상 반복해서 말씀하시는 법이 없는데 세 번이나 재촉할 땐 다 그만한 이유가 있었다. 나는 통증을 느끼지 않기 위해 살금살금 일어났다. 잘 때 입던 반바지는 몸을 구부리지 못해서 갈아입지 못했고 러닝셔츠 차림에 나가기에는 바깥 날씨가 추워서 간신히 셔츠 하나를 어깨에 걸치고 절뚝거리며 숙소를 나섰다. 사무실에 들어서자마자 형님은 침을 놓기 시작했고 지압으로 기공 치료를 병행했다. 평소 병원도 안 가고 양약도 취급하지 않는 분이 근이완제와 진통제 양약을 준비해 놓고 그 자리에서 바로 먹게 했다. '병 주고 약 주시네…….' 그 말이 바로 이런 상황이 아닐까 싶다.

나는 앉아 있는 게 힘들어서 숙소에 가보겠다고 하고 사무실을 나왔다.

오는 길에 갈증이 나서 음료수를 사려고 편의점에 들렀는데 나의 움직임을 가만히 보고 있던 주인아주머니가 물었다.

"몸이 왜 그러세요?"

"아, 네. 넘어졌는데 온몸이 경직돼서 그래요."

"잠깐 기다려 보세요."

이 당시에는 편의점에서 의약품을 팔지 않을 때인데 주인아주머니는 편의점 내에 딸린 계단을 통해서 2층 가정집으로 올라가더니 개봉하지 않은 새 제품인 붙이는 파스 한 봉지를 가져와 나에게 주셨다.

"집에 가자마자 붙이세요. 그래야 빨리 나아요."

"네. 마음 써 주셔서 감사합니다."

잘 알지도 모르는 행인에게 이런 환대를 보인다는 게 과연 쉬운 일이던가? 가만히 생각해 보니 형님이 조화를 부린 거였고 하룻밤 지나서 거짓말처럼 몸은 멀쩡해졌다.

아직 풀지 못한 주통에 관한 숙제는 계속 이어졌다. 중간중간 형님의 기공 매질을 계속 겪었는데 그중에 제일 많이 맞은 건 음식을 먹으면 식도에서 위장까지 엄청 쓰라린 고통을 겪는 거였다. 뾰족한 갈고리로 식도를 긁어대는 듯한 느낌이었고 식은땀이 흐를 정도였지만 밥에 물 말아 먹으면 그나마 괜찮았기에 한동안 뜨거운 음식이나 양념이 첨가된 음식은 전혀 먹지 못했다. 육신은 보존해야 하기에 밥에 물 말아 먹으면서 버텼는데 참 웃긴 것은 술 마실 땐 또 괜찮았다. 그래서 주통한다는 명분 아래 술은 계속 먹어댔다.

얼마 후 사무실에 오시는 손님 중에서 술과 치킨을 파는 가게를 개업해서 형님과 그 가게를 방문했다. 그날따라 뭐에 홀렸는지 취기가 올라서 형님에게 먼저 가서 쉬겠다고 하고 건물 주차장에 세워 놓은 차는 놔두고 먼

거리였지만 숙소까지 걸어가서 옷 입은 상태로 잠들어 버렸다. 그런데 어찌 된 영문인지 분명 숙소에서 잠을 잤던 것 같은데 내가 개업한 가게의 주차장에서 차를 운전하고 있었다. 그러던 중에 그 상가건물에서 장사하는 분의 차량과 접촉했고 사고 신고를 접수한 경찰이 와서 음주 운전 사고로 또다시 운전면허가 취소됐고 벌금형의 처벌을 받았다. 거처하는 숙소 주인이 말하기를 내가 숙소에 들어가더니 10분이 채 안 돼서 다시 나갔다고 했는데 전혀 기억나지 않았고 내가 이렇게 무리한 행동을 한다는 게 정말 어이없고 허무하기 짝이 없었다. 결론은 형님이 조화를 부린 건데 이 사건으로 인해 이후 일절 술을 먹지 않았고 혹 마시더라도 사람들과 어울리는 수준에서 조절하며 마셨다. 인간의 정신은 다른 무언가에 쉽게 조정당할 수 있다는 걸 재차 깨달았고 잘못하면 악귀에 휘둘려서 사건, 사고가 일어날 수도 있겠다는 걸 감지했다. 술이 달고 맛있다고 느껴질 때가 종종 있는데 이때는 다른 기운이 스며든 징조라는 것도 알게 되었다. 일우 형님이 주통에 대한 숙제를 내주신 것은 앞으로 내가 팔진도법(八陣道法) 기도를 운용하면서 술을 마시며 귀신이나 악령을 다스려야 하는 때가 있기 때문에 그때를 대비해서 형님 살아생전에 터득하게 해주기 위한 거였다. 알고 겪는 것과 모르고 겪는 것은 천지 차이기 때문이다. 이후로 나는 술 생각이 전혀 나지 않았고 술자리를 하게 되면 상대방의 언행을 유심히 관찰하고 어떤 기운이 있는지 감지하는 여유가 생겼다. 혹 어떤 기운을 느끼면 어떻게 퇴치해야 하는지 연구하면서 주통에 대한 결론을 짓게 되었다.

09_ 지구 나이 한 살

| 지구 나이 한 살 도표 |

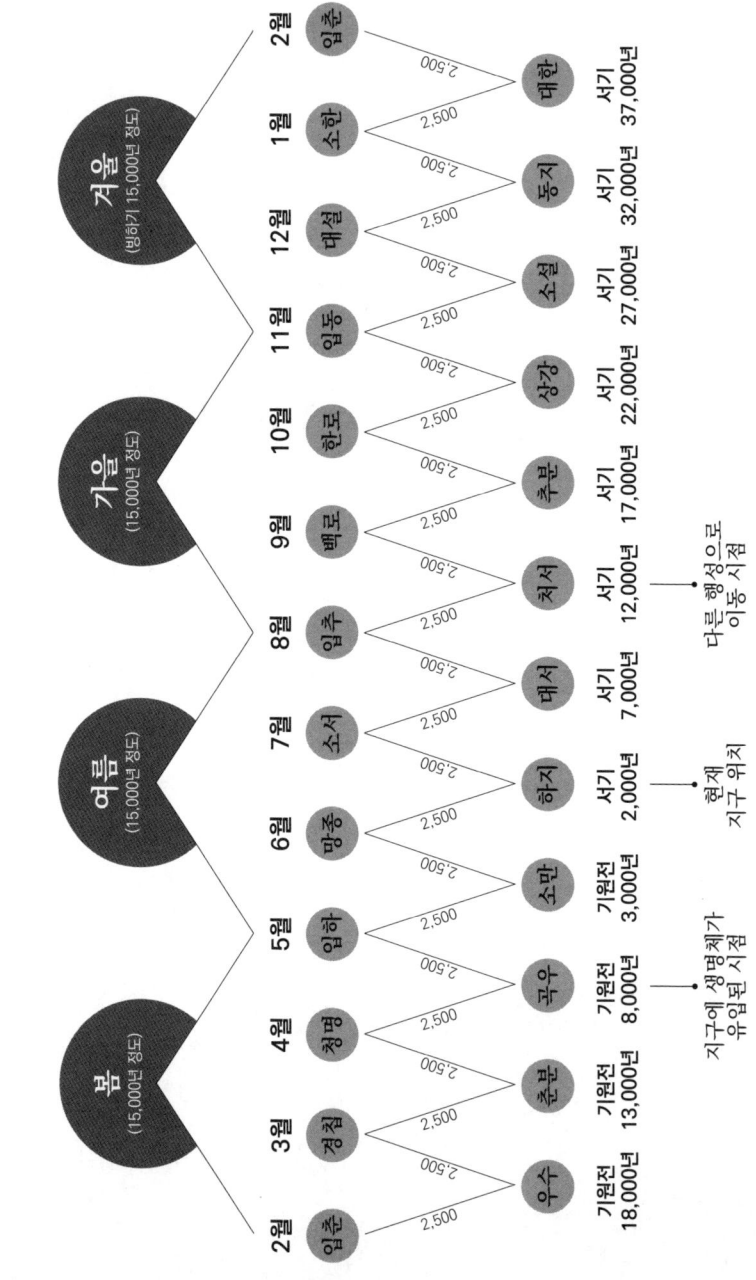

284 또 다른 세상

모든 절기는 양력으로 운행한다.

12절기 : 각 절기당 5,000년 정도
24절기 : 각 절기당 2,500년 정도
곡우 : 기원전 8,000년 지금으로부터 10,000년 전 여름 바로 전 절기이며 생명체가 살아갈 수 있는 시기이다. 이때 인간이 유입됐다.
하지 : 서기 2,000년부터 시작됐으며 2025년 현재 지구의 위치이다.
처서 : 서기 12,000년이 되는 시점이며 이때 모든 생장이 멈춰서 살기 어렵기 때문에 다른 행성으로 이동할 거로 추측한다.

인간 세상은 한 살이 365일이지만, 지구는 한 살이 60,000년 정도 된다.

기후나 기온은 크게 4등분 하는데 봄, 여름, 가을, 겨울의 기후, 기온에 영향을 받으며 계절마다 15,000년 정도 된다.

지구 나이 한 살

이 책을 쓰게 된 이유 중 가장 비중을 많이 차지하는 부분이다. 언제부턴가 지구의 온난화 현상으로 여러 나라에서 예상치 못한 기후로 인해 자연재해가 발생하고 있다. 현재도 진행 중이며 이렇다 할 대비책이 없다. 여러 기관의 연구원, 과학자, 교수 등 전문가들조차 지구 나이 한 살 주기에 대한 이치를 몰라서 우왕좌왕하는 모습을 많이 보았다. 그래서 '지구 나이 한 살'의 정보를 공유하고자 하니 잘 반영하고 연구하여 한층 더 지혜로운 삶을 영위하길 바란다.

여느 때와 같이 형님과 식당에 갔을 때다. 보통 일행이 없을 때는 식당 영업이 끝날 때까지 말 한마디 하지 않고 나올 때가 많았고 혹 대화하더라도 몇 마디만 하는 게 대부분이었다. 별 대화가 없을 때 형님은 보통 관(觀)을 하는데 눈을 감지 않은 채 특유의 눈빛으로 뭘 보는 행동을 한다. 그날도 무얼 한참 보는 듯하다가 말씀하셨다.

"너 지구 나이 한 살 주기가 있는 거 들어봤어?"

"지구가 나이가 있어요?"

나는 귀가 쫑긋해졌다.

"그럼 있지."

"어떻게 되는 건데요?"

"지구 나이가 한 살 되는 것은 네 등분으로 나뉘어."

"네 등분이요?"

"봄, 여름, 가을, 그리고 겨울!"

"아, 기후로 분류되는 건가요? 그러면 지구 나이가 한 살 되는 기간은 얼마나 되는 건데요?"

"그건 절기(節氣)로 하는 건데 절기당 5,000년 정도로 보면 돼."

"12절기로 5,000년이요? 24절기로 5,000년이요?"

"절기당 하면 돼! 그리고 5,000년이 아니고 5,000년 정도야. 그렇게 계산하면 돼."

"12절기로 계산하면 절기당 5,000년 정도 되니까 지구 나이 한 살은 60,000년 정도가 되는 거네요?"

형님은 천기누설을 발설할 때면 정확하게 말씀하지 않고 항상 넌지시 운(韻)을 띄우고 스스로 뒷마무리하게 했다. 그래서 그 짧은 순간에 12절기라고 단정 지었다. 내 생각이 틀리면 언제나 형님은 내 생각을 읽고 잘못을 지적하셨기에 일단 12절기로 단정 짓고 다음 질문으로 넘어갔다.

"그럼, 현재 지구는 어느 지점에 있는 건데요?"

"하지(夏至)에 접어들었어."

"하지(夏至)요?"

1. 입춘: 2월 5일경 0℃ 이상 기온 상승   (절기는 양력으로 계산한다)
2. 우수: 2월 20일경 눈과 얼음이 녹기 시작
3. 경칩: 3월 5일경 만물이 겨울잠에서 깸
4. 춘분: 3월 20일경 밤보다 낮의 길이가 길어짐

5. 청명: 4월 5일경 봄의 기운이 절정을 이룸
6. 곡우: 4월 20일경 비가 내리며 만물이 생장하는 시기　　(인류의 시작점)
7. 입하: 5월 5일경 여름의 시작점
8. 소만: 5월 20일경 햇빛의 기운이 충만해짐
9. 망종: 6월 5일경 곡식의 씨앗을 뿌림
10. 하지: 6월 20일경 1년 중 낮의 길이가 가장 김　　(현재 지구의 위치)
11. 소서: 7월 5일경 여름 더위 시작
12. 대서: 7월 20일경 1년 중 가장 더운 시기
13. 입추: 8월 5일경 가을의 시작 서서히 더위가 누그러짐
14. 처서: 8월 20일경 만물의 생장이 멈추는 시기　　(다른 행성으로 이동 시기)
15. 백로: 9월 5일경 이슬이 맺히기 시작
16. 추분: 9월 20일경 낮보다 밤의 길이가 길어짐
17. 한로: 10월 5일경 차가운 이슬이 맺힘
18. 상강: 10월 20일경 이슬이 서리로 변함
19. 입동: 11월 5일경 겨울의 시작　　(빙하기 시작점)
20. 소설: 11월 20일경 눈이 내리기 시작
21. 대설: 12월 5일경 1년 중 눈이 많이 내림
22. 동지: 12월 20일경 1년 중 낮의 길이가 가장 짧음
23. 소한: 1월 5일경 1년 중 추위가 강해짐
24. 대한: 1월 20일경 1년 중 큰 추위가 옴　　(빙하기 절정)

위 절기는 양력 기준이며 인간 기준 24절기는 절기당 15일씩 적용이 되고 12절기로 본다면 30일씩 적용된다. 절기의 날짜는 오차 범위 1~3일 정도로 보면 되고 알아보기 쉽고 계산하기 편하게 5일경, 20일경이라고

표현했으니 유념하길 바란다.

봄 15,000년 정도고, 입춘~곡우 기간까지다.
여름 15,000년 정도고, 입하~대서 기간까지다.
가을 15,000년 정도고, 입추~상강 기간까지다.
겨울 15,000년 정도고, 입동~대한 기간까지며 총 60,000년 정도다.

지구 기준 24절기면 절기당 2,500년 정도 되니 잘 참조해서 계산하길 바란다.

예를 들어 '하지'(夏至: 한국 기준 양력 6월 20일경~7월 5일경)라면 망종(芒種: 양력 6월 초순)과 소서(小暑: 양력 7월 초순) 사이에 있는 절기며 낮의 길이가 밤보다 길어질 때고 태양의 기운을 많이 받기 시작하는 때다.

갑자기 머릿속이 절기 계산하느라 바쁘게 움직였다.

절기는 고려시대 말 중국에서 도입된 것이다. 그전에는 음력, 즉 달의 변화로 날짜를 사용하고 계절을 유추했으나 태양력으로 계산하는 절기를 도입함으로써 농사짓는 것과 계절의 추이를 살피는 데 있어서 음력보다 양력이 간단하고 안정된 계산법이기에 태양력을 사용하게 된 것이다. 절기 사용은 현재 동아시아에서 활용하고 있으며 그 외의 나라는 사계절이 뚜렷하지 않기에 사용하지 않는다.

현재 2,000년도에 접어들면서 지구 나이 한 살 계산법으로 하지 절기 구간에 들어와 있다.

하지는 매년 양력 6월 20일에서 25일 사이에 시작되는 절기다. 이때의 대한민국 기후는 여름이 시작되는 기간이며 장마 기간이기도 하다. 이때가 되면 몹시 습하고 먹구름이 하늘을 뒤덮고 있으며 비가 내렸다가 그치기를 반복한다. 많은 양의 폭우가 내리기도 하고 또는 구름만 잔뜩 끼었다가 해가 반짝 뜨기도 하며 오락가락하는 날씨가 하지에서 대서 기간을 기점으로 인간의 계산법으로는 한 달 동안 지속된다.

지구 계산법으로 하지에 접어들었으니, 온난화가 될 수밖에 없고 앞으로 온난화의 기간은 하지, 소서, 대서, 입추 전(前)까지다.

하지에서 소서까지 2,500년의 기간이며

소서에서 대서까지 2,500년의 기간이며

대서에서 입추 전(前)까지의 기간이 2,500년이 되니 지금으로부터 7,500년은 여름의 기간이며 소서와 대서는 하지보다 더 더워지는 절기라서 지구의 온난화 현상은 더욱더 극(極)에 달할 것이다.

"형님, 그러면 앞으로 7,500년 정도의 기간은 엄청나게 더워지겠는데요?"

"앞으로 태평양 '물' 전쟁이 날 거야. 서로 바닷물 차지하려고."

"육지에 있는 물은 거의 마른다고 봐야 하는 거네요?"

"그렇다고 봐야지." 현재 하지에서 과거로 거슬러 올라가면 지구에 생명체가 살 수 있는 시기를 24절기로 봤을 때 지금으로부터 10,000년 전인 곡우(만물이 생장할 수 있는 시점)로 보았다. 왜냐하면 이 시기가 돼야 따뜻한 바람이 불고 바다나 강(江), 계곡물이 다 녹는다. 얼어있던 땅이 녹고 비옥해져서 곡식을 심을 수 있는 환경이 조성되고 만물이 생장할 수 있는 기후 조건이기 때문이다. 그러므로 지구 계산법으로 곡우에서 현재의 하지까지 유추해 보면 지구에 생명체가 와서 지내온 시기는 대략 10,000년 정도 된 것이다. 한국의 역사 시조인 단군의 역사가 반만년(5,000년)인 것은 우리가 잘못 인식하고 있는 역사임을 알 수 있다. 역학을 공부하면서 자연스레 역사 공부도 했는데 이상하게도 공부의 진척이 보이질 않아 중도 포기한 적이 있다. 왜곡된 진실이 많고 추정에 가깝다는 것과 학교에서 배우는 역사는 단지 주입식에 근거한 학문에 지나지 않다고 느꼈기 때문이다. 그래서 나중에 득도하면 지구 전 세계의 역사와 지구의 생성 과정, 인간이 지구에 온 시기도 관(觀)을 통해 보는 게 정확하고 확실하기에 굳이 지금 오류 많은 역사를 공부할 필요가 없다고 결론을 내렸었다.

35년간 일제 강점기를 겪으면서 일본이 우리나라의 민족혼을 모조리 불살라 버리는 과정에서 제일 먼저 한 것이 역사 왜곡이 아니던가. 잘못된 기록으로 인식된 것이 한두 개가 아니겠지만 지구의 한 살 주기를 알게 되니 그 전에 알고 있던 모든 상식이 무너져 버렸다.

지구 나이 계산법으로 현재 하지 기간에서 2,500년 후 소서 절기 사이에는 남극과 북극의 빙하는 모조리 녹아내릴 것이다. 기압골의 불규칙한 변화로 인하여 때아닌 폭설과 우박도 내릴 것이며 태풍이나 토네이도, 해일도 일어날 것이다. 폭우로 인해 지반이 약해지고 산사태도 생기는 등 재앙에 가까운 자연재해가 전 세계에 걸쳐 발생하게 된다. 그리고 나라마다 육지가 물에 잠기면서 많은 혼란이 발생하게 될 텐데 일본은 나라의 반이 물에 잠긴다는 설(說)이 있고 우리나라 역시 충청도 쪽을 기점으로 가로로 물길이 생긴다는 설(說)이 있다. 남극과 북극이 다 녹아내린 후 이제부턴 강한 더위로 인해 서서히 물이 증발하면서 엄청난 가뭄이 초래될 것이다. 50℃가 넘는 더위로 수많은 사람이 죽고 극한 환경으로 인해 알 수 없는 신종 바이러스가 창궐하여 많은 생명체가 손도 써보지 못하고 죽게 된다. 어느 예언가의 말을 인용해 보자면 머지않아 지구상의 인구는 3분의 2가 죽는다고 했고 또 어떤 예언가가 남긴 글귀를 보면 10리(4km)에 사람 한 명 구경할까 말까 한다는 설도 있는데 예언가의 공통된 말을 종합해 보면 많은 인구가 줄어든다는 것을 알 수 있다.

세월이 수백 년 지나면 극심한 더위와 가뭄으로 웬만한 물은 모조리 말라 버릴 것이다. 태평양 공해상에 바닷물을 끌어 쓸 수 있는 영역 표시나 주권 행사할 방법을 미리 모색해야 한다. 개인적인 생각은 지금이라도 땅속에서 생활할 수 있는 기술을 터득하여 삶의 터전을 조금이라도 보존하고, 미래를 대비해야 한다. 기온이 50도가 넘는 태양열에 대비해 안정성과 내구성을 가진 건축 기술법을 개발하는 것도 중요하다. 자연광만을 고루 흡수하는 돔 형식으로 구조물을 건축하든지 또는 신기술을 개발하여 다음 세대를 위한 대비책을 세워야 할 것이다. 다음 세대가 기억만 못 할 뿐이지 다시 윤회해서 태어나는 바로 '나 자신'이니 가벼이 여기지 말고 잘 새겨듣길 바란다.

지구 계산법에서 겨울은 입동~대한(15,000년) 기간까지인데 이때부터 빙하기 구간이며 생명체는 절대 살아갈 수 없는 기후다. 빙하기가 오기 전 모든 생명체는 다른 행성으로 이주하게 되는데 단혁스님이 말씀하셨던 지구를 관장하는 '또 다른 세상'의 '뒤에 계신 분'들이 때가 되면 지구와 비슷한 행성으로 생명체를 이주시킨다고 했는데 바로 빙하기가 오기 전을 의미한 것이다. 지구 계산법으로 현재 하지~처서 구간까지 12,500년 정도 남았는데 지구가 처서의 절기에 들어서면 모든 생명체의 생장이 멈추기 때문에 식량난과 혹한기로 인해 이 시기에 다른 행성으로 이주하지 않을까 예상한다.

지구 계산법으로 빙하기가 시작되는 시기가 현재 하지~입동 시작점까지 22,500년이 남았다. 빙하기에는 영하 수백℃ 이상이 될 것이며 이때는 숨도 쉴 수 없을뿐더러 모든 생명체가 바깥 공기를 접하면 순식간에 얼게 된다. 화성을 지구 계산법에 대입시켜 보면 현재 화성이 영하 60~70℃ 정도의 기온인 것을 보면 빙하기에 접어든 기간이거나 빙하기가 끝나가는 기간일 것이다. 빙하기의 정점이라면 영하 수백℃나 그 이상이 될 텐데 인간의 기술로 만들어진 기계는 절대 작동할 수 없다. 그리고 여러 방송매체에서 화성의 지표면을 보면 황량한 황무지로 보이는데 그것은 여기저기 화산이 폭발해서 초기화시켜 놓은 것이다. 만약에 '또 다른 세상'에서 생명체를 유입시키려고 계획한다면 지구 계산법으로 곡우라는 절기가 접어들 때 '뒤에 계신 분'들이 투입되어 각종 식물을 가꾸고 산(山)을 조성하며 그 과정에서 기암괴석, 바다, 땅속 지하수의 물길 등도 조정해서 원하는 곳으로 물을 흐르게 할 것이다. 인간들이 건축할 때 실내장식 하듯이 '뒤에 계신 분'들도 각자 자기 구역에 자기 개성대로 조성하는 것이다. 현재 고대의 미스터리나 불가사의 현상들이 여전히 풀리지 않은 수수께끼로 남아있는 것은 바로 '뒤에 계신 분'들의 작품이기 때문이다. 인간의 좁은 식견으로 보면 한없이 불가사의하고 미스터리 할 수밖에 없다.

이렇게 지구 나이 한 살 주기만 잘 이해하면 여러 방면으로 적용할 수 있다. 우주 삼라만상 법칙에 순응해서 혁신된 과학 수준으로 끌어올릴 수도 있고 인간의 의식 수준이나 철학적 관념도 높아지리라 믿는다.

불교에 전해지는 기록 중에 과거칠불(過去七佛)이라는 말이 있다.
1. 비파시불(毘婆尸佛) 2. 시기불(尸棄佛) 3. 비사부불(毘舍浮佛)
4. 구류손불(拘留孫佛) 5. 구나함불(拘那含佛) 6. 가섭불(迦葉佛)
7. 석가모니불(釋迦牟尼佛)

과거칠불이란 말 그대로 과거에 존재했던 일곱 분의 부처(득도 한 자를 뜻하며 부처를 줄여서 佛이라 한다.)를 말한다. 현재 불교에서 석가여래 외에 여섯 분의 존재가 어느 때에 존재했는지 정확하게 기록되지 않고 예전부터 잘 알지 못한 상태로 명호만 전해져오고 있다.

이제 지구 나이 한 살 계산법을 익혔으니 새로운 사실을 이해할 시간이다.

기록을 보면 일곱 번째가 석가여래인 것을 알 수 있는데 현재 지구에서 불교의 창시자 석가모니 부처님이 출현해서 다른 행성으로 이주하기 전까지 '석가모니'라는 이름으로 인간에게 추앙받는 존재가 될 것이다. 여섯 번째 가섭불은 인간 생명체가 지구에 오기 전 다른 행성에서 추앙받던 과거 육불이고, 또 그 행성에 오기 전 다른 행성에 있을 때 과거오불이었던 구나함불을 추앙한 것이다. 이렇게 거슬러 올라가면 첫 번째 비파시불의 순번이다. 즉 인간은 행성을 7번 바꾸면서 지금에 이른 것이다.

과거칠불 시대를 지구 나이 한 살 주기인 60,000년 정도로 가정한다면 현재 과거칠불인 석가여래 시대까지 포함해서 인간의 존재 기간은 60,000x7=420,000년 정도 된다. 여기서 빙하기 구간을 빼면 더 차감된다. 이런 계산법은 어디까지나 이치에 관한 이해를 돕고자 한 것이니 숫자에 집착하지 말길 바란다. 과거칠불의 명호는 오래전에 '뒤에 계신 분'이 기록해 놓은 것이며 막연하게나마 지금까지 전해 내려온 것이다.

누구나 한 번쯤은 미래에 오신다는 미륵보살이라는 단어를 들어본 적이 있을 것이다. 여기저기서 전해지는 말을 들어보면 이번 지구의 삶에서 오는 줄 알고 착각하는 이가 많다. 지구에서 빙하기가 오기 전에 다른 행성으로 이주하면 또다시 인간들을 교화하기 위해서 다른 명호를 가진 부처님이 출현하게 되는데 그 명호가 미륵보살이 될 수도 있고 다른 명호를 가진 분일 수도 있는데 그분이 바로 과거팔불(過去八佛)이 되는 것이다.

과거칠불은 모두 고단자(7~9단)이며 동(同)시대에 여러 생명체로 분신해서 운용할 수 있는 능력이 있다. 예를 들어 2,024년도에 아시아에 한 명 태어나게 하고 서양에도 한 명 태어나게 할 수도 있다. 또는 2,025년도나 2,030년도에 각 1명씩 원하는 지역에 태어나게 할 수 있으며 인종을 가리지 않고 동시에 여러 명을 운용할 수 있다.

  빙하기가 끝나서 입춘 시기가 오면 얼었던 땅이 녹으면서 지각 변동이 생기고 곳곳에 화산이 폭발한다. 전(前)에 있던 인간의 모든 결과물은 흐르는 용암에 모두 녹고 청소될 것이며 다시 곡우의 절기 구간이 돌아오면 다른 생명체를 받아들일 준비가 되는 것이다.

  공룡에 대해서 막연하게 서술해 놓은 학설이 많다. 인간이 지구에 오기 전 우주의 동물원처럼 사용했던 것인지 아니면 어떤 실험 목적으로 지구에 풀어 놓고 관찰했던 건지 확실하지는 않다. 그러나 지구에서 공룡이 살았다는 것은 분명하다. 공룡은 지구 운영에 특이 사항이 없는 한 빙하기 전까지 생존했었다. 만약 다른 행성으로 이동시킬 가치가 없다면 지구에서 생을 마감하도록 방치했을 것이고 빙하기가 끝난 후 화산 폭발로 인해 오랜 기간 지구가 초기화 과정을 거치면서 자연 발화됐을 것이다.

  간간이 공룡 화석이 발견된다. 학창 시절 친구의 삼촌이 스킨스쿠버 강사였는데 강원도 영월 동강 물속에서 석탄에 파묻혀 있는 공룡 척추뼈 하나를 캐서 건져 온 것을 본 적이 있다. 그나마 물속에서 석탄 덩어리에 파묻혀 있었기에 부식되지 않고 온전하게 잘 보존됐던 모양이다. 승용차 타이어 정도의 크기에 뼈다귀 감자탕 음식점에서 볼 수 있는 등뼈와 생김새는 똑같았다. 인간이 지구에 오기 전에 살았던 생명체의 흔적이 간혹 사각지대에 잘 보존되어 발견되는 것이니 그리 놀랄 일이 아니다. 수억 년, 수백억 년 전에 출몰했다는 학설은 모두 잘 모르고 떠드는 학설에 불과한 것이다. 지구 빙하기의 기간이 15,000년 정도 되는데 이때는 모든 활동이 멈추는 구간이기에 탄소 연대 측정 방법 역시 오류가 많다.

    지구 나이 한 살 주기의 도표를 잘 숙지해서 여러 방면으로 연구하는 분들은 의심하지 마시고 믿는 마음으로 관찰하고 잘 참고해서 각 분야에서 급진적 성과를 내길 바란다. 또한 정치인도 미래를 위한 대책을 마련할 수 있는 고급 정보 자료이니 잘 활용해서 대한민국 미래를 설계하길 바란다. 더 나아가서 전 세계 인류를 위한 주춧돌이 될 수 있는 국가와 자랑스러운 국민으로 거듭나길 바란다.

    2,007년 일우선인은 내가 미래에 출판을 위해 글 쓰는 것을 미리 보시고 조금이라도 글에 보탬이 되고자 천기누설에 가까운 내용을 귀띔해 주신 것이다. 혹 필자가 잘못된 정보로 글을 쓰고 있다면 일우선인 살아생전에 분명 지적해 주셨을 것이다.

10_ 출가

출가

용월사

•

 일우선인의 환원 이후 수원사무실에서 3년간 탈상 중 아무것도 하지 않고 오로지 기도에 매진했다. 기도 중간 쉬는 시간에 간간이 산행도 하고 봉사활동도 하면서 지내기도 했다. 2년째 되는 해에 기도 중 비몽사몽간에 어느 산속에서 사람 팔이 보이더니 검지를 펴서 앞 산봉우리를 가리키며 "내가 주금산(鑄金山) 산신인데 저기가 내 자리고 저기가 네 자리다."
 '내 자리'라고 하면서 가리킨 곳은 산봉우리였고, '네 자리'라고 가리킨 곳은 산봉우리의 남쪽이었다. 화면이 바뀌면서 노인 다섯 분이 산길을 걷다가 작은 개울이 흐르는 다리를 건너시며 "여기가 용월사라며?"라고 말씀하셨다. 조금 더 올라가니 우측에는 비포장으로 된 큰 공터가 있었고 좌측으로 '용월사'라는 사찰이 보였다. 정신을 차리자마자 인터넷에서 '주금산'으로 검색해 보니 내 고향과 경기도 포천 경계에 있는 산이었다. 그길로 즉시 주금산을 찾아갔고 산길을 따라 한참 들어가니 기도 중에 봤던 현상이 눈에 들어왔다. 내 자리라고 가리켰던 방향을 보고 산맥을 따라 이동하니 주금산 남쪽으로 철마산(鐵馬山)이 있고 또 남쪽으로 천마산(天摩山)이 자리 잡고 있는데 세 산(山) 모두 이어져 있는 산맥이었다. 손가락이 가리키던 방면으로 '용월사'라는 절을 천마산에서 찾았고 마을에서 그리 멀지 않은 곳에 있는 용월사로 향했다. 기도 중에 봤던 현상과 똑같이 개울을 지나서 작은 다리를 건너니 우측으로 확 트인 넓은 공간이 있었으며 좌측에 '용월사'라는 현판이 눈에 들어왔다. 용월사는 그렇게 크지도 작지도 않은 아담한 절이었고 보통 절처럼 조용하고 아늑한 기운이 감돌았다. 탐방을 마치고 지금 시점에서 이런 현상을 보여준 것에 대해 깊이 사색한 후 나는 남양주시 천마산 쪽으로 거처를 옮겨야겠다는 결론을 내렸다.

사무실 자리를 알아보는 중에 묘하게도 수원사무실과 건물 구조가 거의 똑같은 곳을 얻었다. 수원사무실은 일우선인이 사무실을 얻기 전에 사진관이었는데 내가 얻은 사무실 자리도 전에 사진관으로 사용했던 건물이었다. 일사천리로 이사를 마치고 법당에서 기도하는데 법당 앞에 큰 미닫이문이 생겼다. 문을 열어보니 음식을 차려 놓은 직사각형의 상(床) 10여 개가 연결돼 있었고 20여 명 되는 신선들이 서로 마주 보고 앉아서 담소를 나누고 계셨다. 자리 중간쯤 낯익은 얼굴이 눈에 들어와서 보니 바로 일우선인이었다. 형님은 벌떡 일어서더니 문 앞에 서 있는 나에게 와서 내 손을 꼭 잡으셨다.

"형, 형님!"

"응. 다른 사람 스승으로 모셔도 괜찮아."

말이 끝나기 무섭게 눈 앞에 펼쳐진 현상은 사라졌고 나는 법당에 앉아 있었다.

다른 사람을 스승으로 삼으라니……. 무슨 뜻일까? 한참을 사색하다가 역학계에 숨어있는 깨달은 자가 있나 싶어서 일우선인 살아생전에 친하게 지냈던 분들을 한 분, 한 분 만났다. 그러나 모두 범부에 지나지 않았고 사회에서 역학 활동의 폭이 넓은 분들도 행사 때마다 참석해서 만나봤지만 역시나 별 소득이 없었고 죄다 명예와 부귀영화에만 몰두하는 것을 보며 관심의 끈을 끊었다.

　천마산 자락에서 지낸 지 3년이 지나면서 일우 형님의 빈자리로 나의 마음은 공허했다. 늘 입버릇처럼 말했던 '산중생활'에 대해서 마음의 요동이 치기 시작했다. 태백산에 가서 다시 토굴 생활할까? 아니면 천마산에 토굴을 짓고 살까? 많은 생각을 하고 있을 때쯤 이곳에 오기 전에 용월사를 다녀왔던 기억이 뇌리를 스치면서 '출가해야 하나?' 하는 고민을 하게 됐다. 공부에 열의를 갖고 절간을 돌아다니면서 여러 스님과 도반을 맺고 수행도 해봤지만, 존경심이 드는 중은 한 명도 보지 못했다. 하나같이 부귀와 권세에만 눈이 먼 '자칭 수행자'들만 보고 온 터라 절간과의 인연은 다시는 맺지 말자고 마음먹었었기에 출가에 있어서 많이 망설여지는 대목이었다. 그렇다고 토굴 생활하자니 육체적 고생은 불을 보듯 뻔했고 형님이나 '뒤에 계신 분'들도 한결같이 '고생하며 도(道) 닦는 시대는 지났다.'라고 말씀하셨고 고행해 봐야 절대로 알아주지 않으니까 편하게 공부하라는 말씀을 돌이켜보며 결단에 신중할 수밖에 없었다. 삼 개월 정도의 고심 끝에 주금산 산신의 말씀을 되새김한 결과 마음의 정리를 했다. '계시를 받은 것이니 다 이유가 있을 거야!'

　출가의 결심을 다진 후 용월사로 향했다. 용월사의 주지 스님과 면담했는데 주위 인연들은 다 정리하고 재산이 있거들랑 다 처분할 것이며 몸뚱이만 들고 오라는 지침을 받고 사무실 물품과 법당의 물품 모두 깨끗하게 정리하고 용월사로 출가했다. 출가 후 1년이 지나도록 행자 생활만 했는데 이건 뭔가 잘못된 것 같다는 생각이 밀려올 때쯤 천마산 정상에서 '이곳을 징검다리로 삼아라.'라는 음성이 들렸다. '아, 여기가 내 인연 장소가 아니구나.' 생각이 들면서 큰 절로 가야겠다고 마음먹고 주지 스님께 이곳과의 인연은 여기까지인 것 같다고 말씀드리고 남쪽으로 발길을 옮겼다.

선암사로 가거라

　한동안 남쪽에 있는 총림(선원·강원·율원 등을 모두 갖춘 사찰)이라 불리는 절에서 생활했으나 끝내 인연이 닿질 않았다. 모든 것을 정리하는 바람에 당장 갈 곳도 없이 달랑 몸뚱이뿐이었고 연락할 곳도 만날 사람도 없으니 막막했다. 당장 숙식은 해야 하니 '근처 바닷가에 가서 고깃배를 타야 하나.'라는 생각도 하면서 멍하니 앉아 있었다. 분명 계시받고 출가했는데 왜 이리 순탄치 못한 걸까. 뭐가 문제일까? 아차! 용월사에서 '뒤에 계신 분'들이 '이곳을 징검다리로 삼아라.'라고 말씀했던 게 생각났다. 어차피 이 불교종단은 나와의 인연이 아니라는 걸 되새긴 후 태백산 천제단에서 친견했던 석가여래 부처님께 여쭤봐야겠다는 생각이 들었다. 대구에서 안동으로, 안동에서 태백으로, 마지막으로 태백 가는 버스를 때맞추어 잘 잡아타고서 깊은 밤이 되어서야 도착했다. 뜬눈으로 밤을 지새우고 동이 트자마자 태백산 천제단으로 올라갔다. 천제단은 예전에 석가여래를 친견했던 곳이기에 출가가 원활하지 못한 이유에 대해 불교의 교주(敎主)이신 석가여래께 여쭤보면 해답을 얻지 않을까 하는 마음에 서둘러 발걸음을 재촉했다. 천제단에 올라서서 합장 반 배로 사방에 인사드리고 천제단에 앉아서 기도했다.

　'저 이제 갈 곳이 없습니다. 어디로 가야 하나요?'

　어느 순간 나의 귓가에 또렷한 음성이 들려왔다.

　"선암사로 가거라."

　하산하면서 핸드폰으로 선암사를 검색해 보니 '한국불교태고종'에 소속된 절이고, 총림이었다. 전라남도 순천시 조계산 자락에 있는 것을 확인하고 순천으로 향했다.

버스에서 내려 조금 올라가니 강선루(降仙樓)라는 전각이 보였다. 강선루의 선(仙) 자나 선암사의 선(仙) 자가 신선 선(仙) 자인 걸 보니 반갑고 친근함을 느꼈다. 선암사는 꾸미지 않은 자연 그대로의 고즈넉한 풍경을 가진 사찰이었다. 지금까지 내가 거쳐왔던 절과 다를 거라는 예감이 들었고 석가여래께서 가라고 한 곳이니 이번엔 잘될 거로 생각했다. 선암사 종무소(절 사무를 맡아보는 사무실)에서 출가 신청을 마치고 바로 행자 생활을 시작했다. 역시 큰 절이라서 그런지 모든 게 체계적으로 잘 흘러갔다. 나 외에 다른 행자도 여럿 있었는데 군대 동기들의 전우애 같은 마음으로 잘 지냈다. 태고종의 종단법을 살펴보면 남자 스님은 결혼할 수 있으며 나이가 조금 초과해서 결격사유에 들어도 출가할 수 있도록 기회를 준다. 체계와 절도는 분명하지만 여러 가지 관대한 부분도 있다. 행자는 붉은 옷을 입고 생활하며 처음엔 삭발하지 않은 채로 생활하다가 규정으로 정해진 시일이 아니어도 어느 정도 적응됐다 싶으면 그때 삭발식을 한다.

수계식(행자가 승려의 계율을 받는 의식) 후 사미승 자격으로 생활하며 출가한 지 5년이 되면 정식 스님이 될 수 있는 구족계를 받는다. 행자 시절에 수계를 받으려면 은사 스님이 정해져야 하는데, 선암사에 와서 행자 생활한 지 얼마 안 돼서 꿈을 꾸게 되었다.

대웅전 석가여래 불상 앞으로 흑표범 한 마리가 들어와서 나와 마주 보고 앉더니 오른발을 내 왼쪽 배에 꾹 도장 찍듯이 댔다. 뭘 뜻하는 건지 한참을 사색해도 답을 내릴 수 없었는데, 어느 정도 시간이 흐른 후에 알게 되었다. 흑표범은 역학의 60갑자 공식에서 49번째 임인(壬寅)을 뜻하는데 은사 스님의 세수(속세의 나이)가 바로 범띠 임인생(壬寅生)이었다. 은사 스님은 인자하고 정의로운 면이 돋보이는 분이셨다. 일우선인처럼 내가 자유롭게 공부하도록 지원해 주셨는데 분명히 '뒤에 계신 분'들께서 나의 수행을 돕기 위해 인연을 맺어 주신 거라 믿어 의심치 않았다. 일우선인 말씀대로 "다른 사람 스승으로 모셔도 괜찮아"라는 말씀이 바로 현실로 이뤄진 것이다.

이번 수계식에 참가한 행자는 60여 명 정도였는데 나는 전생의 인연 법칙이 변함없다는 걸 새삼 느끼게 됐다. 행자 중에 20여 년간 수원에서 지낼 때 200m 근방에서 작은 사업장을 운영하던 분을 만났다. 또 수원에서 아르바이트하며 직원들과 회식 차 자주 방문했던 식당이 있었는데 주인이 바뀌고 음식 메뉴도 바뀌면서 더 이상 왕래하지 않았었는데 바로 그 식당을 인수한 사람이 선암사로 출가해서 수계식을 받으러 온 분이었다. 그리고 수원사무실에서 10분 거리에 있는 주택가에 포교당 형식의 작은 절이 있었는데 그 절에서 생활하다가 선암사로 계를 받으러 온 스님도 두 분이나 있었다. 참 묘했다. 같은 지역에 살더라도 그동안 각자 살아왔던 사람들이 먼 땅끝 선암사에서 같은 목적을 가지고 만났다는 게 과연 우연일까. 분명 전생의 인연이 이번 생에 다시 이어지고 그리 친한 사이가 아니라 해도 이렇게 만난 것은 어찌 됐든 스치고 지나가는 모든 것이 인연이라는 걸 일깨우게 한 예이다.

수계식을 마치고 경내의 불교대학인 강원(불교 전통대학)에 바로 입방했다. 출가자는 점점 줄어드는 실정이라서 선암사 강원에는 1학년(치문반)에서 4학년(대교반)까지 인원수가 10명 내외였다. 참선 공부를 계속 이어가고 싶었지만, 태고종은 안거용 선원만 있고 사미승을 위한 선원 교육기관은 없었기에 일단은 강원에서 지내는 것으로 만족했다. 수계식을 마친 동기생들은 부모, 형제, 처자식이 와서 축하해주고 휴가를 간다는 둥 집에 가서 좀 쉰다는 둥 들뜬 마음으로 떠들어댔는데, 처음엔 이런 분위기가 당최 적응되지 않았다. '출가'라는 것은 모든 세속의 인연을 끊고 오로지 수행만을 위해 가는 줄 알았는데 꼭 속세의 학교 졸업식 같은 분위기였다. 처음에 용월사에 출가해서 행자 생활할 때도 못마땅한 부분에 대해 회의를 느끼면서 무심코 밤하늘을 쳐다보고 있는데 "네 도나 닦아라."라는 음성을 들은 적이 있다. 로마에 가면 로마법을 따라야 하듯이 지금 시대가 시대인 만큼 다른 사람들이 그러든지 말든지 '내 도(道)나 닦자.'라는 심산으로 무심(無心)의 길을 갔다.

강원에 입방해서 생활하는 중 틈틈이 참선했는데 1학년짜리가 참선한다고 상반(나보다 학년이 높은 자를 칭함) 스님들이 핀잔주기 일쑤였다. 내 자유시간을 쪼개서 공부하겠다는데 왜 못 하게 하는 걸까. 그래서 밤 9시 취침 시간이 되면 새벽예불 시간인 새벽 3시까지 다들 잠자는 틈을 타서 누운 상태로 와선(臥禪)을 즐겼고 잠은 낮에 시간이 날 때마다 쪽잠으로 때웠다. 내가 누워서 뭘 하든 간에 누가 알겠는가. 가끔 자유시간이 많이 생길 때는 빈 요사채(절에서 방을 칭함)에 들어가서 참선하기도 했는데 한 번은 비몽사몽간에 누군가 문을 벌컥 여는 것이 아닌가, 하얀색 바지에 상체는 벌거벗은 상태였고 파란색과 보라색이 섞인 피부에 빡빡머리의 정수리 부분만 돼지 꼬리처럼 꼬불꼬불 말려 있었으며 부리부리한 눈에 덩치는 보통 남성과 비슷했는데 팔목과 팔뚝의 굵기가 같고 두툼했다. 순간 악귀인 줄 알고 벌떡 일어나서 두 손바닥으로 가슴을 밀쳤지만, 돌덩이처럼 꿈적도 하지 않았다. 되레 내 몸이 뒤로 튕겨버렸고 문 앞에 서 있던 그분은 나를 뚫어지게 쳐다보고만 있었다. 문득 선암사 대웅전 석가여래 불상 뒤에 있는 탱화의 11시 방면에 계신 분과 똑같이 생겼다는 생각이 들었다.

며칠 후엔 곱슬머리 장발에 위아래 흰색의 승복 차림의 덩치가 큰 분이 나타나서 TV처럼 보이는 모니터를 가리키며 "켜봐, 켜봐."라고 말하는 것이다. 순간 공부 초창기 때의 꿈이 생각났다. 하늘에서 전기선이 내려와 내 TV에 연결됐고 손에 리모컨 하나가 쥐어졌는데 리모컨을 아무리 눌러도 TV가 켜지지 않길래 리모컨 뒤를 열어보니 건전지가 없었다. 건전지를 넣고 리모컨을 작동하면 TV를 켜고 여러 방송을 볼 수 있듯이 단전호흡해서 기운이 충만해지면 내 몸 자체가 배터리 역할을 하는 것이다. 그래서 참선으로 단(丹)을 키우면 여러 현상을 볼 수 있으므로 하얀 승복을 입은 그분은 더 열심히 공부하라는 격려 차원에서 수행자를 독려하는 현상을 보여주었다. 그러나 현재의 환경 조건에서는 결코 편안하게 공부할 수 없기에 이런저런 많은 생각이 교차했다.

이곳 선암사의 스님들은 손과 팔, 다리를 많이 다친다. 다리에 원인 모를 병이 도져서 중도에 하산한 자도 많고 발목, 무릎, 허벅지 등이 고장 나서 고생하는 스님도 종종 있었다. 선암사엔 옛날부터 전해오는 설이 있는데 선암사를 호위하는 신장님은 스님들이 못된 행동을 하면 혼내는 차원에서 팔과 다리를 때려서 다치게 한다는 것이다. 참선 중에 선암사 대웅전 앞에서 검푸른 빛을 띤 개(狗)들을 봤다. 귀가 쫑긋하게 섰고 단모에 10kg 내외로 보였다. 여러 마리가 선암사 경내를 두루 돌아다니며 절 내에 안 좋은 기운이 들어오면 청소하듯이 다 잡아먹는데 이 생명체는 바로 신수(神獸: 神의 세계에서 기어다니는 짐승)다. 보통 큰 절의 입구마다 사천왕을 모셔 놓고 잡스러운 기운이 절 안으로 들어오지 못하도록 수문장처럼 절 입구를 지키는데 선암사는 다른 절처럼 사천왕을 모셔 놓은 전각이 없다. 예전부터 들리는 설(說)에 의하면 선암사가 속한 조계산 정상의 장군봉에서 신장님이 선암사를 지키고 있으므로 굳이 사천왕을 모시지 않는다고 한다. 하지만 내가 본 바로는 잡스러운 기운을 이 신수들이 제거함으로써 선암사를 청정하게 만든 거였다. 신수에게 물리면 속세의 의술로는 잘 고쳐지지 않는데 혹여나 팔, 다리를 다치면 자신을 되돌아보고 반성하는 시간을 가지는 게 현명한 판단이라고 본다. 가끔 신수들은 내 손을 쪽쪽 빨아대고 점프해서 등에 올라타는 등 꽤 애교를 부린다. 참 재밌는 녀석들이다.

대한민국의 모든 절에 가보면 산신각 또는 삼성각이라는 전각이 있다. 불교가 생기기 이전부터 산신의 존재가 지구라는 행성을 관리 감독해 왔고 산신의 허가가 없으면 산속에 절이 들어올 수 없는 체계이기에 그분들을 기리기 위해서 전각을 설치한 것이다. 산신각은 산신을 모셔 놓은 곳이고 삼성각은 칠성, 산신, 독성이라는 세 분을 모셔서 삼성(세 명의 성현)이라 하고 독성(석가여래 제자인 나반존자)님은 꼭 헐크 같은 형상이다. 용월사에 있을 때 삼성각의 독성님이 궁금해서 사색하던 중에 철퍽철퍽 물길을 달릴 때 나는 발소리가 들렸다. 삼성각에서 누군가 나오길래 쳐다보니 형상이 보였다가 안 보였다가 하는 모습이 예전에 태백 장산에서 일우선인이 보여줬던 축지법과 똑같은 현상이었다. 삼성각에서 나온 이가 순식간에 내 앞을 지나치는데, 물에 젖은 발자국만 남아있길래 잽싸게 그 발자국을 밟고 쫓아가니 독성님이었다. 헝겊 쪼가리로 아랫도리 부분만 가리다시피 한 모습으로 축지법을 쓰면서 엄청 빠르게 왔다 갔다 하더니 대웅전 신중단 (석가여래를 정면으로 봤을 때 좌측 자리) 탱화로 쏙 들어갔다. '아하, 본 자리는 신중단 소속이구나.'

강원 생활에 어느 정도 적응이 될 무렵 사시(오전 9시~11시) 예불할 때였다. 단월님들의 보시 공양으로 먹고 입는 생활을 할 수 있다는 고마운 마음에 보답하고자 그분들의 공덕을 기리기 위해 기도와 절을 했다. 하루는 문득 신중단 탱화 가운데에 자리하신 화엄성중(신중단 가운데 자리하신 우두머리)을 어디서 본 적이 있다는 생각이 들었다. 어디서 봤더라? 절을 하면서 기억을 더듬었는데 바로 태백 장산 토굴에서 참선 중에 봤던 빨간색 용(龍) 비늘 형상의 갑옷을 입고 네모진 의자에 앉아 계시던 분과 같아 보였다. 그때 그분이 '구천응원뇌성보화천존'이었다. '구천응원뇌성보화천존(九天應元雷聲普化天尊)'은 북극중천자미원(北極中天紫微垣)의 선인(仙人)이었고 3,500년 전 잠시 은나라에 인간으로 환생하여 세 분의 임금을 모시면서 큰 업적을 쌓았다. 이후 천상계로 올라가신 후 그 공적을 인정받아 '구천응원뇌성보화천존'이라는 명호를 받았다. 옥추부(玉樞府)의 우두머리며 팔진도법 기도가 이 옥추부와 연관이 있다. 나는 신중단 우두머리인 화엄성중님이 구천응원뇌성보화천존과 동일 인물이라 유추하고 내 판단이 맞는 건지 세 번을 중얼거리면서 절을 하는데 어디에서 떨어진 건지 작은 나뭇잎 하나가 절하는 동시에 머리를 조아리는 부분에 빙글빙글 돌면서 살포시 떨어졌다. '아, 맞는구나!' 뒤에 계신 분들께서 시그널과 동시에 가슴에 진동을 주셔서 바로 감지할 수 있었다. 어느 종교 단체에서는 구천응원뇌성보화천존을 주불(主佛)로 모시기도 하는데 어찌 됐든 신이나 령의 존재는 일맥상통한 것이니 시시비비하지 않길 바란다.

총림 강원엔 입승이라는 소임이 있는데 학교로 따지면 반장이다. 입승이 새로 선출됐는데 인성이 얼마나 소인배인지 자기와 학년이 같은 스님들을 통제해야 한다는 명목으로 제일 하급인 나와 내 동기의 군기를 잡는다고 대웅전 우측에 있는 지장보살님과 십전대왕이 모셔져 있는 지장전(地藏殿) 전각에 데려가서 108배 참회 기도시키는 짓을 했다. 잘못한 것이 없는데도 다른 스님들에게 자기의 위신을 세우고 공포심을 느끼게 하려고 명분 없는 짓을 한 것이다. 평상시에 지장전에 들어갔을 땐 별다른 느낌이 없었는데 그 날따라 지장전에 들어서자마자 시끌시끌한 음성이 들렸다.

"이게 뭐야? 뭘 잘못했다고 참회 기도하게 한다는 거지?"

"저 자식 웃기는 놈일세."

"허허, 그러게요. 저놈 봐라!"

온통 입승을 비난하는 소리였다. 108배를 다 마칠 때까지 시끌시끌했고 '아! 지장전에도 '뒤에 계신 분'들이 계시는구나.'라는 걸 알게 됐다. 그날 오후부터 평상시에도 무릎이 좀 안 좋았던 입승이 지장전에 다녀간 후로는 다리 한쪽 전체에 이상이 생겨서 앉았다가 일어나질 못했다. 매우 고통스러워하며 오랜 시간을 고생했고 급기야는 지나치게 못된 행동을 여러 번 하더니 선암사에서 퇴출 명(命)을 받고 쫓겨나는 불명예를 겪었다.

큰 절엔 '뒤에 계신 분'들이 안주하고 있다는 것을 명심해야 한다. 소임을 맡으면 큰 벼슬을 하는 것처럼 거만하고 교만하게 행동하며 사람들 위에 군림하려는 자들이 있는데 소임은 봉사하는 자리니 본분을 망각해서 업(業) 쌓지 말고 부디 겸손하게 행동하길 바란다.

비로암

2020년 4월 초파일 석가탄신일 한 달 전부터 행사 준비를 위해 울력(운력:運力)했다. 선암사가 총림이고 나름 체계는 잘 갖춰있지만 내 체질에 맞지 않다는 생각이 들면서 졸업까지 4년의 세월을 허비해야 한다는 강박관념에 시달렸다. 고되더라도 태백 장산의 토굴에 가서 공부해야겠다고 마음먹고 이번 초파일 행사가 끝나고 나면 은사 스님께 말씀드리고 자리를 옮기기로 마음먹었다. 그런데 초파일 준비하는 와중에 작업 차량이 갑자기 시동이 걸리지 않는 바람에 차량 정비도 할 줄 모르면서 차 바닥으로 들어가 이것저것 만지작거리다가 일어서는데 차량 모서리에 옆구리를 부딪치고 말았다. 며칠 후 옆구리의 통증이 점점 심하게 오는지라 주위 스님들의 원성에 못 이겨 병원에서 초음파, 엑스레이 검사를 했는데 갈비뼈 세 개가 금이 갔다고 했다. 그 바람에 두 달간을 꼼짝 못 하고 뼈가 온전히 붙기를 기다릴 수밖에 없었기에 초파일 행사도 참석하지 못했다. 어느덧 두 달이 지나서 완치 후 은사 스님께 태백 토굴로 공부하러 가겠다고 상의하러 갔다.

"비로암을 저렇게 오래 비워둬서 어쩌냐?"

"네? 비로암이 비어 있습니까?"

"응, 오래됐어."

비로암은 선암사의 모태로써 조계산 해발 600m 고지에 자리 잡고 있다. 선암사 창건 이전에 528년 백제 성왕 7년 시절에 아도화상(我道和尙)이라는 고승께서 지으시고 수도하셨던 성지이며 이곳에서 많은 도승(득도한 스님)이 배출된 곳이기도 하다.

"스님, 제가 올라가면 안 되겠습니까?"

"거기 올라가려면 강원 졸업하고 올라가."

"스님, 강원 교육이 저에게는 영 맞지 않습니다. 수행만 하고 싶습니다. 허락해 주십시오."

"강원 졸업해야 해."

"스님, 저는 대한민국의 불교 시스템으로 중 생활하고 싶지 않습니다. 오로지 머릿속에는 '한 소식'하는 것밖에 없습니다. 허락해 주십시오."

"음, 일단 오늘은 쉬고 내일 다시 얘기하자."

다음 날 오전 공양을 마치고 은사 스님께서 부르셨다.

"잘 지낼 수 있겠냐?"

"네? 네! 스님, 잘 지낼 수 있습니다."

"그럼 한 번 올라가 봐."

그날 밤 꿈을 꿨다. 비로암 법당 안에서 스님 두 분이 앉아 계셨고 나는 문밖에 서 있었다. 스님 한 분은 늘씬하니 키가 크셨고 다른 한 분은 왜소한 체격이었지만 단단한 기풍이 엿보였다. 돌조각으로 퍼즐을 맞춰 놓은 듯한 얼굴 형상인데 선암사 대웅전 석가여래 뒤에 있는 탱화 1시 방면에 계신 분과 생김새가 비슷했다. 문이 활짝 열린 대웅전 안에 앉아 계신 두 스님은 밖에 서 있는 나를 보시며 손짓하셨다.

"들어와, 들어와."

"네, 스님."

바로 비로암 법당 안으로 들어갔고 스님 두 분은 나를 따뜻하게 맞아 주셨다.

다음 날 오전 선암사 주지 스님께 보고드리고 별다른 제약 없이 허락을 받은 후 은사 스님께서 절차로 사용되는 암주증(절을 맡아서 관리하는 증명서)을 작성해 주셨다. 내가 아직 법랍(중의 한 해 나이)이 미달했기에 관리인 명분으로 올라갈 수 있었다. 출가 전에 매번 산에서 살고 싶다고 노래를 불렀는데 드디어 꿈을 이룰 수 있겠다는 생각에 마음이 들떴다. 아마도 초파일 행사가 끝나고 나면 이 녀석이 태백 장산으로 고행의 길로 갈 것이 분명하다고 판단하신 조계산 선암사 '뒤에 계신 분'들께서 갈비뼈를 똑 부러뜨려서 두 달 동안 꼼짝 못 하게 만들고 비로암에서 지낼 수 있게 조화를 부리신 모양이다.

비로암에 올라갈 채비를 하고 그날 밤 비몽사몽간에 검회색 호랑이를 봤다. 보통 역학에서 북쪽은 검은색을 상징해서 흑표범이라고 하는데, 이번에 본 호랑이는 검회색에 검정 줄무늬가 명확해서 분명 표범이 아닌 호랑이 모습이었다. 검회색 호랑이는 연못에서 헤엄을 치고 있었고 우측 평평한 바위 위에는 검회색 호랑이 새끼 3마리가 앉아 있었다. 갑자기 웅장한 분위기가 느껴지면서 진동이 울려 퍼지고 좌측에서 황소만 한 백색 호랑이가 나타났다. 그 현상을 보면서 백색 호랑이는 조계산 산신이고 검회색 호랑이는 부산신(副山神)이라는 걸 직감했다. 사장, 부사장, 반장, 부반장이 있듯이 산에도 산신, 부산신이 존재한다. 검회색 호랑이는 한때 조계산 자락에서 승려 신분으로 득도하신 분이 조계산 부산신으로 임명받고 주재하고 계시기에 승복처럼 검회색 호랑이로 보인 것이다. 그리고 호랑이 새끼 3마리는 산신, 부산신, 수발드는 동자다. 이렇게 조계산 '뒤에 계신 분'의 호의에 힘입어 나는 비로암 토굴에 올라갈 수 있었고 '또 다른 세상'을 맞이하기 위해 결연한 마음으로 한 걸음 더 나아갔다.

이곳 비로암 토굴은 일반 절처럼 전각이 조성돼 있지 않다. 움막이나 원두막 수준의 자그마한 건물이며 겨울을 대비해 톱질하고 도끼질해서 직접 장작을 만들어서 아궁이에 불을 때야 살 수 있는 곳이다. 거기다 전기도, 물도 없으며 비가 많이 내려야 그나마 물을 사용할 수 있고 그렇지 않으면

100m 밑으로 내려가서 바위에서 조금씩 흘러내리는 물을 물통에 받아 지게에 짊어지고 다녀야만 식수를 해결할 수 있다. 물이 귀한 관계로 겨울철엔 수개월간 일체 씻을 수도 없다. 게다가 도로가 연결돼 있지 않아서 선암사에서 1.5km 등반해야 하고 장 보러 가려면 3km 거리의 버스 정류장에서 대중교통을 이용해서 모든 물품 하나부터 열까지 전부 지게로 짊어지고 다녀야 한다. 그래도 혼자서 조용히 공부할 수 있어서 나에게는 최상의 조건이었기에 어떠한 육체적, 정신적 고통도 나에겐 사치에 불과했고 문제 될 게 없었다. 그나마 내가 토굴에 올라가기 2년 전 울산에서 우연히 등산차 올라온 처사님(불교에서 남자를 존칭함)이 태양광 패널을 시주해 주셔서 현재는 조그만 냉장고와 전등불을 사용할 수 있기에 나름 편리하게 생활하고 있다.

비로암에 가끔 오시는 분들은 오실 때마다 "뭐, 필요한 거 있나요? 뭐, 도와드릴 일 있나요?"라고 말씀하시는데 난 필요 없다고 정중히 거절한다. 사지가 멀쩡한데 내가 할 수 있는 일을 누군가에게 부담 주고 싶지 않기 때문이다. 그리고 자주 오시는 분들이 드시고 싶은 거 있으면 말씀하라고 하는데 그럴 때마다 "정성을 담아 싸 온 음식은 돌멩이라도 먹을 테니까 알아서 가져오세요."라고 말씀드린다. 절 생활하면서 생기는 모든 것은 빚이다. 육신이 부서지는 한이 있더라도 도움 주신 분들을 위해 헌신하고 단월님들을 위해 기도 정진할 것이며 열심히 수행하는 것만이 보답하는 길이다.

토굴 생활한 지 2년이 지날 무렵 은사 스님께서 절을 하나 구해놨으니 그 절에 가서 공부하면서 살라고 말씀하셨다. 은사 스님은 나름대로 제자를 위한 마음으로 신경 써 주신 거지만 나의 관심사는 오로지 득도해야 한다는 생각밖에 없었기에 선뜻 답변드리지 못하고 며칠 생각해 보겠다고 말씀드렸다. 보통 출가자들의 로망이 자기 개인 절을 하나 장만하는 것이다. 이것을 성공으로 생각하는 스님이 많은데 나는 그들과 반대의 성향인지라 일절 관심이 없다. 출가 전 사무실과 법당을 운영하면서 삶의 회의를 느끼고 오로지 득도를 향한 공부만 하겠다고 다 버리고 출가했는데 종교적 껍데기만 바뀌었을 뿐이지 또다시 절을 운영하면서 사업하듯이 살아간다고 생각하니 머릿속이 복잡해질 수밖에 없었다. 그렇다고 은사 스님께서 마음 써 주신 걸 알기에 섣불리 거절할 수도 없는 노릇이고 참 난감한 상황이었다. 이런 결정적인 판단이 필요할 때 나는 육효 점괘를 뽑아본다. 이번 상황 역시 결단력이 필요했기에 육효의 힘을 빌렸다. 결과는 23번! 택화혁(澤火革)이 뽑혔는데 이동, 전직, 이사, 변동을 요구하는 점괘다. 현재 삶의 패턴을 360도 바꿔주어야 좋고 발전한다는 뜻이며 그렇지 않으면 여러모로 불이익이 발생한다는 괘다. 이 점괘를 뽑고 나서 '아, 이건 아닌데…….' 하며 고민은 한층 더 깊어졌다. 며칠을 고심한 끝에 먼 하늘을 바라보며 "저, 그냥 여기서 죽겠습니다!"라고 큰 소리로 외쳤고 '뒤에 계신 분'들이 나를 시험하신 거라고 판단했다. 속세의 삶이나 종교적 삶을 떠나 누가 재산을 준다고 하면 얼씨구나 하고 좋아하련만 나는 왜 이런 상황이 불편한 걸까. 다음 날 은사 스님께 비로암에서 죽겠다고 말씀드렸고 나의 의지를 다시 한번 다지며 피력했다.

11_ 팔진도법(八陣道法)

팔진도법

팔진도법 전수

역학에 관련된 자격증은 96년경 역학계에 입문 후 명리학, 성명학, 관상학, 육효학, 풍수지리학 총 다섯 과목을 취득했다. 매년 여러 각국에서 개최하는 국제, 세계 역학 학술대회에 참가하여 논문 제출 및 발표를 꾸준히 해왔고 출가하기 전에 마지막으로 논문을 썼던 게 바로 팔진도법에 관한 논문이었다. 역학은 끝이 없는 학문이기에 계속 공부를 겸하면서 특별한 일이 없을 땐 밤마다 산에 가서 경문을 읽고 참선 공부를 이어왔다. 어느 날 형님께서 부적(符籍)을 공부하라고 명하셔서 부적을 쓰기 시작했다. 부적은 '뒤에 계신 분'들과 소통하는 문서와도 같고 유효기간은 3개월이다. 3개월이 지나면 부적은 효력을 잃는데 그 이유는 부적을 최초로 지니면 '뒤에 계신 분'들이 3개월간 관심을 두고 지켜주는 게 관례이기 때문이다. 그렇다고 일반사람들이 부적을 써서 지녀봐야 아무런 효험이 없다.

일우선인은 손님들에게 부적을 써주시면서 몸에 지니는 부적 외에 집안에서 사용하는 부적은 항상 장롱 속에 넣어 두라고 말씀하셨다. '왜? 장롱 속에 넣어두라고 하지?' 궁금해하던 차에 아르바이트하며 친하게 지내던 동료가 집을 샀는데 집터 봐주기를 원해서 방문하게 됐다. 아직 이사 전이라 소파, 침대, 장롱, 냉장고만 들여 논 상태였는데 분위기가 싸하니 음산한 기운이 느껴졌다. 동료와 주방에서 라면을 끓여 먹고 갑자기 잠이 쏟아지는 바람에 소파에 누워 잠이 들었는데 잠결에 삐걱 소리가 들리더니 장롱 안에서 조선시대 사람인 양 한복을 입고 머리엔 비녀를 꽂은 중년 여인이 나왔다. '뭐지, 저 사람은?' 그 여인은 안방에 있는 장롱에서 나와 거실 소파에 누워있는 나를 가리키며 "저 재수 없는 새끼 때문에 나가야겠네." 하더니 현관문으로 갔다. 그리더니 문이 닫혀있는 상태로 쓱 빠져나갔다.

동료를 깨워서 저 장롱 어디서 샀냐고 물어보니 먼저 살던 사람이 새거나 다름없으니 쓸 거면 놔두고 가고 아니면 버리겠다고 해서 자기가 사용하겠다고 한 것이다. 동료에게 장롱은 내다 버리고 새로 장만하라고 했다. 이번 경험으로 형님이 부적을 써주고 장롱 속에 넣어두라는 이유를 명확하게 알게 되었다. 귀신은 음의 기운이라 집안에 들어오면 컴컴한 곳인 장롱 속에 안주한다. 장롱 속에 부적을 넣어 놓으면 원래의 음기도 빠질뿐더러 새로 들어 온 음기도 안주하지 못하고 그 집안에서 나가게 된다.

부적 공부가 어느 정도 숙련됐을 무렵 팔진도법을 연마하라고 형님께서 말씀하셨다. 오랜 기간 형님을 모시면서 팔진도법에 관한 이야기를 많이 들은 터라 일반 사람은 감히 할 수 없다고 생각했었다. 득도한 자만이 행하는 의식이라고 알고 있었기에 꿈에도 생각 못 했는데 몹시 흥분되면서 긴장됐다. 왜냐하면 자칫하면 목숨을 잃을 수도 있는 어려운 의식이기 때문이다.

팔진도법 기도는 퇴마, 천도재, 49재, 병원에서 고치지 못하는 원인 모를 병, 소망 성취에 관련된 것 등 여러 방면에 효험이 있고 주로 귀신을 상대로 하는 의식이기에 상상을 초월하는 현상이 많이 발생한다. 팔진도법을 연마하라고 말씀하기 한 달 전이었다.

"너 오늘 꿈꾼 거 이야기 좀 해봐."

"네? 어느 한옥에 들어갔는데 어떤 할머니가 '이제 이사할 때가 다 됐네.'라고 말씀하던데요."

"그 집 들어가기 전에 본 거를 말해봐."

"음……. 아! 한옥 들어가기 전, 우측에 전봇대처럼 생긴 황색 빛을 띤 나무 기둥이 하늘로 쭉 뻗어 있었고 나무 기둥을 기점으로 굵은 가지들이 90도로 뻗어 있었는데 가지마다 모양은 개처럼 생겼고 얼굴은 도깨비처럼 생긴 것들이 다섯 마리 있었어요."

"네 일생에 지금까지 꿨던 꿈 중에서 그 꿈이 최고인 줄만 알면 돼."

초등학교에 다니기 전부터 주기적으로 꿨던 꿈이 있다. 일 년에 서너 번 꿨는데 어둑어둑한 어느 동물 사육장에 일본 도사견처럼 생긴 짐승들이 목에는 쇠사슬이 감겨있고 그 쇠사슬 끝은 땅바닥 말뚝에 박혀있었다. 어쩔 땐 서너 마리, 어쩔 땐 수십 마리가 있었는데 그 사육장 안에 내가 들어가 있는 꿈이었다. 낮고 작은 소리로 으르렁거리는데 이상하게 그 꿈만 꾸면 다리가 땅에 붙은 것처럼 움직이질 않아서 도망도 못 가고 잡아먹힐 거 같은 공포심에 오금이 저렸었다. 세월이 가면서 꿈에서 자주 보니까 면역력이 조금씩 생겼고 어느 순간 짐승들 무리에서 왔다 갔다 움직이면서 애완견 대하듯이 할 무렵 더 이상 그 꿈을 꾸지 않다가 10여 년 만에 다시 보게 된 거였다.

이후 팔진도법에 필요한 준비물을 가지고 산속에 들어갔다. 처음엔 팔각형으로 진을 치려니까 모양도 제대로 나오지 않고 여러모로 시행착오를 겪었다. 그럴 때마다 일우선인은 여쭤보지 않아도 잘못된 부분을 바로 알려주셨고 차근차근 팔진도법을 익혀갔다. 팔진 기도는 깨달은 자가 아니면 반드시 지붕이 없는 허공에서 실행해야 한다. 팔진은 팔괘로 여덟 방향에 진(陣)을 치는 것을 뜻한다.

　관세음보살 사십이수주 42장과 팔괘의 팔문 부적 8장, 오방신장신위 5장을 번(깃발처럼 길게 늘어뜨림)처럼 제작된 화선지에 경면주사(부적 쓸 때 갈아서 쓰는 빨간 돌)로 글씨를 써서 진(陣)을 팔방으로 빙 둘러 설치한다. 사실 산속에서 팔방을 잡는다는 게 쉽지 않기에 그냥 사방으로 진을 만든다. 네 모서리와 네 방면을 합하면 8방위라서 팔괘 부적 설치를 그렇게 하는 것이다. 팔진 설치를 마치면 눈에 보이지 않는 손가락 굵기의 철창 망(罔)이 생기게 되고 팔진 기도를 의뢰하신 분과 연관된 모든 기운이 팔괘의 팔방 중에 한 방향에서 문이 열리면서 무작위로 들어오기 시작한다. 기도가 시작되면 들어온 그 기운들은 절대 팔진(八陣) 바깥으로 나가지 못하고 팔진 안에서 뒤엉켜 긴장감이 연출된다. 기도를 마칠 때까지 그 기운들과 좋게 합의되면 다른 한쪽 팔괘의 문이 열리면서 제각각 갈 길을 가는데, 만약 합의되지 않아 악귀가 발동하면 경문을 읽을 때 입을 쥐어짜거나 머리카락을 잡아당기기도 하고 꼬집는 행위도 하는 등 온갖 짓을 다 하는데 목숨을 내놓고 해야 하는 기도 중의 하나가 바로 팔진도법이다.

　시중의 여러 부적 책에 팔문 부적이 있는데 그 부적은 팔진이 원활하게 작동하질 않는다. 사용해 본 결과 기도 중에 팔진이 다 풀려서 낭패를 본 적이 있다. 내가 사용하는 팔문 부적은 일우선인께서 전수한 것이며 어느 부적 책에도 존재하지 않는 부적이다. 팔진 기도는 방식만 배워서 사용하다가는 목숨을 장담하기가 어렵다.

　일우선인이 환원하시고 얼마 안 돼서 기도 중 어느 전각 건물 안에서 여러 신장님을 만났다. 총 여덟 분이셨는데 마지막에 문을 열고 들어오시는 분은 얼마나 덩치가 크던지 상체를 반쯤 굽혀서 들어올 정도였다. 팔뚝이 큰 나무 굵기만 하고 키가 3m가량에 눈은 주먹만 하면서 부리부리했는데 말 그대로 구척장신이었다. '아, 이분들이 팔문 신장님이구나.'하고 바로 알아차렸다. 얼마 후엔 내 몸이 하늘을 유영하고 있었는데 내 옆으로 날개 길이가 7~8m 정도 되는 큰 검은독수리가 날고 있었다. 날개가 내 어깨에 닿을락 말락 할 때 그 날개 끝을 오른손으로 만지니까 순식간에 병풍 접히듯이 축소되면서 공처럼 동그랗게 변하더니 내 손아귀로 들어왔다. 지상에 내려와서 동그랗게 말린 공을 앞으로 살짝 던졌더니 좀 전에 하늘에서 날갯짓하며 날던 독수리로 변신했는데 키는 약 3~4m에 날개를 활짝 펴면 덩치는 더 커 보였다. 이게 뭔가 했는데 차후에 팔진 기도할 때 간간이 그 독수리가 출현하면서 팔진 기도할 때 사용되는 존재라는 것을 알게 됐다. 옛말에 '금수(禽獸)만도 못하다.'라는 말이 있는데 여기서 금(禽)은 날아다니는 짐승을 말하기에 나는 이 독수리를 신금(神禽)이라 부른다.

  팔진도법은 인터넷으로 검색도 안 될뿐더러 기껏해야 삼국지에서 제갈공명이 전쟁 시에 군사 병법으로 사용된 내용만 있을 뿐이다. 예전부터 오로지 구전(口傳)으로만 전해 내려오는 신묘한 기도 방식이다.

빙의 팔진도법 기도 사례

•

　빙의란 눈에 보이지 않는 음(陰)의 기운이 인간이나 여러 생물체에 들어가 기생하는 것을 말하는데 빙의되는 방식은 매우 간단하다. 우리가 흔히 알고 있는 귀신이란 사람이 죽어서 생성된 인귀(人鬼), 사람의 형상 반, 짐승의 형상 반을 가진 귀신과 애벌레 형상처럼 생긴 바이러스성의 음기를 띤 생명체가 있다. 누구를 막론하고 소변을 볼 때 소변 물줄기를 타고 사람 몸속으로 침투하는데 이런 기운은 그 사람과의 인연이 있어서 들어가는 경우가 대부분이지만 새롭게 인연이 맺어지기도 한다. 소변을 통해 들어가니 '누구를 막론하고'라는 표현을 썼으며 반대로 빙의된 기운이 몸속에서 나갈 땐 입(口)이나 머리통 꼭대기 백회를 통해 빠져나가기도 한다. 소변을 타고 들어온 기운은 처음엔 방광의 물속에서 기거하게 되는데 바로 음기가 충만하기 때문이다. 이후 신장에 자리를 잡고 하반신 쪽으로 길을 만들어서 왔다 갔다 하다가 서서히 상반신으로 올라가는 길을 만든 후 최종적으로 뇌에 자리를 잡고 정신적 불치의 병을 발생시킨다. 일단 빙의돼서 신장에 자리 잡으면 손발이 유난히 차갑고 저림 증상이 생기고 쥐가 나서 잠에서 깰 정도이며 어깨가 무겁고 만지면 심한 통증을 유발한다. 가끔 뜨거운 열기가 상체로 치솟으며 낮에는 무기력해지고 밤에는 쌩쌩해지면서 잠도 오지 않고 밥맛도 없어진다. 어떤 때는 음식이 당기면 폭식하는데 이것을 하냉상열(下冷上熱: 하체는 냉하고 상체는 열이 생김)이라 한다.

　빙의가 되면 다중 인격 현상이 발생하고 우울증이나 조현병 증상을 겪게 된다. 어떤 이는 빙의가 된 상태에서 전혀 알아차리지 못하고 별 증상 없이 평범하게 살다가 죽는 사람도 부지기수인데 이는 빙의된 기운이 별다른 악영향을 끼치지 않아서 그렇다.

빙의 증상은 현대 과학이나 의학으로 진단할 수도 없거니와 진단을 못하니 치료 역시 할 수가 없다. 빙의의 증상은 오직 심령술에 능한 퇴마의식을 할 수 있는 자만이 고칠 수 있다.

팔진도법 기도 사례는 일우선인이 환원 후에 일어난, 필자가 직접 겪은 내용들이다.

일우선인의 3년 탈상 중 충근이를 통해 다시 만나게 된 고향 친구가 사무실을 방문했다. 그 친구는 여자 친구와 함께 왔는데 2년 전에 신을 받은 연화 보살이라는 무속인이었다. 이날은 점심 식사하고 명함만 주고받고 헤어졌는데 기억이 잊힐 때쯤 연화 보살님에게 연락이 왔다. 내일 방문하겠다는 약속을 받고 새벽녘에 참선하는데 남자 두 명이 사무실에 들어왔다. 한 놈은 깐죽거렸고 다른 한 놈은 두 눈에 눈동자가 없는 게 마치 먹구름처럼 또는 블랙홀처럼 빙글빙글 도는 형상인데 조금 더 쳐다보면 내 영혼이 그 속으로 빠져들 것 같았다. 그놈이 중얼중얼 주문을 외면서 나를 향해 손바닥을 빙글빙글 돌렸는데 정신이 점점 혼미해졌다. 정신을 가다듬고 주먹으로 그 녀석 얼굴을 내리치니까 모든 현상이 사라졌다. 그날 오전에 연화 보살님이 방문했는데 한 달 내내 기도만 하면 내 얼굴만 보여서 '왜 그럴까?' 하며 궁금증이 가시지 않아 찾아온 거라 했다. 오늘 새벽에 본 현상이 연화 보살님과 관련된 거라 짐작하고 말을 하니 연화 보살님은 눈이 빙글거리고 어지러운 증세가 생긴 지 오래됐다고 한다. 옳지 않은 신이 보살님에게 붙은 거 같으니, 주위에 실력 있는 무속인이 있으면 굿을 다시 해보라고 권유했다. 그러나 처음 신내림 굿을 해줬던 스승과는 절연했고 다른 무속인은 못 믿겠다며 나더러 해결해달라고 부탁해서 결국 팔진도법 기도를 진행하기로 했다. 팔진 기도 준비를 마치고 수원 광교산에, 자시에 입산해서 자주 가던 물이 흐르고 큰 바위가 있는 기도 터에 자리를 잡았다. 그런데 기도 준비하는 중에 팔진 부적이 보이질 않았다. 분명 다 확인했었는데 법당에 올려놓고 온 모양이다. 부랴부랴 산에서 내려와 콜택시를 잡아타고 사무실에서 부적을 챙겨 다시 산으로 향했다. 이렇게 기도 날을 잡게 되면 기이한 일들이 많이 생기는데 이런 경우는 연화 보살님에게 붙어있던 잡귀들이 방해 공작하는 행위다.

평상시에 외출 전 항상 빠뜨린 게 있나 없나 두세 번 확인하는 버릇이 있는데 그 중요한 부적을 빠뜨리다니 조금 당황스럽긴 했지만, 시간이 촉박한 것도 아니고 빠뜨린 게 있으면 다소 시간이 걸려도 다녀오면 되니 걱정할 일은 아니다. 팔진 기도를 잘 마치고 새벽녘에 사무실 법당에 앉아 있는데 비몽사몽간 연화 보살님에게 붙어있던 남자 두 명의 잡귀는 신장님이 나타나더니 난도질하며 퇴치됐다. 보통 빙의 된 상태에서 퇴마가 되면 의뢰인들은 온몸이 늘어지고 몸살 기운이 생긴다. 이는 그전까지 몸에 붙어있던 잡귀가 빠져나가면서 생기는 호전반응 또는 명현현상이다. 기도 후 연화 보살님 또한 몸살 기운이 생겼고 빙글빙글 돌던 어지럼증과 눈의 통증은 말끔히 사라졌다. 안정을 찾은 후 연화 보살님은 내일 굿판에 참석해야 하는데 어쩌면 좋겠는지 물었다. 현재 몸에 팔진이 쳐진 상태이며 기존에 있던 잡귀는 모두 퇴마가 됐으나 올바른 신이 아직 자리를 잡지 않아서 접신이 안될 거라고 알려주었다. 그러나 예전부터 예약된 거라 신뢰 문제를 염려하기에 그러면 알아서 하라고 했다. 그날 저녁 연락이 왔는데 굿판에서 접신이 되지 않아 공수(무당이 굿을 하면서 신의 계시를 받고 점치는 행위)도 못 주고 식은땀이 흐르면서 창피해서 아주 혼났다고 했다.

이때가 팔진도법 기도 전수 후 처음 정식으로 실습한 사례다. 이를 계기로 팔진 기도법에 자신감이 붙었다. 일우선인 말씀 중에 "나는 한 번에 무당 20명을 상대할 수도 있어."라고 말씀하신 적이 있었는데 이번 경험을 통해 이해할 수 있었다. 무속 생활을 하시는 분 중에 원활하게 무속 생활을 못 하거나 어떠한 부정의 대가를 받을까 해서 하기 싫은 무속 생활을 벗어나지 못하는 분들이 분명히 있을 것이다. 또 점을 보러 다니다 보면 하기 싫은데도 신(神)을 받아야 한다는 말을 듣는 사람들이 있다. 이런 분들이 팔진도법 기도를 하게 되면 그 신들은 잘 합의해서 뒤탈 없이 말끔히 정리되며 물러나게 할 수 있다.

일우선인 살아생전 일이다. 충근이를 만난 지 얼마 안 돼서 그의 모친이 치매 초기인 '경도인지장애'를 진단받았다. 모친이 기억을 잃어 가고 있다고 속상해하면서 고칠 방법이 없는지 하소연해서 급하게 형님을 찾아뵈었다.

"빨리빨리, 시간 없어."

"고칠 수 있나요. 형님?"

"앵도가 붙어있는데 서둘러야 해."

옛날에는 갓 낳아서 죽은 아이를 '앵도'라고 불렀다. 이 앵도 귀신은 사람들이 늙어서 노인이 되면 오랜 기간 빙의 돼 있다가 늘그막에 발동해서 사람들한테 영향을 끼친다. 앵도가 갓 태어난 아이다 보니 말도 잘못하고 똥오줌도 못 가리는데 이러한 행동이 치매 걸린 당사자한테 고스란히 전이되어 똑같이 행동하는 치매의 고질적인 특징이다. 경도인지장애라는 진단을 받은 후에 경과가 지나면 뇌 손상이 심해지는데 이때는 퇴마해도 고치기 어렵다. 경도인지장애 단계까지는 퇴마로 앵도만 퇴치하면 더 이상 치매가 진행되지 않는다.

충근이는 일우선인을 만나게 되는 어마어마한 행운을 얻었다. 명목상은 팔진 기도지만 당시의 일우선인은 높은 도력으로 그냥 앉은 자리에서 염력으로 처리하셨다. 앵도라고 하면 갓 나아서 죽은 아이가 있어야 하는데 충근이 모친은 유산한 적이 없다. 예전에 충근이의 작은엄마 즉 아버지의 남동생 부인이 출산할 때 충근이 어머니가 산파를 맡았다고 한다. 출산한 아기는 숨을 쉬지 않았고 결국엔 죽어서 충근이 모친은 슬피 울며 죽은 아기를 꼭 껴안고 집 앞 야산에 묻어줬는데 그때 갓난아기의 혼령이 모친에게 빙의 된 거였다. 죽은 이를 그리워하고 너무 슬퍼하면 혼령이 떠나지 못하고 자기를 그리워하고 슬퍼해 주는 이에게 빙의 된다는 점을 명심해야 한다.

인간의 정서상 슬픔과 그리움은 당연지사라고 할 수 있겠지만 '또 다른 세상'에서 보는 관점은 절대 그렇지 않다. 어차피 죽게 되면 환생해서 새 몸을 받으니 되레 축하를 해줘야 마땅한데 이미 죽은 자를 그리워하는 바람에 빙의로 인한 악순환이 생긴다. 이런 행위는 인간의 무지함에서 오는 예도 있지만 마구니들의 마수에 이끌리는 예도 있다. 나는 개인적으로 인간들의 장례문화가 바뀌기를 바란다. 죽은 자를 향해 다음 생의 새로운 시작을 즐거워하며 축하해주는 분위기로 바뀌기를 바란다.

일우 형님의 기도가 끝난 후 충근이 어머니는 몸살 기운이 있는지 온종일 꼼짝하지 않고 누워 계셨다. 며칠 후 모친은 정신을 차렸는데 살아생전 아버지에게 말대꾸는커녕 화도 내지 못했던 분이 오래된 기억 중에서 서운했던 것을 하나하나 다 들춰내며 대들었다는 것이다. 그 바람에 아버지는 평상시에 보지 못한 부인의 모습에 어찌할 바를 몰라서 근처에 사는 아들에게 네 엄마가 엄청나게 똑똑해졌는데 나도 기억 못 하는 것을 기억해내서 조목조목 따지는데 감당이 안 돼서 왔다고 하셨다. 그 후 치매 증상은 더 이상 진행되지 않았고 약간의 기억이 없는 건 노환에서 오는 자연스러운 현상일 뿐 관광도 다니시고 다방면으로 취미활동도 하면서 평범한 일상을 지내셨고 내가 출가하기 전까지 수년간 별 탈 없이 건강하게 잘 지내시는 걸 봤다. 이 내용은 치매의 원인이 '앵도' 즉 갓난아기라는 걸 인식시켜 주기 위한 글이다. 현대의학으로 못 고치는 병은 모두 빙의나 원인 모를 바이러스 기운이라 해도 무방한데 낙태나 갓난아기 때 죽은 영혼은 대부분 혈육에 달라붙어 있다가 나이가 들고 정신과 육체가 쇠약해질 때쯤, 이 앵도가 발동하면서 치매의 증상을 겪는 것이다. 혹 낙태나 어렸을 때 죽은 아이가 있는 분이라면 이상증세가 나타나기 전에 보통 사람들이 수시로 병원에서 종합 진단받듯이 주위에 기도 원력이 있는 분이나 퇴마에 조예가 깊은 분에게 수시로 진단받는 것이 현생에 도움이 될 것이니 의심하지 말고 행하기를 바랄 뿐이다.

어느 날 고향 친구인 상철이가 사업이 잘 안 풀린다며 찾아와서 상담했다. 상가건물에 임대도 잘 안되고 사업자금 확보차 건물을 팔려고 부동산에 내놓았으나 3년이 지나도록 매매가 되지 않으니 아주 죽을 맛이라고 했다. 일단 그 터를 방문했는데 음산한 기운이 감돌았다.

"도깨비 터네!"

"도깨비 터? 그래서 이렇게 안 풀리는 건가?"

"돈 좀 써야겠다."

"지금은 어려우니까 건물 팔리면 그때 많이 챙겨줄게."

"그 대신 넉넉잡고 1년은 지나야 운이 트일 것 같은데 그때까지 버틸 수 있겠어?"

"지금까지 버텼는데 1년 안에 풀린다면야 무조건 버텨야지. 어쨌든 부탁 좀 할게."

기도를 잘 마치고 다음 날 상철이가 찾아왔다. 꿈에서 사무실 법당에 계신 부처님께서 당신 머리에 있는 검은색 동글동글한 부분의 알맹이 한 개를 빼주셔서 두 손으로 받았고 그 검정 껍질을 벗기니까 금색 빛을 띤 보석이 반짝반짝 빛났다고 했다. 꿈 이야기를 듣고 '뒤에 계신 분'들의 가피가 있을 거라고 알려줬고 예감에 좋은 일이 있을 거라 확신했다. 팔진도법 기도는 매우 위험해서 웬만하면 의뢰인을 데리고 가지 않지만, 왠지 상철이를 경험시켜 주고 싶은 마음에 기도할 때 같이 가자고 했었다. 처음엔 안 가겠다고 정색하길래 무서워서 그런가 했는데 그 친구는 천식이 심해서 숨이 차는 그 자체를 두려워하는 트라우마가 있었다.

"너 천식 있다고 했지?"

"응. 늘 그런 건 아닌데 어느 날 갑자기 발작하면 숨이 막혀서 목을 움켜잡고 쓰러지고……. 장소를 불문하고 발광할 정돈데 '아, 이렇게 죽는구나!' 하고 느낄 때가 한두 번이 아니야."

"내가 왜 물어보냐면 난 천식이 신체적 구조로 인해서 걸리는 병인 줄 알았는데, 네 몸에 어른도 아니고 아이도 아닌 것이 남자는 분명한데 꼭 여자처럼 단발머리를 하고선 두 팔로 네 목을 조르듯이 팔을 두르고 있고 무릎은 뒤로, 90도로 꺾인 채 매달려 있더라고."

"아! 그래? 근데 그게 누구지."

"생김새는 너와 닮았고 독이 바짝 오른 눈빛을 하고 매달려 있는데 그놈이 매일 있는 건 아니고 가끔 와서 매달리면 아마도 네가 그때 발작했을 거야."

"아! 그럼 제거된 거야?"

"너는 사업이 문제가 아니라 네 주위에 붙어있는, 안 좋은 기운부터 싹 제거하고 순차적으로 운 트이게 해 달라고 기도해야 해."

이후에 임야 답사도 부탁해서 자기 산이면서도 한 번도 오르지 못했던 산에 오르는 모험을 했는데 해발 800m 정도 되는 정상을 같이 올라가서 능선을 따라 여기저기 답사하고 내려왔다.

"너만 믿고 산을 탔는데 숨도 안 막히고 이렇게 개운할 수가 있냐? 정말 귀신이라는 게 있긴 있나 보다."

천식을 병원에서 완치를 못 시키는 이유를 제대로 알게 되었는데 나는 이런 것을 모두 귀신병(병원에서 고치지 못하는 원인 모를 병)이라 통칭하며 이번 계기로 팔진도법 기도로 고칠 수 있다는 걸 알게 됐다.

기도한 지 10개월이 됐을 무렵 상철이는 손해를 보지 않는 적정한 선에서 원활하게 상가건물을 매매했고 이후 사업도 일취월장했다.

고향에 자리 잡은 지 1년쯤 됐을 때 지인 소개로 젊은 여성이 상담하러 오셨다. 언니가 정신병원에 있는데 정상적인 사회생활을 할 수 있게 도와주실 수 있냐며 하소연했다. 언니의 증상은 평소엔 멀쩡했다가도 갑자기 소리를 지르면서 부엌칼을 휘두르며 집안을 돌아다녔고 정신병원에 들어간 횟수가 이번이 두 번째였다. 자매의 아버지 되는 분이 감당하기 힘들어서 정신병원에 입원시킨 거였는데 참 아이러니하게도 아버지가 스님이었다.

"아니, 아버지가 스님인데?"
"스님인 아버지도 어찌할 바를 모르시니 저도 아주 답답합니다."
"그럼, 최선을 다해 기도해 볼게요."
"네, 잘 부탁드릴게요."

바로 팔진도법에 필요한 관세음보살 42 수주와 팔진 부적을 작성하고 나서 기절하듯이 사무실 소파에 누워 잠들어 버렸다. 주위에는 나무들이 우거져 있고 산속 같은데 어느 집 앞에 남자 두 명과 여자 한 명이 손수레에 짐을 잔뜩 싣고 있었다.

"이제 이 집을 떠나야 하겠구먼."

나를 보더니 수레를 끌고 가버렸다.

또 다른 남자 5명은 문 앞에 쪼그리고 앉아서 담배만 뻐끔뻐끔 빨아대며 내 눈을 말똥말똥 쳐다보고 있었다. 나중에 알게 된 것은 자매 둘 다 골초였다. 나는 이들이 모두 귀신이라는 걸 알아채고서 그 여성에게 전화했다.

"아, 다름이 아니라 혹시 식구가 몇 명인가요?"

"네, 부모님이랑 저랑 언니 그리고 할머니랑 다섯 식구예요."

"아, 네. 그런데 거기 절이잖아요?"

"그렇긴 한데 왜 그러시는데요?"

"가족들보다 귀신이 더 많아서 여쭤본 거예요."

"네? 얼마나 많길래요?"

"그냥 많아요. 일단 원인은 알아냈으니까 오늘 밤 산에 가서 기도하면 해결될 거 같아요."

그날 밤 자시에 깊은 산속에서 경문을 다 읽고 앉아서 참선하는 데 눈앞에 해괴망측한 현상이 보였다. 2m 높이의 공중에서 몸통 길이가 10m 정도 되는 구렁이가 S자 모양으로 웅크려 있다가 쭉 뻗어서 나를 삼켜버릴 듯이 아가리를 벌리고 덤벼들었다. 때마침 신수와 신금이 나타났다. 신금은 하늘에서 날고 있다가 급강하하더니 발톱으로 구렁이의 대가리를 움켜잡았고 신수들이 달려들어 구렁이 몸통을 잘근잘근 씹어댔는데 씹을 때마다 다 녹아내리듯 없어졌다. 여기서 새로 알게 된 사실은 구렁이가 덤벼들 때 신수 두 마리가 나의 양쪽 팔에 한 마리씩 합체해서 구렁이가 덤벼들 때마다 쭉 늘어나면서 공격했는데 이 정도일 줄은 상상하지 못했다. 나머지 귀신들은 신장님이 칼로 난도질하곤 모조리 걷어 갔다. 그리고 언니를 세워 놓고 머리를 톡톡 치니까 입안, 귓속과 콧구멍에서 벌레 같은 것들이 우수수 나오면서 확대돼서 보였는데 이런 게 인간의 머릿속에 들어가면 도저히 정상적인 활동은 할 수 없을 거라는 생각이 들었다.

며칠 후 정신병원에 있던 언니가 퇴원하게 되면서 자매는 사무실을 방문했다. 언니는 때때로 남자 형상을 한 검은 그림자가 몸을 더듬고 끌어안으려 해서 무서움에 칼을 들고 소리쳤던 것을 가족들이 믿어주지 않고 그냥 미친 사람으로 치부해 버리니 정신적으로 더 피폐해졌던 것 같다고 했다. 이제라도 자기 맘을 알아주는 계기가 생겨서 감사하다며 안도했고 동생도 이제는 이해할 거 같다며 그간 고생한 언니의 두 손을 꼭 잡고 기쁨의 눈물을 흘렸다. 이 인연으로 자매는 자주 왕래했다. 언니는 대인기피증을 극복하면서 아주 활발해졌고 사회생활 하면서 애인도 생겼으며 평범하게 정상적인 삶을 살게 되었다.

이번 팔진도법 기도 땐 신수와 신금의 역할에 대해 새로운 면을 엿볼 수 있었다.

연화 보살님의 소개로 달 보살님이라는 무속인이 방문했다. 사연인즉 언제부턴가 손님을 상담하면 화가 치솟고 욕을 내뱉고 싶다는 것이다. 심술도 발동해서 때론 마시던 커피를 상담하러 온 손님 얼굴에 확 붓고 싶기도 하면서 사소한 일에도 자꾸 신경질적으로 변했다고 한다. 한 번은 주차 시비가 붙어서 자기 의도와는 다르게 양보심이 생기기는커녕 무작정 다짜고짜 언성을 높이며 싸우기도 했다. 도무지 스스로 통제가 안 된다며 빙의 현상이 분명한데 스스로 퇴치를 못 하니 미치고 환장할 노릇이라고 했다. 혼자 이산 저산에서 기도도 해보고 별짓을 다 해봐도 고쳐지지 않고 주위

무속인들에게 섣불리 이야기했다간 망신거리가 될 수도 있어서 애간장만 태우고 있던 모양이다. 달 보살님과 상담을 마치고 잠시 법당에 앉아 참선하는데 물이 반쯤 찬 항아리가 보였고 그 안에 사람 코 두 개가 동동 떠 있었다. 바로 달 보살님에게 연락해서 물어보니 한 달 전에 진적 굿(자기가 모시는 신을 위한 굿)을 굿당(국가에서 조용한 터에서 굿을 할 수 있게 허가해 준 장소)에서 하면서 항아리에 올려진 작두에 올라섰는데 그때부터 눈앞이 캄캄해지고 접신하는 능력도 없어져서 이후로 제대로 된 점사를 보지 못했다고 한다.

"아마 굿당 항아리에서 부정한 기운이 스며든 거 같아요. 일단 기도해 보면 다른 기운들이 나올 거예요. 기도 마치고 연락드릴게요."

"네, 선생님. 잘 부탁드리겠습니다."

팔진도법에 필요한 부적을 3시간가량 쓰고 잠시 소파에 기대서 기절하듯이 잠이 들었다. 천장이 높고 200평은 넘어 보이는 마구간 같은 공간에 가림막 없이 넓게 트인 자리에 하나둘씩 깔끔하게 검정 제복을 차려입은 남자들이 20여 명 들어왔는데 '신장님들인가? 뭐지? 이래 많나?' 하면서 의아해하던 찰나에 무리 중 한 명이 소리쳤다.

"내가 먼저야, 자식아!"

"뭐! 내가 먼저야, 새끼야!"

"이 새끼들, 꼭 자기들이 먼저래."

"뭐? 이 개새끼가 너 죽고 싶어?"

완전히 개판 일보 직전이었다. 신장님 비슷한 행색이었지만 언행을 보니 천박한 기운이 맴돌았고 욕지거리하는 말투에서 본색이 드러났다. 허주(헛된 신, 잡신)였다. 다들 굿당이나 이름난 기도 터에서 붙어 온 것이며 다양한 장소에서 온 놈들이었는데 달 보살님이 만만하게 보이니까 잡신들이 달라붙어서 달 보살님의 신당에 와서 신(神) 노릇하겠다고 서로 자리 싸움하던 것이며 그런 기운이 그대로 달 보살님에게 전이되어 시비 걸고 싸울 생각만 했던 거였다. 나는 그 공간의 남쪽 방면에 서 있었는데 갑자기 동쪽 방면 우측에 설치된 큰 미닫이문이 열렸다. 덩치가 큰 신장님 한 분이 공중에 뜬 상태로 두 팔을 나란하게 S자 모양인 태극의 형태로 휙 휘두르니까 20여 명의 잡신이 신장님의 품 안으로 빨려 들어갔다. 이후 저 먼발치에서 퍽퍽, 우두둑 두들겨 패는 소리와 단말마의 비명이 들려왔다. 문밖을 쳐다보니 폭포가 흘러내렸고 200m 낭떠러지 밑에 좌측으로 모래사장이 보였는데 잡귀들이 일렬로 쭉 줄을 맞춰 누워있었다. 눈알이 뽑힌 놈, 혓바닥이 축 늘어진 놈, 사지가 갈기갈기 뽑혀있는 놈 등 다양한 모습으로 누워있었다. 그 잡신들 옆에는 군대 막사가 있었는데 그때 순간이동을 했는지 내 몸뚱이가 막사 앞에 서 있었고 막사에 들어서니 가운데 의자에 누군가가 앉아 계셨다.

"일우 형님!"

"응, 어서 와. 잘 지내고 있지?"

"네, 형님."

"근데 너 허리가 왜 그래?"

얼마 전 미끄러지면서 허리를 삐끗했는데 다른 사람 허리는 잘 만져주지만 내가 내 허리는 접골할 수가 없어서 그냥저냥 지내고 있었는데 형님 눈에는 그냥 지낼 문제가 아니었나 보다.

"이리 와서 뒤돌아봐."

침을 놓는 건지 따끔함을 느꼈는데 눈을 떠 보니 나는 소파에 누워있었다.

그날 밤 팔진 기도 후 마구간에서 잡신들이 신장님 품 안으로 빨려 들어

갈 때 같이 빨려 들어가지 않도록 두 팔을 벌려서 뒤에서 막았던 3명의 인물이 있었는데 알고 보니 달 보살님을 돕는 신(神)이었다. 할머니랑 어린아이 그리고 인도인처럼 생긴 건장한 남자였는데 첫날에 항아리를 봤을 때도 인도의 어느 마을 분위기가 풍기는 곳에서 항아리를 봐서 아마도 달 보살님이 전생에 인도와 관계가 있을 거라고 짐작했다. 그 짐작은 얼마 후 적중했다. 달 보살님의 기도를 잘 마무리하고 낮잠을 자던 중에 50대 초반의 비구승(남자 스님) 한 명이 두루마기를 걸치고 사무실에서 법당 쪽으로 걸어가고 있는 모습이 어찌나 선명하게 보였는지……. 갑자기 전화벨이 울려서 받으니 달 보살님에게 걸려 온 전화였다.

"선생님, 저 방금 기도 중에 전생을 봤는데요. 뭔 줄 아세요?"

"중이잖아요."

"헉! 어떻게 아세요?"

"방금 내 사무실에서 저 법당 쪽으로 가던데요."

"와! 되게 신기하네요."

"뭐, 다 그렇죠. 어쨌든 앞으론 여기저기 기도 터에 다니면서 굽신거리지 마세요. 그냥 한 곳만 정해놓고 일편단심으로 기도 정진하면 됩니다. 명심하셔야 해요."

"네, 선생님. 명심하겠습니다."

인도에 관한 것과, 달 보살님의 전생이 승려였다고 이야기하는 이유는 전생에 인도에서 승려 생활을 했던 자 중에 현재 무속인이 된 자들이 많기 때문이다. 지금도 인도나 티베트에 가서 승려들의 기도 의식을 보면 무속인이 굿을 하는 행위와 매우 유사하다. 접신한다는 표현도 사용하고 접신해서 어떤 계시를 받으면 주위 사람에게 말해주는 행위가 그렇게 똑같을 수가 없다. 그리고 전생에 승려 생활했으니, 참선도 했을 테고 관(觀)하는 능력도 타고나서 역학 공식을 몰라도 점치는 행위를 할 수 있는 것이다.

몇 년 전 고향에서 중장비 사업을 하는 송 춘삼 후배에게 연락이 왔다. 모친이 돌아가셔서 49재 기도를 부탁하고자 한 것이다. 그리고 춘삼 처사님의 부인이 자꾸만 무서움을 타서 집에 혼자 있는 걸 꺼린다고 했다. 팔진 기도를 마치고 춘삼 처사님의 집에서 하룻밤을 묵었는데 새벽 3시경 인기척을 느끼면서 눈을 떴다. 삐쩍 마른 남자 2명이 방 끄트머리에 서서 내 몸을 만지려고 올까 말까 망설이고 있었다. 나이는 30대 중반 정도 돼 보였고 정말 얼마나 못 먹고 살았는지 2명 다 삐쩍 마르고 눈이 퀭한 것이 죽은 지 오래된 귀신 같았다. 나는 그들을 못 본 척하고 이 현상을 조금 더 또렷하게 보기 위해 바로 눈을 감고 참선했다. 망설이고 있던 두 남성은 이내 내 몸을 살짝 건드렸고 다시 한번 건드리려는 찰나 어디서 나타났는지 신장님 한 분이 나타나더니 삐쩍 마른 두 놈의 멱살을 움켜쥐고 머리통 정수리에 손바닥을 댔는데 순간 1리터 물병 크기로 쭉 쪼그라들었고 쪼그라든 영체를 작은 헝겊 주머니에 담았다. 팔진도법 기도 때 귀신이나 악령이 나올 때면 보통 폭력을 사용해서 잡아가는 걸 자주 봤는데 이번에 본 것은 처음 보는 퇴마 기법이었다. 모든 현상은 사라졌고 고요한 정적을 즐기고 있을 때쯤 시내 외곽의 전원주택지라서 그런지 닭 우는 소리가 나면서 춘삼 처사님의 인기척이 들려서 거실로 나갔다.

"스님, 잠자리는 좀 괜찮으셨어요?"

"네, 잘 잤어요. 그런데 삐쩍 마르고 죽은 지 오래된 30대 중반쯤 돼 보이는 남자 2명이 보이던데 누군지 알겠어요?"

"삐쩍 말랐으면 제 외삼촌인 거 같은데요. 한 40년 전 30대 중반에 한 분은 교통사고로 죽고 한 분은 공사 현상에서 낙하물에 머리를 맞고 죽었는데……, 제 외삼촌이 어쨌길래요?"

"처사님 부인이 무서움을 탄 이유는 그 남자 2명 때문에 그래요, 잠자는 중에 내 몸을 만지려고 다가왔는데 신장님이 두 명 다 잡아갔어요, 이제 무서움 타는 일은 없을 거예요."

"정말 생각도 못 했네요. 죽은 지 30년도 넘었는데 어떻게 우리 집에 온 거지?"

"혹시 부인이 좀 이상한 행동 안 했어요?"

"아내가 어머니 병원에 입원했을 때 집 뒤에 있는 장독대 항아리 위에 물 떠 놓고 매일 기도했었거든요, 그 외엔 특별히 한 행동은 없을 거예요."

"그리고 기도하는데 덥수룩한 단발머리에 7살 정도 돼 보이는 여자아이가 어머니 뒤를 졸졸 쫓아다니던데 누군지 알겠어요?"

"아, 정말 신기한데요, 아마 큰누나일 거예요, 여섯 살 때 누나가 병 걸려서 죽었거든요."

"근데 그 여자아이는 크게 해(害)가 되는 귀신은 아니었어요, 그냥 자기가 살아 있다고 느끼고 어머니 살아생전에 졸졸 뒤만 따라다녔던 거예요."

춘삼 처사님의 부인은 마을에서 소문난 자부(子婦)였다. 윗사람 공경은 기본이고 시어머니가 병석에 있을 때 자식들도 못 하는 대소변 수발을 도맡았으며 틈틈이 시아버지 식사도 차려드리고 온갖 선행과 봉사를 밥 먹듯이 하던 분이었다. 어머니 팔진 기도 때 특이 사항은 없었으나 처사님의 부인이 물 떠 놓고 밥을 지어 올리며 기도했던 행동으로 구천을 떠돌던 외삼촌 두 명이 그 물과 밥을 받아먹고 춘삼 처사님의 집에 눌러앉을 요량이었다.

춘삼 처사님 내외를 불러 앉혀 놓고 당부했다.

"이쁜 마음결은 알겠으나 제사 지내는 행동 외에 어느 곳에 음식 차려 놓고 기도하는 행위는 하지 마세요, 그런 짓은 무당이나 나 같은 스님이 하는 것이니 앞으론 절대 하지 마세요. 기도 원력이 없으면 잡귀들이 우습게 보고 달라붙게 됩니다. 그냥 마음으로 빌어 드리고, 죽은 자의 장례식을 마치고 나면 바로 잊으세요. 크게 악업을 짓지 않은 이상 망자는 인연 따라 다른 집안으로 새 생명을 받아 태어날 것이니 축하해주세요. 그게 진짜 영가를 위한 행위입니다."

"네, 스님. 명심하겠습니다."

춘삼 처사님과 죽마고우 사이인 안 승백 처사님과 사무실에서 이런저런 이야길 하는 중에 승백 처사님의 20여 년 선 죽은 여동생 이야기가 나왔다. 1990년대 당시 무속인에게 천오백만 원을 주고 천도재를 지내 줬다고 했는데 그 무속인은 얼마 지나지 않아 딸이 너무 억울해서 천도가 안 됐다며 다시 천오백만 원을 요구했다고 한다. 승백 처사님의 모친은 자식을 위한 마음에 군소리하지 않고 두 번이나 천도재를 지냈는데 부잣집이라서 물질적으로 문제 될 것은 없었지만 눈 깜빡하는 사이에 코 베인 형국이었다. 가만히 들여다보니 아직 천도가 되지 않아 보여 승백 처사님에게 팔진 기도 한번 해보자고 운(韻)을 띄었다. 승백 처사님은 춘삼 처사님의 기도 경험을 들었기에 그러지 않아도 팔진 기도 경험 좀 하고 싶었는데 잘됐다고 하면서 의뢰를 부탁했다.

며칠 후 춘삼 처사님, 승백 처사님과 함께 팔진도법 기도차 산에 오르기 전, 그날따라 평소 먹던 국밥이 아닌 돈가스가 생각나서 우리는 돈가스집에 가서 아주 맛나게 식사했다. 낮에 이미 사무실에서 승백 처사님 여동생 영가에 대해서 정리가 끝난 터라 팔진 기도를 마치고 늦은 시각, 사무실에 앉아 뒤풀이 겸 대화를 나눴다.

"여동생이 키가 좀 작던데요."

"네, 키가 좀 작았어요."

"학창 시절 승백이네 집에 가면 여동생이 항상 밥을 차려 줬어요, 아주 얌전하고 착한 아이였는데……."

옆에서 춘삼 처사님이 한마디 거들었다.

예상대로 승백 처사님의 여동생은 천도가 되지 않았다. 팔진도법 부적을 다 쓰고 잠시 앉았는데 비몽사몽간 가부좌를 틀고 합장한 후 1m가량 공중에 뜬 상태에서 어느 시골의 논바닥을 날아가는 내 모습이 보였다. 논 앞엔 학교로 보이는 건물이 있었고 논과 학교 사이에 둑길이 있었는데 둑길에 올라서자 등 뒤에서 하이힐 소리가 들렸다. 뒤를 돌아보니 스무 살 정도 돼 보이는 키 작은 여자아이가 졸졸 따라오고 있었다. 내가 앞으로 가면 따라오고 멈추면 그 여자아이도 나를 따라 멈췄다. 외모에서 풍기는 기운을 보니 귀엽고 순박하게 보였는데 저 뒤편에서 남자 4명이 여자아이에게 "야! 가지 마! 어디 가는 거야! 빨리 돌아와. 얼른!"하고 소리만 지르면서 제자리에서 발만 동동거리는 모습이 보였다. 눈동자를 보고 죽은 지 오래된 귀신이라고 생각하는 그 순간 내 몸이 점점 하늘로 비상하면서 공간 이동으로 저승에 와 있었다. 좌측엔 강이 흘렀고 앞산 중턱에 신장님 3명이 보이길래 그쪽으로 날아가니 신장님이 바위 쪽을 손짓하는 동시에 바위문이 열리면서 그 여자아이를 데리고 안으로 들어갔고 모든 현상은 사라졌다.

"여동생이 붉은색 항아리 모양 치마를 입었고 검정 재킷에 하이힐을 신었네요. 신발이 커서 질질 끌다시피 하면서 걷는데, 얼굴이 보이지 않고 머리카락만 앞으로 길게 늘어뜨렸던데 어찌 된 건가요?"

"교통사고 당하면서 얼굴을 알아볼 수 없을 정도로 훼손됐거든요. 그리고 남자 4명은 아마도 동네 후배 애들이었을 거예요, 그날 시내로 돈가스 먹으러 간다고 승용차에 5명이 타고 갔다가 집에 오는 길에 우측 논바닥으로 추락하면서 전부 다 죽었거든요. 그리고 여동생이 신고 있던 하이힐은 맞지도 않는 이모 신발을 신고 갔던 거예요."

팔진 기도하기 전에 여동생은 내 몸을 빌려 마지막으로 돈가스를 먹은 거였고 여동생 뒤편에 있던 남자 귀신 4명은 바로 지박령(죽은 자리에서 벗어나지 못하는 귀신)이었다. 여동생 또한 지박령으로 20여 년을 지내다가 팔진도법의 인연이 닿아 환생할 기회를 얻었다.

2015년경 사무실 법당에서 고요함을 맛보며 참선하고 있는데 충근이 아들이 목발을 짚은 모습이 보였다. 다음날 충근이를 불러서 참선 중에 본 현상을 말해줬고 아들을 위한 팔진 기도를 하게 됐다. 그날 밤 기도 후 비몽사몽간에 큰 돌기둥을 따라 하늘로 올라가는데 돌기둥 아랫부분에 구름이 바위를 동그랗게 감싸고 있는 모습이 운치 있어 보였다. 돌기둥 위에 올라서니 평평한 넓은 대지 위에 2층으로 지어진 큰 전각이 있었다. 전각 앞은 축구장보다 넓은 마당이 있었으며 우측에도 길게 늘어진 여러 개의 문이 있는 전각이 있었다. 내가 올라서자마자 문이 전부 열렸고 열린 문 안에 환한 불빛이 발하고 있었다. 전각 중간 부분에서 의복을 갖춘 분이 나오셨는데 예전에 TV에서 봤던 포청천이라는 판관의 형상에 머리카락으로 짠 것 같은 옅은 회색 재질의 관모가 돋보였다. 저승에서 죽은 영가를 판결하는 십전대왕 중에 한 분임을 직감했는데 그분은 나에게 다가오신 후 별말씀 없이 얼굴만 빤히 쳐다보셨다.

이틀 후 충근이에게서 연락이 왔다. 부인, 아들과 함께 외식하러 가는 길에 신호가 바뀌면서 건널목 앞에 정차했는데 어느 중년 남자가 차 앞 범퍼에 몸을 부딪치고 주저앉더니 희한하게도 큰 충격 없이 그 남성의 발목이 골절됐다고 했다. 꼭 보험 사기꾼 같아 보였지만 나한테 들은 말이 있었기에 잠시 보류하고 어떻게 했으면 좋겠는지 연락한 것이다.

"차 보험 가입했잖아?"

"그럼요. 보험 들어있죠."

"그 사람 보험 처리해 줘."

"혹시 제, 제 아들 대신 다친 건가요?"

충근이도 사무실에 자주 오더니 눈치가 100단이 됐다.

사실 충근이 아들은 7살 나이에 다리를 다쳐서 장애인으로 살아갈 운명이었는데 기도에 힘입어 '뒤에 계신 분'들이 감응해 주셔서 액땜한 것이었다.

정성스러운 마음과 신심은 큰 무기가 되는 것이니 종교 활동하는 분들은 의심치 말고 신심(信心) 주머니를 키우길 바란다.

소요산 인근 암자에 사는 여명(黎明) 비구니(여자 스님) 스님은 평소에 자주 통화하면서 도에 관한 이야기를 나누던 분이었는데 어느 날 다급한 목소리로 연락이 왔다.

"뭣 좀 여쭤보려고 연락드렸어요. 오늘 새벽에 예불하고 법당 뒤편을 갔는데 머리 가운데만 머리카락이 한 뼘 정도 서 있고, 사람인지 짐승인지 정체를 알 수 없는 생명체를 봤어요. 무섭기도 하고 어떻게 해야 할지 몰라서 전화한 거예요."

새벽에 기도하고 사색하는 와중에 팔진 기도해야 한다는 결론을 내렸다. 여명 스님의 살림살이가 녹록지 않은 관계로 약간의 비용만 받고 팔진을 쳤다. 참선 중 신장님 두 분이 여명 스님 암자 주위로 공중에서 한 바퀴 휙 돌더니 새우잠 자는 자세로 굳어 있는 생명체를 한 손으로는 목덜미를 잡고 한 손으로는 허리춤을 잡아서 내 앞을 지나가셨다. 아직도 살아있었는지 그 생명체의 머리통을 바닥에 내리치면서 '잡아먹어야지!'라고 했는데 잡아먹는다고 표현하는 걸 보니 인귀(사람 귀신)는 아니었다. 여명 스님 말대로 머리통 가운데에 머리털이 가로 10cm, 높이 10cm로 이마부터 등 뒤 허리춤까지 살점에 박혀있었다. 키는 160cm 정도이며 맨살에 문신처럼 이상한 여러 무늬가 있었는데 당최 무슨 생명체인지 가늠하질 못했다. 퇴마는 순조롭게 끝났고 나는 그 생명체의 정체에 대해서 결론짓지 못했지만 혹, 이매망량(魑魅魍魎:도깨비)이 아닐까 하고 추측해 본다. 이매망량이란 한자를 보게 되면 하나같이 귀신 귀(鬼)자가 붙어있는데 도깨비의 종류가 4가지의 글자로 분류된 걸 볼 수 있다. 거기다 귀신 귀자가 들어가니 신(神)의 세계의 결정체로 볼 수 있는데 이 도깨비라는 종족이 마구니, 집단과 유사하며 도술까지는 아니지만, 도술에 준하는 재주를 부리기도 하는데 특히 사람 홀리는 짓을 좋아한다.

20대 중반 일우선인을 처음 뵙고 얼마 지나지 않았을 때다. 기도하는 방식도 잘 모르면서 팔당댐 하류 방면으로 기도하러 간 적이 있다. 쌀과 막걸리, 소주 등을 준비해서 자시에 한강 물줄기를 따라 편히 앉을 자리를 찾으려고 손전등도 없이 수풀을 헤치며 달빛을 벗 삼아 걷고 있었다. 좌측엔 강이 흘렀고 우측은 절벽이 길게 이어져 있었다. 50여m 거리의 절벽 바위쪽에서 인기척이 들려서 고개를 돌려보니 대여섯 개의 담뱃불로 보이는 작은 불빛들이 반짝거리고 있어서 동네 불량 청소년들이 모여서 담배를 피운다는 생각에 소리쳤다.

"야, 이놈들아! 숨어서 담배 피우고 있냐, 얼른 집에 가!"
"뭐야, 저 자식? 우리한테 한 말이야? 저놈, 우리가 보이나 봐?"
아차! 순간 사람이 아니라는 것을 알아차렸다. '이걸 어쩌지?' 그 짧은 시간에 별의별 생각이 다 들면서 모른 척 시치미 떼듯이 앞만 보고 빠르게 걸어갔다. 순간 대여섯 개의 담뱃불이 점점 커지면서 공중으로 치솟았고 불빛들이 점점 부풀더니 이내 내 앞으로 날아와 결합하면서 한쪽 길이가 1m 가량, 세로 20~30cm의 눈꼬리가 치켜 올라간 악마의 눈으로 변신해서 내 앞에서 왔다 갔다 하면서 겁을 주며 움직였다. '호랑이굴에 들어가도 정신만 차리면 살 수 있다.'라는 말을 되새기며 정신을 바짝 차리고 계속 걸어갔다.

"야, 이놈들아, 내가 겁먹을 줄 아냐! 소주하고 막걸리 있는데, 줄 테니까 한 잔씩하고 가!"

태연하게 말했다.

양손에 들고 있는 술을 보았는지 담뱃불 빛 같은 악마의 눈은 이내 사라졌고 주변은 고요해졌다. 이때 본 불빛이 바로 도깨비불이다. 어렸을 때 어른들한테 듣기로는 도깨비불은 파란 불이라고 했는데 내가 직접 본 결과 어른들의 말과 전혀 달랐다.

세월이 지나서 이때 당시를 회상해 보면 일우선인의 도력으로 위기를 모면한 것인데 만약 형님과의 인연이 없었다면 결과가 어떻게 됐을지 장담할 수 없었을 것이다.

팔진 도법 기도를 하게 되면 귀신을 저승으로 보내기 전 원하는 걸 들어주는데 대부분 먹는 음식으로 소비한다. 살아있는 귀신이나 죽은 귀신이나 눈이 즐겁고 입이 즐거워야 하는 법이다. 팔진 기도 초창기 때는 술을 얼마나 먹어댔는지 날이 샐 때까지 먹었던 적도 있었다. 성품상 오지랖이 넓은 관계로 잘 먹이고 잘 놀다가 보내려고 했던 건데, 내 몸이 너무 힘이 들었다. 차후엔 꾀가 생겨서 적당히 뒤풀이하는 방법을 터득했다.

악령이 붙었을 땐 팔진 기도 전후로 의뢰인이나 나한테 해코지하는데 애지중지하거나 애틋하게 대하는 물건이나 짐승이나 사람이 있다면 바로 그 부분을 공격한다. 또는 몸을 아프게 한다거나 작은 사고가 나게 하는데 크게 걱정할 일은 아니다. 퉤! 퉤! 퉤! 침을 뱉는 행위로 떠나기 전에 심술부리는 행동이다. 어쩔 땐 주위의 악령들을 데리고 와서 협동 공격할 때도 있는데 가만히 보면 살아있는 귀신들의 행동이랑 별반 다를 게 없다. 혼자서 감당이 안 되면 지원 요청을 하는 것과 같다. 어쨌든 수행자라면 의뢰인의 안 좋은 것을 모두 떠안아서 편안하게 해 줘야 하는 사명감을 가져야 한다. 만약 기도 전후로 여러 현상이 내게 일어난다면 그건 기도의 호전반응이니 기분 좋게 떠안고 즐기면 된다.

이 외에 기도 사례는 많이 있으나 빙의로 인하여 발생하는 부분을 알려주고자 몇 가지 기록한 것이니 잘 참고하시고 지혜롭게 대응하길 바란다.

수행자라면 팔진 도법을 공부해서 한층 더 발전된 기도 능력으로 위급한 사람들을 위해 기량을 펼치길 바란다. 한없이 부족한 필자도 수행 정진으로 기도 능력을 한층 더 키워서 세상 모든 이에게 희망이 되고자 한다.

에필로그, 유종의 미

유종의 미

　공부 초창기 때부터 '또 다른 세상'을 경험하면서 내 나이 60세가 되면 책 한 권 써야겠다고 다짐했는데 2023년부터 참선 중에 원고에 대한 글귀들이 머릿속에서 맴돌기 시작했다. 나는 망상에 젖어서 헤어나지 못하는 건가. 헛된 망상이라면 지워야겠다고 애를 썼는데 자나 깨나 온종일 머릿속에선 글을 쓰고 있었다. 공부도 게으름 피우느라 진척을 이루지 못하고 있으면서 책까지 쓴다고 시간을 허비하면 득도를 향한 목적은 더 멀어질 텐데……, 이걸 어찌해야 하나 생각하는 와중에 우연히 등산객 한 분이 올라오셨다. 광고, 기획 사무실을 운영하며 출판 업무도 하신다고 했다. 출판에 관한 대화를 나누면서 의욕이 생겨 2023년 12월 드디어 글을 쓰기 시작했다. 그러나 처음 써보는 글이라 그런지 금세 싫증이 나서 중단했다가 '뒤에 계신 분'들께서 응원해 주는 메시지를 몇 차례나 받으면서 다시 글을 쓰게 됐다. 2024년 5월경 90% 정도 집필을 마치고 한 달여간 공백기를 가졌다. 새벽녘 참선 중에 법당 앞 허공에 나타난 일우선인이 옷깃 아래 가슴팍에 손을 넣더니 오만 원권 다발을 법당 안으로 연거푸 던지는 게 아닌가. 살아생전 돈 알기를 돌같이 알라고 하시던 분이 왜 저러시지…….

　"말 한 마리 필요 할 거다."라고 말씀하시곤 홀연히 사라지셨다.

　'말 한 마리라니?' 당최 무슨 말인지 이해가 되질 않았다. 한 달 정도 잊고 지냈는데 어느 날 아침 참선을 마치고 잠시 쉬었다가 오후에 법당을 들어가니 제단 위에 직사각형의 노란 봉투가 있었다. 눌러보니 말랑말랑하길래 누군가가 빵이나 떡을 올려놓고 간 거겠지 생각하곤 봉투를 열어봤는데 오만 원권 다발이 여러 개가 들어 있는 게 아닌가. 한참을 멍하니 서 있다가 한 달 전에 봤던 일우선인이 생각났다. 역시 헛것을 본 게 아니었구먼. 누가 그 거액의 금전을 시주했는지 알고 있지만 그분의 성품을 잘 알고 있는지라 그분의 복 짓는 행위가 더욱더 빛나길 바라는 마음에 함구했다. 이 시주금은 '뒤에 계신 분'들이 사용하라는 곳에 활용될 것이며 일우선인이 말씀하신 '말 한 마리'는 자동차를 구해서 기동성을 갖추라는 뜻이었다. 책 출판을 하려면 돈도 필요하기에 순탄하게 진행하라고 조화를 부리신 거였다. '뒤에 계신 분'들이 그분을 시주자로 선정한 것은, 그에 대한 복을 주기 위함인데 아마도 무한한 가피를 입게 될 것이다.

　책 출판의 이유는 부귀영화나 명성을 누리려는 것이 아니다. 전적으로 내가 경험했던 유익한 정보를 여러 사람과 공유하길 바라는 마음이다. 특히 일우선인께서 미래에 내가 책 출판하는 걸 아시고 조금이나마 보탬이 되고자 이야깃거리를 제공해 주셨기에 가능한 일이다.
　최대한 분란의 소지가 생기지 않게 글을 쓰려고 나름대로 신경 썼다. 정치에 관한 이야깃거리도 많이 있으나 최대한 자제했으며 나 자신이 중노릇하고 있는지라 내가 속한 불교에 관한 잘못된 부분은 가차 없이 질타를 쏟아부었다.
　일우선인과의 인연으로 파릇했던 청춘 시절을 다 바치면서 득도를 향한 몸부림을 쳐 보았으나 아직도 미완성 상태다. 하지만 후회는 없다. '또 다른 세상'이 있다는 당연한 이치를 알게 되었고 지금도 '뒤에 계신 분'들과 소통하며 '또 다른 세상'을 왕래하면서 하나하나 수업받고 있기 때문이다.

  이 책은 인간의 능력으론 결코 풀 수 없는 생명체의 기원, 즉 내가 어디에서 왜 지구라는 행성으로 오게 된 것인지 왜 태어났고 죽으면 어디로 가는지 이해를 돕고자 기술했다. 현재 인간이 마주하고 있는 여러 미스터리 및 불가사의 이론과 여러 산물에 관한 수수께끼를 풀 수 있는 공식을 제시함으로써 지혜로운 인격 형성을 통해서 진보된 영적 능력을 얻길 바라는 마음이다. 그래야만 나고 죽는 윤회고를 벗어날 수 있으며 더 나아가 인간이라는 생명체로 살아가기 전(前) 고차원적 지성을 갖춘 생명체로 진화될 것이며 그런 행성으로 갈 수 있기 때문이다.

  슈우우웅~~~~~!

  득도를 향해 쏜 화살은 아직도 날아가고 있다. 언제나 멈추려나……

현수 스님의 원대한 포부

•

한때 수행의 열의를 가지고 활동할 즈음에 중국의 천일선(千日禪)이라는 걸 알게 되었다.

중국의 갑부들끼리 '나 천일선 몇 명 키우고 있는데, 너는 몇 명 키우고 있어?'라며 재산의 척도를 재듯이 자랑삼아 말하던 것인데, 도를 갈구하고 수행하고자 하는 이들에게 공부할 수 있는 공간을 산속에 지어 놓고 3년간 숙식할 수 있게 무료로 제공해 주는 행위이다. 거기다 지원자가 결혼한 가정이 있는 자라면 3년간 그 지원자의 가정에 생활비를 지원해 주고 결혼하지 않은 자에겐 그 가정의 부모님께 생활비를 지원해 주는 제도였다.

3년간 공부하고 조금 부족해서 더 하고 싶다고 하면 3년간 총 3회 9년까지 지원해 줬다. 공부의 종류는 도에 관한 여러 가지 수행 방식을 존중했고 국가고시 및 내 나라를 위해서 활동할 수 있는, 인재를 양성한다는 명분만 있으면 공부의 종류를 따지지 않고 전폭 지원해 주었다. 천일선 수행자 중 대표적인 인물이 바로 중국의 지도자였던 등소평(鄧小平:1904년 8월 22일~1997년 2월 19일)이다.

중국의 갑부들이 이러한 행위를 하는 이유는 자기 나라에서 쌓은 재력을 자국민에게 돌려주려고 하는 마음이 제일 크다. 그리고 천일선에서 공부 마치고 나간 자들은 결국 내 나라를 위해서 활동할 테고 국가 발전의 원동력이자 자원이라 생각했으며 국위선양의 명분을 세우기 위함이었다. 천일선의 역사가 얼마가 됐는지 정확히 알 수는 없지만, 아니 역사의 기간은 중요하지 않다. 어쨌든 이런 행위로 유능한 인재들이 암암리에 많이 배출되었고 현재 중국은 일취월장하고 있으며 곧 세계 중심에 우뚝 솟을 날이 얼마 남지 않았다.

지금도 소리 소문 없이 천일선의 제도가 계속 유지되고 있다는 게 부러울 따름이다.

수행의 뜻을 갖고 미친 듯이 공부하던 시절, 조용한 공간에서 이것저것 눈치 보지 않고 숙식 걱정 없이 미친 듯이 공부하고자 갈망한 적이 있었다. 하지만 대한민국엔 천일선 같은 제도는 없었기에 경제적 부담이 동반되어야만 하는 현실이었다. 한 번은 나와 같은 뜻을 품은 수행자를 우연히 만나게 되었다. 한 살 터울의 수행자였는데 그분은 산속의 폐가를 얻어 자력으로 죽을 때까지 공부만 할 수 있는 돈을 모으고 있었다. 또 한 분은 공기업의 대표였던 분이었는데 자식들 다 결혼시키고 모든 걸 정리한 후 강원도 깊은 산중에 폐가를 얻어서 죽을 때까지 수행할 계획을 세운 분이었다. 이 두 분을 보자면 한 분은 공부할 여건의 경제적 뒷받침이 없어서 자력으로 준비하느라 공백이 생겼고 또 한 분은 경제적 여건은 있으나 처자가 있었고 부양의 책임 의무가 있었기에 회사 퇴직 후 그동안의 공백을 깨고 환갑이 넘은 상태에서 수행자의 길로 가게 됐다. 이런 경우의 수행자는 아주 많을 것이다. 만약 한국에도 천일선 같은 제도가 있다면 아마도 무수히 많은 인재가 모집될 것이다.

수행의 길을 걸으면서 내가 언제까지 육신을 보존할지 모르지만 대략 30~40년은 건강한 정신 상태와 육신을 보존하리라 생각된다. 이에 천일선까지는 아니더라도 대한민국 국민이라면 누구라도 수행의 뜻을 가진 자들을 위한 공부의 삼매경에 빠질 수 있는 공간을 무료로 제공해 주는 게 나의 마지막 목표가 될 것이다. 꼭 수행의 뜻이 아니더라도 국가고시 및 국익에 이익될 수 있는 공부를 하는 분에게도 기회를 주고 싶다.

수행자이기에 생산적 활동은 못 하고 있지만 작은 욕심이나마 '또 다른 세상'의 도서가 많은 사람에게 배포되어 수익이 생긴다면 조금이나마 나의 계획에 보탬이 되길 바랄 뿐이다.

 긴 여정이 될 수도 있는 뜻깊은 계획에 동참하고자 하는 분이 계신다면 참여 부탁드립니다.

주 소 : 전라남도 순천시 승주읍 죽학리 824번지 비로암 토굴
연 락 처 : biroham@kakao.com
후원계좌 : 농협 302-2001-5102-71 예금주: 비로암

또 다른 세상

저자 현수

펴낸날	초판 1쇄 발행 2025년 9월 1일
발행처	도서출판 비로암
발행인	현수
주 소	전라남도 순천시 장선배기길 25
이메일	biroham@kakao.com
등 록	2025년 1월 1일

ISBN 979-11-993194-3-1

ⓒ 현수 2025

* 불량 및 파손된 책은 구입처에서 교환됩니다.
  이 책은 저작권 보호법으로 인하여 불법 복제 및 표절할 수 없습니다.